Andrea Bonalume, Marina Gandini, Maurizio Giovagnoni, Piergiorgio Vianello

IL NUOVO **ALBUM** DI **ARTE** E IMMAGINE

A ALL'OPERA

CODICI, TECNICHE, LINGUAGGI

EDITRICE
LA SCUOLA

Coordinamento editoriale: Paolo Casari
Redazione: Silvia Faini
Progetto grafico, copertina e impaginazione: Andrea Morando
Disegni: Daniela Blandino, Andrea Bonalume, Maurizio Giovagnoni, Giovanni Mapelli

Si ringraziano Diego Fasoli e Andrea Morando per le fotografie messe a disposizione.

In copertina: Street art.

A completamento del testo di Arte e immagine, sul sito internet www.lascuola.it, sono disponibili altri materiali segnalati e specificati nelle pagine dal simbolo 🔗.

© Copyright by Editrice La Scuola, 2014
Stampa: Vincenzo Bona 1777 S.p.A.

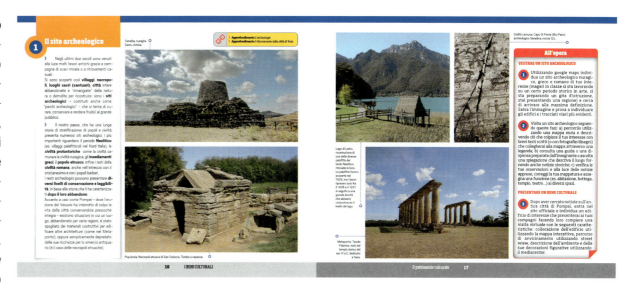

Presentazione

Per aiutarti nel tuo percorso di "artista" — adatto a un ragazzo o a una ragazza di oggi ma inserito nella grande tradizione artistica che ci precede — abbiamo rinnovato "L'album di arte e immagine".

Le sezioni del volume A sono diventate cinque, per approfondire tutti gli aspetti che riguardano l'immagine. Le prime due sezioni — *Beni culturali* e *Tecniche* — si distinguono dalle altre: *Beni culturali*, infatti, definisce il contesto su cui ti proponiamo di lavorare che, come vedrai, è abbastanza vasto; *Tecniche*, invece, illustra materiali e procedimenti necessari ad ogni proposta operativa contenuta nel testo. *Osservare la realtà*, *Codici*, *Forme della comunicazione* si riferiscono infine alle diverse competenze che regolano l'espressività.

Le "pagine gialle". In ognuna delle cinque sezioni una doppia pagina di apertura indica, le abilità e le conoscenze che occorre acquisire per sviluppare le competenze in campo artistico ma anche quelle trasversali, nella prospettiva dell'incremento delle competenze-chiave indicate dall'Unione Europea e riportate nelle *Indicazioni Nazionali per il curricolo del Primo Ciclo di Istruzione*. Noterai che pur proponendo un percorso di tipo operativo, non sono solo le competenze espressive quelle che vedrai incrementare ma anche la capacità di comprendere le opere d'arte e le immagini in generale.

"All'opera". Come vedrai, *L'Album di Arte e Immagine* si sviluppa su doppie pagine che, con un ricco corredo di grandi immagini, approfondiscono diversi argomenti. Nella fascia destra sono collocate **le proposte operative** – chiamate **"All'opera"** – che aiutano a consolidare abilità e conoscenze, coerentemente con quanto indicato nelle "pagine gialle" di apertura.

"Dentro l'opera". Alla fine di ogni capitolo riguardante la rappresentazione della realtà e lo studio dei codici visivi troverai le immagini di alcune "schermate" della lettura di un'opera particolarmente adatta ad aiutarti nella comprensione del tema. La lettura completa è digitale e interattiva e puoi accedervi sia attraverso il testo sfogliabile sia attraverso il sito. Segue la lettura una galleria di opere che ti permetteranno di confrontare diverse scelte espressive compiute dagli artisti.

Verifiche. Alla fine di ogni capitolo potrai verificare le competenze attraverso le proposte che l'insegnante sceglierà tra quelle indicate. Se utilizzerai la versione digitale e interattiva potrai direttamente "autovalutarti" monitorando le risposte alle domande chiuse.

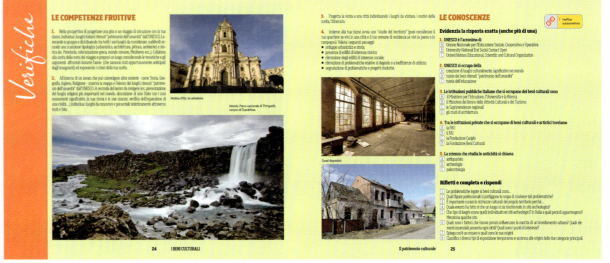

Digitale. I contenuti presenti nel testo sono approfonditi da materiali digitali, indicati nelle pagine con una striscia colorata e con la definizione della tipologia del materiale.

Pubblicità della bibita "Moxie", 1876, Stati Uniti

VITTEL
LA VIE EST BELLE

Pubblicità dell'acqua minerale francese "Vittel", 1950

APPROFONDIMENTO
Le luci di Venezia

"Il mio vecchio dono di guardare il mondo esterno con gli occhi di quel pittore i cui quadri mi siano da poco impressi in mente, m'ha suscitato un'idea singolare. È un fatto che l'occhio si conforma agli oggetti che vede fin dall'infanzia, e quindi è indubbio che il pittore veneziano debba vedere ogni cosa in una luce più chiara e più serena degli altri uomini. Vivendo, come noi viviamo, su un suolo che ora è fangoso, ora polveroso, che è privo di colori ed estingue tutti i riflessi, magari abitando in ambienti addirittura piccoli, non siamo in grado di proiettare all'esterno uno sguardo così pieno di felicità. Quando, attraversando la laguna nel fulgore del sole, vidi spiccare sui profili delle gondole l'agile guizzo variopinto dei gondolieri intenti al remo, quando vidi le loro figure disegnarsi nell'aria azzurra sulla superficie verde chiara, in quel momento vidi il più bello, il più vivo quadro di scuola veneziana. La luce solare abbagliante esaltava le macchie colorate, e le parti in ombra erano così luminose che a loro volta potevano valere quasi come luci. Lo stesso era a dirsi dei riflessi dell'acqua color verde mare. Tutto era come dipinto chiaro su chiaro, e l'onda schiumosa e gli scintillii che vi balenavano erano gl'indispensabili tocchi di rifinitura".

(W. Goethe, *Viaggio in Italia*, 1786)

Le case sono molto alte e grandi, quelle vecchie sono costruite con buona pietra e sono tutte dipinte [...] le altre risalgono a cento anni fa [...] tutte hanno la facciata di marmo che viene dall'Istria, a 100 miglia di là, e grandi pezzi di porfido e di serpentino".

(Philippe de Commynes)

Questa era Venezia, la bella lusinghiera e ambigua, la città metà fiaba e metà trappola, nella cui atmosfera corrotta l'arte un tempo si sviluppò rigogliosa, e che suggerì ai musicisti melodie che cullano in sonni voluttuosi".

(Th. Mann, *La morte a Venezia*, 1912)

APPROFONDIMENTO

1. Lo spazio è sapientemente organizzato e suddiviso a destra dal soggetto e in alto a sinistra dallo sfondo.

2. La brocca inclinata verso lo spettatore e il resto di frutta sproporzionato segnano la libertà espressiva dell'artista che, andando oltre la prospettiva, utilizza solo alcune linee inclinate indicanti la profondità.

3. Il pittore indaga la realtà nella sua architettura e nei suoi volumi: la sfera, il cilindro e il cono.

4. I frutti, con le tonalità arancio/rosse, contrastano fortemente col bianco, mentre la brocca si accorda con lo sfondo prendendo rilievo con tratti di contorno e lievi ombreggiature.

4. Il drappeggio è dipinto tramite variazioni di bianchi che evidenziano il colore e la forma dei frutti, "colorando" il bianco con il loro riflesso.

> **Animazione**
> La lettura dell'opera

Gli oggetti **97**

Potrai accedere così a gallerie riguardanti opere d'arte o fotografie [1], ad approfondimenti di testo e immagini [2], ad animazioni per la migliore lettura e comprensione dell'opera d'arte [3], a video dimostrativi di alcune tecniche [4]. Ti ricordiamo poi che sul sito dell'editore c'è un database [5] di circa 3.000 immagini di opere d'arte facilmente rintracciabili per autore, titolo dell'opera, genere e periodo artistico. Qui troverai anche utili biografie, opere a confronto e linee del tempo.
Buon lavoro!

Gli autori

Storia dell'arte
EDITRICE LA SCUOLA

Database

Autore		Cerca
Titolo		
Genere		
Periodo artistico		

Linee del tempo   Dentro l'opera   Opere a confronto   Biografie

Indice

I beni culturali

- Ricercare notizie su un bene culturale riguardanti la sua origine, il contesto geografico, la funzione, le eventuali trasformazioni significative nel tempo
- Visitare un sito archeologico o un complesso architettonico utilizzando piante e legende per individuare gli elementi più significativi e documentando il percorso svolto
- Analizzare la pianta di una città evidenziando le principali trasformazioni e individuando i luoghi o gli edifici più significativi rispetto ad un periodo o a un percorso tematico
- Analizzare un'architettura comprendendo l'organizzazione e la funzione degli spazi, la relazione con il contesto topografico/geografico, le caratteristiche stilistiche
- Visitare un museo
- Presentare un bene culturale con testi, immagini di vario genere, schemi e legende

I beni culturali [▼]

- Beni ambientali e beni culturali
- Problematiche e discipline ad essi legati
- Istituzioni
- Il restauro conservativo e costruttivo; il restauratore

Il sito archeologico [▼]

- Tipologie e periodi storici
- L'archeologia: procedimenti, strumenti, figure professionali

La città [▲]
- Origini e sviluppo
- Punti di interesse
- Architettura

Il museo [▼]
- Funzioni
- Tipologie
- Origine e sviluppo

Comprendere e apprezzare le opere d'arte
- Conoscere le tipologie del patrimonio ambientale, storico-artistico e museale del territorio, sapendone leggere i significati e i valori estetici, storici e sociali
- Ipotizzare strategie di intervento per la tutela, la conservazione e la valorizzazione dei beni culturali

Competenze trasversali
- **Lessico**: terminologia specifica e complementare spiegata nel testo o al piede delle pagine
- **Civiltà**: conoscere le istituzioni culturali
- **Digitale**: selezionare siti per la documentazione, compiere una visita virtuale
- **Imparare a imparare**: individuare i siti ufficiali, utilizzare documentazione cartacea (mappe e brochures)
- **Senso di iniziativa e imprenditorialità**: attivarsi nella cura e nella promozione del proprio territorio
- **Consapevolezza culturale**: scoprire il valore della tradizione artistica

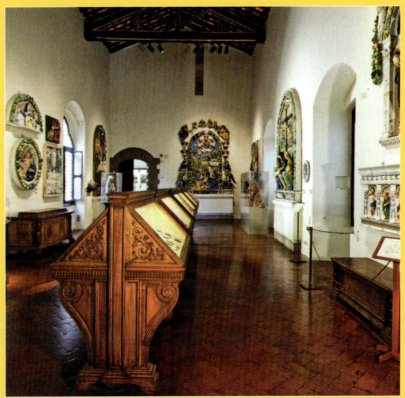

Il patrimonio culturale

La varietà di territori che caratterizza il nostro pianeta ha stimolato l'uomo, nel trascorrere dei secoli, a valorizzare e modificare le caratteristiche del paesaggio per condurre una vita più agevole e arricchita dalla bellezza. Parliamo così di **beni ambientali** riferendoci ad aspetti naturali e paesaggistici che hanno particolare valore per la loro bellezza o utilità. Per non far scomparire tali **ricchezze naturali** le istituzioni (Stato, Regioni, Province e Comuni) hanno in alcuni casi deciso di trasformarle in **parchi** per proteggerne le caratteristiche paesaggistiche e l'ecosistema.

 Approfondimento Istituzioni e organizzazioni per la tutela dei beni

Il *Parco Agricolo Sud Milano* tutela un territorio di lunghissima tradizione storica, caratterizzato da interventi di irrigazione antichi come le "marcite", sistema che sfrutta risorgive, rogge e pendenza del terreno in modo tale da bagnare i campi a temperatura regolare per tutto l'anno, garantendo foraggio fresco per il bestiame. L'invenzione di questo sistema di irrigazione è attribuito ai monaci Cistercensi.

Parliamo invece di **beni culturali** se ci riferiamo ad **attività umane** e a **manufatti** tipici di un territorio che "parlano" della sua storia: ogni Paese cerca di tutelarli.
Valorizzare il patrimonio culturale e artistico del proprio territorio implica diverse problematiche, riassumibili nelle seguenti: **individuazione, ricerca storica, conservazione, valorizzazione**.
Le discipline che approfondiscono queste problematiche sono l'**archeologia**, la **storia dell'arte**, il **restauro**, a cui ci si prepara seguendo percorsi universitari e specialistici.
L'aspetto più ricco di implicazioni culturali è la **valorizzazione del bene**, spesso tema di discussioni accese sul suo utilizzo per salvare la **memoria del passato** come testimonianza di valori umani importanti, salvaguardando contemporaneamente le **esigenze della comunità presente**.

Patrimonio dell'umanità, la città di Venezia è costruita su diverse isole collegate tra loro da ponti e su pali che hanno permesso di allargare le zone calpestabili. La sua lunga storia di commercio con l'Oriente l'ha arricchita di splendidi palazzi e chiese. Tutto ciò l'ha resa a ragione uno dei luoghi più famosi al mondo. La città con la sua luce particolare è decantata da scrittori e poeti e rappresentata da alcuni tra i più famosi pittori.

> **Approfondimento** Studiare un territorio
> **Approfondimento** Il restauro

Il restauro spazia da semplici interventi di pulizia dell'opera a interventi molto più impegnativi di conservazione.

A volte la conservazione di un edificio è un'operazione complessa. Qui vediamo il restauro della cupola della Mole Antonelliana di Torino.

Le fontane, punto importantissimo per i centri abitati perché fonti di acqua, sono state spesso abbellite da sculture. Qui: Perugia.

Il sito archeologico

> Negli ultimi due secoli sono venuti alla luce molti tesori antichi grazie a campagne di scavi mirate o a ritrovamenti casuali.

Si sono scoperti così **villaggi**, **necropoli**, **luoghi sacri (santuari)**, **città** intere abbandonate e "rimangiate" dalla natura o demolite per ricostruire: sono i **siti archeologici** – costituiti anche come "parchi archeologici" – che si tenta di curare, conservare e rendere fruibili al grande pubblico.

> Il nostro paese, che ha una lunga storia di stratificazione di popoli e civiltà, presenta numerosi siti archeologici: i più importanti riguardano il periodo **Neolitico** (es. villaggi palafitticoli nel Nord Italia), le **civiltà protostoriche** come la civiltà camuna e la civiltà nuragica, gli **insediamenti greci**, il **popolo etrusco**, infine i resti della **civiltà romana**, anche nell'intreccio con il cristianesimo e con i popoli barbari.

I resti archeologici possono presentare **diversi livelli di conservazione e leggibilità**, in base alla storia che li ha caratterizzati **dopo il loro abbandono**.

Accanto a casi come Pompei – dove l'eruzione del Vesuvio ha interrotto di colpo la vita della città conservandola pressoché integra – esistono situazioni in cui un luogo, abbandonato per varie ragioni, è stato spogliato dei materiali costruttivi per edificare altre architetture (come nel Metaponto), oppure semplicemente depredato delle sue ricchezze per lo smercio antiquario (è il caso delle necropoli etrusche).

Torralba, nuraghe Santu Antine.

> **Approfondimento** L'archeologia
> **Approfondimento** Il ritrovamento della città di Troia

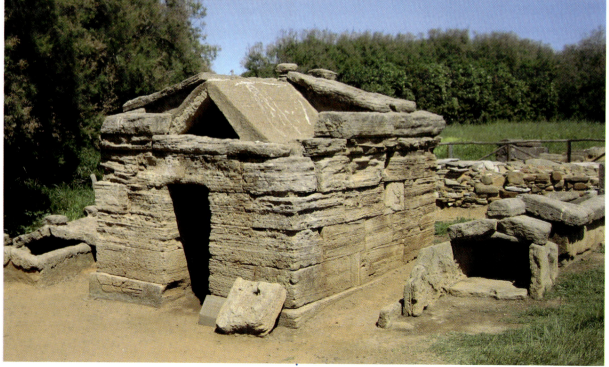

Populonia, Necropoli etrusca di San Cerbone, Tomba a capanna

Civiltà camuna, Capo Di Ponte (Bs) Parco archeologico Seradina, roccia 12c.

Lago di Ledro, ricostruzione di una delle diverse palafitte del tardo Neolitico ritrovate in loco. Le palafitte furono scoperte nel 1929, ma i lavori ripresero solo fra il 1936 e il 1937 in seguito a una grande siccità che abbassò notevolmente il livello del lago.

Metaponto, Tavole Palatine, resti del tempio dorico del sec VI a.C. dedicato a Hera.

All'opera

VISITARE UN SITO ARCHEOLOGICO

1 Utilizzando google maps individua un sito archeologico nuragico, greco o romano di tuo interesse (magari in classe si sta lavorando su un certo periodo storico in arte, si sta preparando un gita d'istruzione, stai presentando una regione) e cerca di arrivare alla massima definizione. Salva l'immagine e prova a individuare gli edifici e i tracciati viari più evidenti.

2 Visita un sito archeologico seguendo queste fasi: a) percorrilo utilizzando una mappa muta e descrivendo ciò che colpisce il tuo interesse con brevi testi scritti (o con fotografie/disegni) che collegherai alla mappa attraverso una legenda; b) consulta una guida o una dispensa preparata dall'insegnante o ascolta una spiegazione che descriva il luogo fornendo anche notizie storiche; c) verifica le tue osservazioni e alla luce delle notizie apprese, correggi la tua mappatura e assegna una funzione (es. abitazione, bottega, tempio, teatro...) ai diversi spazi.

PRESENTARE UN BENE CULTURALE

3 Dopo aver cercato notizie sull'antica città di Pompei, entra nel sito ufficiale e individua un edificio di interesse che presenterai ai tuoi compagni facendo loro compiere una visita virtuale con le seguenti caratteristiche: collocazione dell'edificio utilizzando la mappa interattiva, percorso di avvicinamento utilizzando street wiew, descrizione dell'ambiente e delle sue decorazioni figurative utilizzando il mediacenter.

> Fin dal tempo in cui l'uomo ha cominciato a insediarsi stabilmente in un luogo costruendo abitazioni solide - non più obbligato al nomadismo grazie alla scoperta dell'agricoltura e dell'allevamento — si evidenzia la tendenza a riunirsi in gruppo. Da **villaggio** di case di fango o di palafitte, alcuni insediamenti sono divenuti **città**.

> La **scelta del luogo** in cui insediarsi è stata determinata da diversi fattori, necessari alla sopravvivenza della comunità: presenza di acqua, presenza di terreno per l'allevamento e l'agricoltura, vie di comunicazione naturali per il commercio dei prodotti (in modo da integrare le proprie produzioni e smaltire quelle in eccesso) e presenza di elementi naturali di difesa laddove si temeva l'invasione di altre genti. Ogni città presenta quindi **abitazioni**, **tracciati viari** o **vie navigabili**, **fonti d'acqua**.

> Ogni comunità, inoltre, ha evidenziato nel tempo il bisogno di **luoghi specializzati** per le **attività artigianali** (e dal XVIII secolo anche **industriali**) per il **commercio**, per la **difesa** e, di non minore importanza perché inevitabile espressione dell'umanità, di **piazze** per l'incontro e la discussione, di **luoghi sacri** per l'espressione comune della religiosità, luoghi di **divertimento, sport e cultura**, **residenze principesche** o palazzi di **governo**, luoghi di **ospitalità** per forestieri, luoghi di **cura** per i più deboli e malati.

Pavia, ponte coperto. La città, originata da un insediamento militare romano, è strategicamente collocata nei pressi di un fiume, il Ticino, che a poca distanza confluisce nel Po. Ciò assicura una notevole facilità di comunicazioni, ulteriormente agevolata dal terreno pianeggiante della Bassa Padana.

> **Approfondimento** Pianta delle mura di Bergamo

> **Galleria** Le piazze d'Italia

Firenze, Ospedale degli Innocenti. L'edificio progettato dal Brunelleschi nel XV secolo accoglieva gli orfanelli della città. Ospedale significa, infatti, luogo ospitale.

La Città Alta di Bergamo è racchiusa da fortificazioni rinascimentali intatte, caratterizzate dai tipici baluardi a punta, ideati per incrociare il "fuoco" sui nemici, e inclinazione della parte bassa della cinta, per allontanare ulteriormente i nemici dalla città. Vedi nel materiale digitale la mappa della città.

 › Approfondimento
Le luci di Venezia

L'immagine mostra il centro storico di Siena, patrimonio UNESCO. Si notano la torre civica e il campanile, simboli civili e religiosi; la prima, che sovrasta la famosissima Piazza del Campo a forma di conchiglia, in cui si trova anche la fonte d'acqua, è il centro della vita civile della città; la seconda, che si erge in piazza del Duomo, indica il punto di incontro religioso.

All'opera

ANALIZZARE LA PIANTA DI UNA CITTÀ

1 In vista di una gita d'istruzione procurati una mappa turistica di Siena (puoi agevolmente trovarla in internet). Stampala in b/n e ricalca su lucido solo ciò che ti interessa utilizzando diversi colori per individuare e segnalare - oltre alle piazze importanti con la loro funzione - la cinta muraria, le porte (è importante capire quale collegamento favoriscono), le vie più importanti, gli edifici di difesa, gli edifici politici, gli edifici religiosi (può essere significativo capire a quali santi è più devota la città).

RICERCARE NOTIZIE SU UN BENE CULTURALE

2 Individua un luogo "artistico" di particolare interesse per te, magari nella tua zona di residenza o di vacanza e ricostruisci la sua storia cercando notizie che lo riguardino. Puoi raccogliere testimonianze, (vecchie fotografie, racconti di persone) consultare la biblioteca rionale o comunale anche cercando notizie in vecchi giornali locali, usufruire dei servizi offerti dagli uffici comunali come l'Ufficio Tecnico e il Catasto.

La città: sviluppo

> Ogni città ha una particolare **origine storica**, che ne determina la forma iniziale.

> Può essere nata, ad esempio, da **insediamenti primitivi,** si pensi alla città di Matera, una delle più antiche città del mondo abitata senza interruzione. Altre sorgono per la necessità di **difesa** (città etrusche o medioevali), o di **conquista** del territorio (insediamenti romani, città nuove rinascimentali) .

> In epoca moderna nascono, invece, piccole città volute da un industriale come **residenza modello attorno alla propria fabbrica** (è il caso di Crespi d'Adda) o **città agricole** come Latina, voluta da Mussolini per popolare un territorio paludoso dopo averlo bonificato.

> Lo **sviluppo** di una città, invece, ci parla della sua storia attraverso le **tracce dei diversi periodi** che ha attraversato.

> Dal tipo di **reticolo viario** possiamo dedurre l'origine e lo sviluppo. Dalla presenza di uno o più **cinte murarie** e **fortificazioni** l'espansione nei diversi periodi. Dalle **porte**, le città con cui era ritenuto importante comunicare. Dagli **edifici** di interesse economico, politico, religioso, assistenziale, l'organizzazione politica e sociale. Osservando questi ultimi nelle loro dimensioni, nei materiali utilizzati e nello **stile architettonico** che presentano in prevalenza, possiamo intuire in quale momento della storia la città ha vissuto il **suo periodo di massimo splendore.**

I resti di insediamento umano più antichi ritrovati a Matera risalgono al Paleolitico. La città è caratterizzata dai Sassi, i rioni abitati fino agli anni Sessanta e caratterizzati dai tipici ambienti scavati nella roccia. Quelli destinati ad abitazione (uomini e animali da cortile spesso coabitavano!) si affacciavano in genere in piccoli spiazzi in modo che una donna a turno, tra le varie famiglie residenti, potesse accudire i bambini. Molti ambienti, di proprietà dello Stato italiano che negli anni Sessanta li acquisì in cambio di abitazioni popolari, sono ora utilizzati come gallerie d'arte, botteghe artigiane, ecc..

Crespi d'Adda (BG), Ingresso principale, cancello d'accesso davanti alle palazzine dirigenziali e la ciminiera.
La città fu voluta dai padroni di un'industria tessile, la famiglia Crespi, a fine '800. Tutto fu studiato in modo che operai e dirigenti potessero vivere in modo confortevole e dignitoso.

> **Approfondimento** Un esempio di analisi dello sviluppo di una città: Milano
> **Galleria** Forme della città nella storia

La cintura periferica di Parma era, come spesso nelle città del nord, una zona industriale. La deindustrializzazione che ha toccato molte città italiane aveva creato anche qui un territorio degradato, lasciato all'incuria per molto tempo.
Assieme ad esempi di demolizione e ricostruzione sono stati attuati riusciti progetti di recupero dell'"archeologia industriale" (l'ex fabbrica di pasta Barilla, la stazione del tram, il gasometro), di cui questo Auditorium "Paganini", realizzato grazie all'intervento dell'architetto Renzo Piano, è un eccellente esempio: la struttura originaria dell'ex zuccherificio Eridania è stata lasciata intatta e l'interno è stato rivisto per favorire la migliore acustica.

› **Approfondimento:**
L'architettura urbana

La città moderna è caratterizzata dallo sviluppo verticale: il grattacielo, infatti, permette di sistemare molti ambienti e molte persone in una porzione di superficie territoriale piccola. La linea che delimita la sommità degli edifici separandola dal cielo prende il nome di *skyline*.

All'opera

ANALIZZARE LA PIANTA DI UNA CITTÀ

1 Studia la pianta della tua città o della città che stai per visitare con la tua classe o con la tua famiglia segnando i vari stadi di sviluppo nelle diverse epoche storiche e individuando gli edifici rappresentativi di ogni epoca.

ANALIZZARE UN'ARCHITETTURA

2 Visita un edificio analizzandolo secondo i seguenti criteri: funzione, dimensioni e proporzioni, materiali costruttivi, caratteristiche dei volumi e delle decorazioni, organizzazione spaziale.

3 Individua, documentandolo fotograficamente e indicandone la collocazione precisa, ciò che nel tuo quartiere o paese necessita di opere di restauro. Questa ricerca può fare parte di un'iniziativa civica della tua scuola o della classe.

PRESENTARE UN BENE CULTURALE

4 Dopo aver cercato notizie e visitato, ad esempio, la cittadina di Crespi d'Adda, presentala mettendo in luce i seguenti aspetti: collocazione geografica, edifici presenti (funzione, dimensioni, organizzazione degli spazi, stile architettonico), organizzazione urbanistica, "conclusioni storiche".
La presentazione può essere costituita da una tesina, da una mostra, da una presentazione digitale, da un video e dovrà essere corredata dalla dichiarazione delle fonti e da foto e disegni originali.

4 Il museo

> Nel Rinascimento nasce l'uso, nelle residenze principesche, di **collezionare ed esporre oggetti** d'arte appartenenti al periodo dell'antica Grecia e dell'antica Roma. Nei secoli successivi questo uso si estende anche ai ricchi borghesi appassionati d'arte, non solo antica. Queste opere contenute nelle *Camere delle meraviglie*, nelle *Gallerie* o nei *giardini* di palazzi e corti spesso sono andate a costituire, dal XVIII secolo in poi, interi **musei** o **sezioni** di essi.

> I musei, attualmente, possono essere di vario genere, secondo il tipo di oggetti che in essi sono esposti. Esistono così **musei legati ad un territorio** ed alle sue attività tipiche, **musei archeologici** (che spesso affiancano i siti), **musei storici**, **musei di storia naturale**, **musei della tecnica**.

> Infine esistono i **musei e gallerie d'arte**, che assumono nomi diversi secondo la tipologia di opere che custodiscono. Ad esempio si parla di **pinacoteche** se l'esposizione riguarda quadri di diverse epoche storiche. Esistono poi **musei d'arte moderna e contemporanea,** musei che raccolgono opere legate ad un'architettura o ad un'istituzione, musei legati all'opera di un singolo artista, musei che espongono la collezione d'arte di un privato o di una fondazione.

> Un altro genere di esposizioni, diffuso dall'Ottocento in poi, è invece quello delle **esposizioni temporanee**, dette anche **mostre**.

Galleria degli Uffizi

Museo Nazionale del Bargello, Firenze. In primo piano il David del Verrocchio (1475) e sulla parete lo Stemma Martelli di Donatello in pietra dipinta.

Museo Nazionale del Bargello, Firenze, la sala di Giovanni della Robbia con terrecotte invetriate dai colori vivaci: nelle bacheche preziose placchette rinascimentali. Il museo è situato nel duecentesco Palazzo del capitano del Popolo. A partire dal 1865 sono qui confluite opere di scultura e ceramiche del Rinascimento che facevano parte delle collezioni dei Medici e successivamente una serie di opere provenienti da donazione di privati.

Il MART di Rovereto presenta un'interessante architettura. L'atrio ricorda l'antico Pantheon. Il museo è dedicato all'arte moderna e contemporanea.

Museo di Villa Panza, Varese. La villa, in cui convivono forme modernissime e architettura antica, raccoglie una collezione d'arte contemporanea.

❯ **Approfondimento** Nascita del museo: il Louvre
❯ **Approfondimento** Esposizioni temporanee

All'opera

RICERCARE NOTIZIE SU UN BENE CULTURALE

1 Individua tutti i musei della tua città o della tua provincia e descrivine sinteticamente il genere.

2 Individua i musei d'arte della tua città o della tua provincia e cerca notizie specifiche su uno di essi (genere di opere esposte, origini, importanza).

VISITARE UN MUSEO

3 Visita la virtualmente la Pinacoteca di Brera individuando la sala delle seguenti opere: Mantegna, "Cristo Morto"; Raffaello, "Sposalizio della Vergine"; Caravaggio, "Ultima cena".

4 Dopo aver cercato notizie sul museo che devi visitare e individuato le opere di tuo interesse (es. i ritratti, le scene storiche, le madonne…), svolgi la visita cercando le sale in cui sono esposte, utilizzando una mappa su cui segnerai la loro collocazione.

LE COMPETENZE FRUITIVE

1. Nella prospettiva di progettare una gita o un viaggio di istruzione con la tua classe, individua i luoghi italiani ritenuti "patrimonio dell'umanità" dall'UNESCO. Lavorando in gruppo e distribuendo tra tutti i vari luoghi da considerare, suddividi secondo una scansione tipologica (urbanistica, architettura, pittura, ambiente) e storica (es. Preistoria, colonizzazione greca, mondo romano, Medioevo ecc..). Collabora alla scelta della meta del viaggio e proponi un luogo considerando le tematiche e gli argomenti affrontati durante l'anno (che saranno stati opportunamente anticipati dagli insegnanti) ed esponendo i criteri della tua scelta.

2. All'interno di un lavoro che può coinvolgere altre materie - come Storia, Geografia, Inglese, Religione - osserva la mappa e l'elenco dei luoghi ritenuti "patrimonio dell'umanità" dall'UNESCO. A seconda del lavoro da svolgere (es.: presentazione dei luoghi religiosi più importanti nel mondo, descrizione di uno Stato con i suoi monumenti significativi, la sua storia e le sue usanze, verifica dell'espansione di una civiltà ...) individua i luoghi da conoscere e presentali sinteticamente attraverso testi e foto.

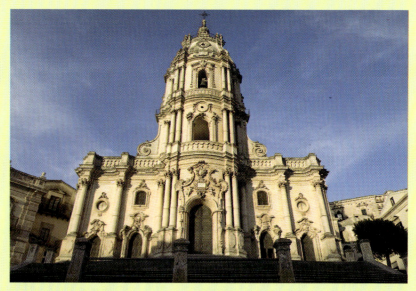

Modica (RG), la cattedrale.

Islanda, Parco nazionale di Thingvellir, canyon di Öxarárfoss.

3. Progetta la visita a una città individuando i luoghi da visitare, i motivi della scelta, l'itinerario.

4. Insieme alla tua classe avvia uno "studio del territorio" (puoi considerare il tuo quartiere se vivi in una città o il tuo comune di residenza se vivi in paese o in campagna). Valuta i seguenti passaggi:

- sviluppo urbanistico e storia;
- presenza di edifici di interesse storico;
- rilevazione degli edifici di interesse sociale;
- rilevazione di problematiche relative al degrado o a inefficienze di utilizzo;
- segnalazione di problematiche e progetti risolutivi.

Spazi degradati.

Evidenzia la risposta esatta (anche più di una)

1. UNESCO è l'acronimo di
- A Unione Nazionale per l'Educazione Sociale, Cooperativa e Operativa
- B University National End Social Contact Open
- C United Nations Educational, Scientific and Cultural Organization

2. UNESCO si occupa della
- A creazione di luoghi culturalmente significativi nel mondo
- B tutela dei beni ritenuti "patrimonio dell'umanità"
- C tutela dell'educazione

3. Le istituzioni pubbliche italiane che si occupano dei beni culturali sono
- A il Ministero per l'Istruzione, l'Università e la Ricerca
- B il Ministero dei Beni e delle Attività Culturali e del Turismo
- C le Soprintendenze regionali
- D gli studi di architettura

4. Tra le istituzioni private che si occupano di beni culturali e artistici troviamo
- A la FAO
- B il FAI
- C la Fondazione Cariplo
- D la Fondazione Beni Culturali

5. La scienza che studia le antichità si chiama
- A antiquariato
- B archeologia
- C paleontologia

Rifletti e completa o rispondi

1 Le problematiche legate ai beni culturali sono…
2 Quali figure professionali si prefiggono lo scopo di risolvere tali problematiche?
3 È importante curare le ricchezze culturali del proprio territorio perché…
4 Quale evento ha fatto sì che un luogo si sia trasformato in sito archeologico?
5 Che tipo di luoghi erano quelli individuati nei siti archeologici? In Italia a quali periodi appartengono? Menziona qualche sito.
6 Quali sono i fattori che hanno potuto influenzare la nascita di un insediamento urbano? Quali elementi essenziali presenta ogni città? Quali sono i punti di interesse?
7 Spiega cos'è un museo e quali sono le sue origini.
8 Classifica i diversi tipi di esposizione temporanea e accenna alle origini delle due categorie principali.

Le tecniche

Tecniche coloristiche [▼]

- Matite colorate e acquerellabili
- Pastelli a cera, a olio, gessetti
- Pennarelli
- Acquerelli e inchiostri colorati
- Tempere ■ Acrilici
- Colori a olio

ABILITÀ

- Realizzare linee dal segno modulato utilizzando materiali e strumenti vari
- Realizzare campiture piatte utilizzando materiali e strumenti vari
- Realizzare gradazioni di colore o in b/n utilizzando metodi vari (diluizione, sovrapposizione, mescolanze, tratteggi)
- Realizzare sfumature di colore o in b/n utilizzando metodi vari (diluizione, sovrapposizione, mescolanze, tratteggi)
- Creare e accostare diversi tipi di superficie utilizzando materiali e strumenti vari
- Realizzare volumi con metodi e materiali vari
- Descrivere un'opera d'arte dal punto di vista tecnico

Tecniche grafiche [▼]

- Matita
- Carboncino e sanguigna
- China

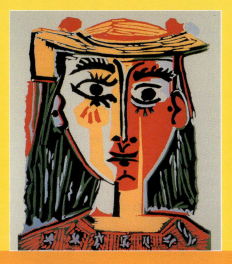

Tecniche a stampa [◀]
- Stampa a rilievo
- Stampa in cavo e in piano

Tecniche polimateriche [▼]
- Collage e decollage
- Frottage e stencil

Tecniche classiche [▲]
- Scultura e modellazione
- Sbalzo e manipolazione di materiali vari

Matita

1

❯ La **matita** è lo strumento comunemente usato per disegnare. È formata da una **mina** (grafite e argilla essiccata), racchiusa entro un bastoncino di legno o contenuta in un "portamina". Fu il francese **Nicolas-Jacques Conté** che nel 1795 mise a punto la produzione delle matite così come noi le conosciamo.

❯ L'espressività di un disegno a matita dipende dalla **durezza della mina**, dalla **varietà del segno** e dall'**impugnatura**. Con una pressione regolare la matita traccia un segno uniforme e rigido. **Variando la pressione** della mano si possono ottenere segni da leggeri fino a molto marcati, che rendono espressivo il disegno e danno spessore a ciò che si rappresenta. Con la matita è possibile rendere il **chiaroscuro**. Con questo particolare effetto si definiscono, attraverso particolari segni grafici, le luci e le ombre per ottenere il senso volumetrico degli oggetti.

Sfumato realizzato con matita 2B.

Tratteggio a una direzione realizzato con matita 2B.

Tratteggio incrociato realizzato con matita HB.

Vi sono essenzialmente due tipi di chiaroscuro: sfumato e tratteggiato. Il chiaroscuro sfumato è il risultato di un movimento minuzioso e molto controllato della matita che passa delicatamente dal bianco al grigio e al nero.
Il chiaroscuro a una direzione è ottenuto mediante brevi segni paralleli e inclinati (ad esempio a 45°). Per raggiungere la gradazione basta variare lo spessore e la sovrapposizione dei segni.
Il tratteggio può essere anche incrociato, sovrapponendo i tratti per ottenere il passaggio dal bianco al nero.

Raffaello Sanzio, *Madonna del melograno*, 1504, matita su carta, 41 x 30 cm. Vienna, Albertina.

Le differenti intensità di grigio che suggeriscono la profondità sono state conseguite grazie a matite di diversa morbidezza.

Osserviamo la leggerezza di questo tratteggio di Raffaello che suggerisce il volume.
Possiamo notare le ombre proprie e le ombre portate e la linea più marcata in alcuni punti per sottolineare le parti in ombra.

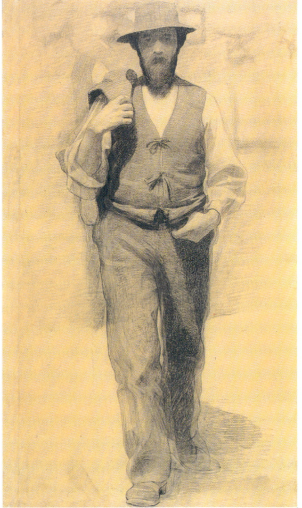

Giuseppe Pellizza da Volpedo, *Studio per la figura centrale di "Fiumana"*, 1895, matita morbida su carta beige, 158 x 95 cm. Alessandria, Museo civico.

Umberto Boccioni, *Finestra*, 1905, matita su carta da spolvero e matita bianca, 21 x 26 cm. Collezione privata.

L'artista disegna su carta da spolvero color ocra e aggiunge, per rendere più evidenti le luci, la matita colorata bianca. Il tratteggio varia in funzione della materia dell'oggetto rappresentato, come si può notare confrontando l'albero e il serramento della finestra.

Galleria Disegni a matita di celebri pittori
Approfondimento Caratteristiche della matita

All'opera

REALIZZARE LINEE DAL SEGNO MODULATO

1 Su un foglio sperimenta vari tipi di segno, provando a variare la pressione della mano, cambiando la durezza della mina e lavorando con fogli di diversa superficie.

REALIZZARE GRADAZIONI IN B/N

2 Disegna un cilindro e, dopo aver deciso la direzione della luce, prova ad evidenziare i vari passaggi dell'ombra seguendo l'esempio. Poi puoi rifinire senza perdere la ricchezza delle gradazioni ottenute.

3 Partendo dall'immagine fotografica di una campione sportivo prova a realizzare il chiaroscuro con il tratteggio seguendo questo esempio.

Gino Sandri, *Autoritratto*, 1914, matita tenera, 14 x 15 cm. Collezione privata.

Disegno realizzato con una matita molto morbida utilizzata sia di punta che di piatto in modo da evidenziare i contorni e il chiaroscuro, ottenuto con un tratteggio che segue tendenzialmente una sola direzione.

Henri Matisse, *Ritratto di donna*, 1939, matita a pura linea. San Pietroburgo, Hermitage.

L'artista sintetizza con una sola linea la forma del volto conseguendo un risultato di forte espressività. Nonostante il tratto morbido e l'assenza di chiaroscuro è evidente l'atteggiamento pensoso della donna.

Carboncino e sanguigna

2

> Il carboncino e la sanguigna, usati fin dall'antichità, sono più teneri e friabili della matita e permettono di creare **segni spessi**, **rapidi ed espressivi**, effetti di luce e di ombra **netti** o **delicati**.

Lasciano un segno morbido che può essere sfumato con i polpastrelli delle dita, con uno sfumino o con uno straccio. Attraverso la **gomma pane** si possono alleggerire i segni e creare effetti di luminosità.

Una volta ultimato il disegno è necessario proteggerlo con uno specifico spray fissativo o con la lacca per capelli.

> Il **carboncino** viene realizzato in varie forme.

Il **carboncino pressato** è una barretta di sezione quadrata o cilindrica costituita da polvere di carbone pressato, mescolato ad un legante.

La **matita carboncino** (detta anche Conté) permette un segno molto morbido e necessita di una punta ben temperata.

La **fusaggine (carboncino naturale)** è un bastoncino di carbone molto friabile dalla forma irregolare, adatto per realizzare disegni sintetici di grandi dimensioni.

> La **sanguigna** è un materiale costituito da argilla pressata: viene realizzata sotto forma di matite o barrette.

Il segno può essere più o meno netto e il chiaroscuro al tratto o sfumato. Il suo colore rosso mattone conferisce ai disegni un effetto elegante e delicato. Può essere utilizzata insieme al carboncino per ottenere risultati combinati di tonalità.

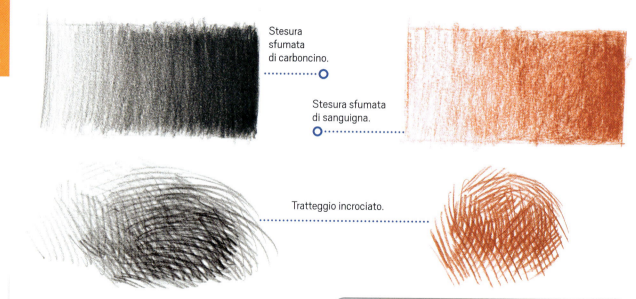

Stesura sfumata di carboncino.

Stesura sfumata di sanguigna.

Tratteggio incrociato.

Giacomo Manzù, *Sonia*, 1957, carboncino pressato, 41 x 28 cm. Collezione privata.

Col carboncino pressato si può rendere con immediatezza il chiaroscuro, anche utilizzando un dito o uno straccetto per sfumare il colore.

> **Galleria** Opere d'arte a carboncino o sanguigna

Georges Seurat, *Pittore nello studio*, matita carboncino Conté, 20 x 30 cm. Collezione privata.

L'artista usa la matita carboncino lasciando ben vedere i tratti e ottenendo, per sovrapposizione, forti neri.

Edward Hopper, *Cappello di Hopper sul torchio da stampa*, matita carboncino (Conté), 28 x 38 cm. New York, Whitney Museum.

La matita carboncino permette di arrivare a un livello di rifinitura molto preciso, grazie anche all'utilizzo della gomma pane.

Tiziano Vecellio, *Elmo*, carboncino su carta azzurra. Firenze, Uffizi.

Il carboncino (fusaggine) è stato utilizzato dai grandi maestri sia per la traccia preparatoria degli affreschi, sia per studi e disegni; qui è utilizzato da Tiziano per studiare le forme e i volumi che suggeriscano i riflessi di luce sull'armatura.

Gino Sandri, *Autoritratto*,1955, carboncino e sanguigna. Collezione privata.

L'artista usa la sanguigna e il carboncino di punta, ottenendo tratti e sfumature di grande eleganza.

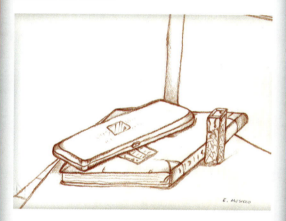

3 Matite colorate

> Le **matite colorate** sono simili, come aspetto, alla matita in grafite, ma la loro mina è costituita da un impasto di **pigmenti finemente macinati** e fatti essiccare, mescolati poi con acqua, gomma arabica e altre sostanze collanti.
Le matite colorate vengono introdotte in Italia nel Cinquecento, come complemento al carboncino e alla sanguigna.

> Se ben appuntite, possono produrre un **segno pulito** e particolareggiato, senza incertezze. Moderando inizialmente la pressione della mano e combinando gradualmente i colori attraverso segni leggeri e sovrapposti, è possibile ottenere innumerevoli gradazioni.
Per creare effetti di trasparenza è importante iniziare dalle tinte più chiare e introdurre via via quelle più scure.

> Per avere una stesura **uniforme** si deve realizzare una base leggera del colore prescelto, continuando poi a sovrapporre il colore fino a raggiungere l'intensità di tono desiderata. Gli effetti di sfumatura si ottengono diminuendo o aumentando progressivamente la pressione della mano o realizzando un tratteggio.
Su una superficie liscia, il segno risulta brillante e trasparente, su un supporto ruvido il tratto risulta più irregolare e fa intravedere il bianco del foglio.

> Si trovano in commercio anche **matite acquerellabili** che, se sfumate con un pennello intinto nell'acqua, creano un effetto pittorico simile all'acquerello.

Sfumatura ad un colore.

Sfumatura a due colori.

Tratteggio incrociato.

Matite acquerellabili.

Color carne ottenuto dalla sovrapposizione di vari colori.

Hans Hofmann, *Scoiattolo*, 1578, matite colorate, 20 x 35 cm. Washington, National Gallery.

Con le matite colorate si possono realizzare disegni estremamente realistici come questo scoiattolo.

Gino Severini, *Ritratto di Madame MS*, 1914, pastello su cartone, 92 x 65 cm. Rovereto, Mart.

Questo disegno cubista/futurista è realizzato a matite colorate utilizzate con grande intensità. Il colore non è sfumato ma variato da continue sovrapposizioni.

Roy Lichtenstein, *Disegno per Artist's Studio "The Dance"*, 1974, matite colorate su carta, 52 x 66 cm. Collezione privata.

Come si può vedere da questo disegno, le matite colorate possono essere usate anche per creare un'opera fortemente espressiva con un segno marcato e colori piatti.

All'opera

REALIZZARE SFUMATURE DI COLORE UTILIZZANDO METODI VARI

1 Prendendo spunto da immagini, copia un paesaggio e dipingilo con la tecnica del tratteggio incrociato.

2 Partendo da un gruppo di oggetti proponi una interpretazione originale, ispirandoti all'opera di Lichtenstein e utilizzando le matite colorate.

2 Prendendo spunto dall'esempio realizza un tuo ritratto.

 ›Approfondimento La tecnica delle matite colorate

Pastelli a cera, a olio, gessetti

4

› Leonardo Da Vinci cita la tecnica dei pastelli nel suo famoso "Codice Atlantico" definendola *"nuova, per dipingere con differenti colori secchi"*, ma è solo verso l'inizio del Settecento che molti artisti cominciano a sperimentare seriamente **la pittura a pastello,** soprattutto **nel ritratto.**

› I pastelli a cera e a olio sono composti da pigmenti colorati amalgamati a due diversi leganti: la cera d'api e l'olio. Si presentano entrambi sotto forma di **bastoncini** in un involucro di carta e sono adatti per creare disegni veloci e sintetici con pochi dettagli. **I pastelli cerosi sono più duri** e creano superfici brillanti, mentre quelli a **olio** lasciano un **tratto più grasso** e pastoso, che può essere facilmente sfumato con le dita.

› Utilizzati di punta, di piatto o di spigolo, i colori a pastello non sono mescolabili fra loro, ma, sovrapponendo i toni chiari a quelli scuri **mediante segni tratteggiati**, è possibile creare nuove **tonalità.** Si potranno raggiungere particolari effetti di luminosità utilizzando carta nera o colorata. Con i pastelli è possibile realizzare dei **graffiti** "raschiando" una superficie nera sovrapposta a strati di colore più chiaro.

› Esistono anche varie versioni di **gessetti colorati**, adatti per la lavagna ma anche per scrivere su superfici rugose come l'asfalto. Sono lo strumento dei "madonnari" tradizionali e moderni gli artisti di strada che disegnano opere prevalentemente religiose.

Il graffito può essere realizzato sia con i pastelli a olio che con quelli a cera. In questo esempio sono stati usati i pastelli ad olio.

Pastelli a olio.

Nell'esecuzione dello stesso ritratto con le stesse tonalità di colore i pastelli a olio sono più adatti per uno schizzo veloce d'insieme molto espressivo, mentre i pastelli a cera permettono maggior precisione e una rifinitura più accurata.

Pastelli a cera.

Henri de Toulouse-Lautrec, *Ritratto di Vincent Van Gogh in un caffè*, 1887, pastelli a cera. Amsterdam, Museo Van Gogh.

L'artista utilizza pastelli appuntiti per creare una trama di linee colorate con cui costruisce il ritratto di Van Gogh, quasi un omaggio all'amico artista così affascinato dalla forza espressiva dei colori.

Julian Beever, *Campagna contro gli incidenti sul lavoro*, gessetti. Vienna, 2009.

L'artista disegna con i gessetti su una strada: risulta quasi incredibile la sua capacità di dare profondità alla propria opera, disegnando con grande realismo.

Umberto Boccioni, *Ritratto femminile*, 1909, gessetti colorati su carta, 54 x 58 cm. Venezia, Cà Pesaro.

Molto interessante questo controluce ottenuto sovrapponendo molti colori diversi.

> **Galleria** I pastelli nell'opera d'arte

All'opera

REALIZZARE GRADAZIONI E/O SFUMATURE CON METODI VARI

1 Sperimenta il pastello inclinato sulla punta e piatto sulla lunghezza e, premendo in modo differenziato, traccia linee di vario spessore, realizza tratteggi e sovrapposizioni. Prova a ricercare diverse tonalità di uno o più colori finché sarai soddisfatto del tuo lavoro.

2 Realizza un graffito con immagini a piacere: stendi uno strato di pastello bianco, poi uno strato con una o più tinte, quindi ricopri tutto con un colore scuro o nero. Con un raschietto disegna ed evidenzia il soggetto scelto, togliendo lentamente a tratteggio il nero.

REALIZZARE SUPERFICI E VOLUMI

3 Partendo da una fotografia tua o di un personaggio noto prova a creare un abbozzo con i pastelli a olio come vedi nell'esempio

Pennarelli

5

> I pennarelli nascono negli Stati Uniti attorno alla metà del Novecento, inizialmente usati dai trasportatori per scrivere i prezzi e gli indirizzi su pacchi e buste.
>
> I pennarelli sono **un tipo di penna** costituita da una cannuccia di plastica che riveste un **filtro imbevuto di colore** a base di alcool, acqua o diluenti sintetici (per i pennarelli indelebili).

> La **punta**, fatta di materiale poroso (feltro, resina sintetica, nylon ecc.), può avere **varie dimensioni** (fine, media, grande) e **forme** (a punta, a scalpello, flessibile) ed è sempre protetta da un cappuccio per evitare che il colore evapori a contatto con l'aria.
>
> In commercio esistono vari tipi di pennarelli, ognuno dei quali ha caratteristiche differenti ed è più o meno adatto a essere impiegato su vari materiali come carta, stoffa, plastica, metallo e altro ancora.
>
> Alcuni pennarelli si possono **sovrapporre** grazie alla loro trasparenza, come il **pantone**, ottenendo così nuove tonalità. Con alcuni **pennarelli a base d'acqua** si può raggiungere un effetto acquerellato intervenendo con un pennello bagnato sopra il colore.

> Tra i pennarelli **coprenti** vi sono gli **indelebili**, resistenti all'acqua, che possono scrivere anche su plastica, vetro, stoffa e metallo, e gli **uniposca**, che sono opachi e a **base acrilica**. Questi ultimi possono essere utilizzati su tutte le superfici e possono essere di supporto e completamento ad altre tecniche, ad esempio la tempera.

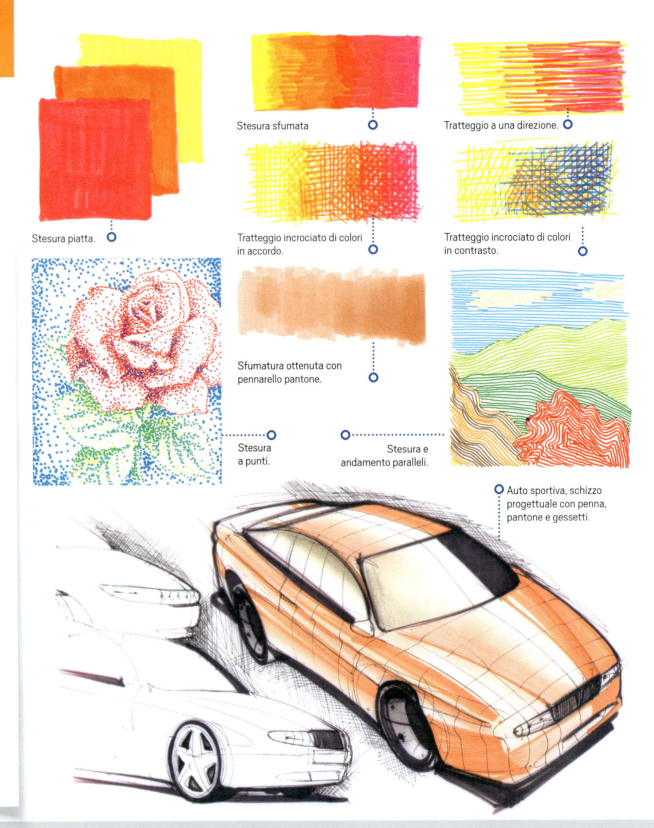

Stesura piatta.

Stesura sfumata

Tratteggio a una direzione.

Tratteggio incrociato di colori in accordo.

Tratteggio incrociato di colori in contrasto.

Sfumatura ottenuta con pennarello pantone.

Stesura a punti.

Stesura e andamento paralleli.

Auto sportiva, schizzo progettuale con penna, pantone e gessetti.

Galleria Alcuni esempi di stesure

Ives Saint Laurent, *Balletti rossi*, schizzo a pennarello per collezione autunno/inverno 1977.

Castebajac, *Bozzetto per un abito*, collezione estate 2001, pennarelli.

Attilio Cassinelli, *Le api*, illustrazione per una favola di Fedro.

Giulia Marcarini, *Bozzetto per insegna*, pennarello pantone con penna da china e matita.

Un esempio molto particolare sono i pantoni, muniti di ben tre punte, una a scalpello, una tonda e una di precisione. Si trovano in commercio in una vastissima gamma di colori, lasciano un segno molto brillante e trasparente e vengono utilizzati nel campo della grafica pubblicitaria, della progettazione e della moda per realizzare studi e bozzetti. Si possono usare su tutti i tipi di carta anche se è consigliabile utilizzarli su carta liscia.

All'opera

REALIZZARE LINEE E CAMPITURE VARIE

1 Procurati varie tipologie di pennarelli e sperimenta liberamente i diversi tipi di segno che lasciano: prova a inclinare la punta e a cambiare tratto. Crea una composizione astratta fatta di puntini, tratteggi e colori acquerellati.

2 Scegli una forma semplice come ad esempio la tua mano e crea una decorazione utilizzando in maggior numero possibile di diverse stesure di pennarello.

CREARE E ACCOSTARE DIVERSI TIPI DI SUPERFICIE

3 Trova una cartolina raffigurante un paesaggio semplice e prova a copiarlo più volte utilizzando diverse stesure: uniforme, a tratteggio, puntinato.

4 Disegna un'interpretazione semplice di un animale per illustrare un libro per bambini prendendo spunto dallo stile di Cassinelli.

China nera

6

> Per molti secoli l'inchiostro di china, composto da un pigmento, chiamato nerofumo, legato alla gommalacca, è stato lo strumento privilegiato per scrivere e disegnare. Il suo nome deriva dalla Cina orientale, dove era utilizzato fin dal 2000 a.C.

> L'inchiostro di china si può trovare sotto forma di tavolette diluibili in acqua oppure già pronto, in boccette.
Se usata **pura**, la china è di un nero molto coprente, intenso e brillante; può essere **diluita** con acqua per ottenere delicate gradazioni di grigio.

> Può essere applicata con penne o pennelli. Le **penne** con pennino permettono di eseguire disegni accurati e precisi. I **pennini** sono intercambiabili e hanno la capacità di variare segno e spessore grazie alla differente pressione della mano.
Esistono anche penne con una **punta sintetica o metallica** che produce segni molto precisi e sempre costanti (0,2 - 0,4 - 0,6 mm): vengono utilizzate soprattutto per il disegno tecnico e le illustrazioni.

> Il pennello permette un segno molto più morbido rispetto al pennino ed esalta le caratteristiche pittoriche della china.
Con il pennello a **punta tonda** si possono creare segni finissimi come quelli che contraddistinguono i disegni dei fumetti.
Altri effetti si possono ottenere con i pennelli a **punta piatta.**
È possibile raggiungere anche risultati particolari lavorando con il pennino o il pennello su carta inumidita.

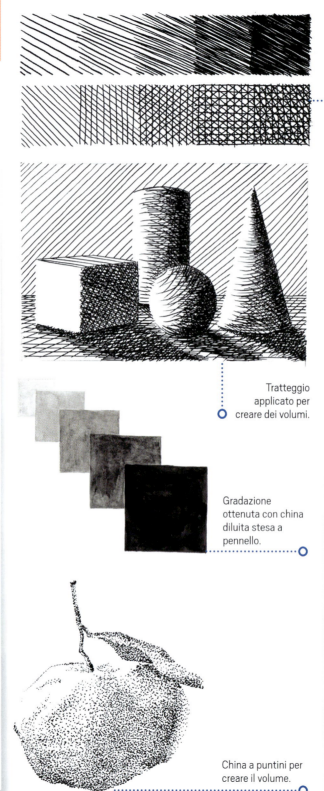

Tratteggio a una direzione e incrociato realizzato con un pennino con pressione omogenea.

Tratteggio applicato per creare dei volumi.

Gradazione ottenuta con china diluita stesa a pennello.

China a puntini per creare il volume.

Maurizio Bottoni, *Studio per "Grande bosco"*, disegno a china.

Molti artisti utilizzano l'inchiostro di china per disegni preparatori di opere (opera finita a pag. 178).
Osserviamo come il tratto a china segue la striatura della vecchia corteccia.

Mario Alberti, *Natan Never 1996. Sergio Bonelli Editore.*

Il disegno è realizzato in china nera a penna e poi a pennello prima di essere fotografato per la stampa.

Henri Matisse, *Autoritratto*, 1900, china a pennello. Collezione privata.

Medardo Rosso, *Busto di vecchio*, 1884, inchiostro di china, 26 x 22 cm. Collezione privata.

Boccioni e Rosso utilizzano il segno e il tratteggio in modo molto differente. Il primo è fortemente analitico e dettagliato, il secondo propone il continuo movimento della luce che crea il volume.

Umberto Boccioni, *La madre*, 1909, inchiostro di china, 33 x 28 cm. Collezione privata.

All'opera

REALIZZARE LINEE E SUPERFICI CON SEGNO MODULATO

1 Copia dal vero una corteccia di un albero ispirandoti al disegno di Bottoni, cercando di rendere con la china la complessità dei suoi tessuti e delle sue linee.

2 Realizza uno schizzo veloce di un angolo della tua casa e poi ripassa a china rifinendo. Dopo l'asciugatura cancella completamente la matita.

CREARE E ACCOSTARE DIVERSI TIPI DI LINEA E SUPERFICIE

3 Disegna almeno due capigliature viste da dietro prendendo spunto dall'esempio. Confronta poi il risultato con l'esercizio di pag. 31: osserva le differenze espressive di due tecniche diverse.

Acquerelli e inchiostri colorati

7

> Gli **acquerelli** sono composti da **pigmenti** finemente macinati e mischiati con la gomma arabica diluita con l'acqua; si trovano in commercio in tubetti e in pastiglie quadrate o rotonde.
> Gli **inchiostri**, con una composizione simile, ma con una gamma di colori minore, si presentano **già liquidi** in boccettini.
> **Trasparenza** e **luminosità** sono le caratteristiche principali; il colore, con rapidi tocchi di pennello morbido (in pelo di martora o sintetico), viene steso su fogli ruvidi e spessi, perché non si increspino per l'umidità.

> Questa tecnica richiede molta esperienza e non permette ripensamenti poiché **il colore non è coprente** e viene steso per mezzo di **velature** sovrapposte. Non si usa il bianco: i colori si mischiano semplicemente **diluendoli con l'acqua**, e il bianco si crea sfruttando il colore di fondo del foglio. Si ottengono variazioni di tonalità cambiando la diluizione o con velature sopra le precedenti stesure asciutte. Bagnando in precedenza la carta con un pennello si possono ottenere effetti particolari.

> Si tratta di una tecnica adatta per eseguire schizzi e bozzetti dal vero, lavorando velocemente e di getto, ma è anche possibile creare dipinti curati e definiti. Gli inchiostri possono essere utilizzati insieme ad altre tecniche. Dopo aver lasciato asciugare il colore si può intervenire con matite o pastelli o tocchi di tempera, per creare nuovi effetti cromatici.

Gradazione di un colore freddo e di un colore caldo.

Mescolanze dei tre colori base su carta asciutta e su carta inumidita.

Sfumatura.

William Turner, *Il faro di Bell Rock*, 1818, acquerello su carta, 30 x 45 cm. Edimburgo, National Gallery.

L'artista romantico ci propone, in modo molto realistico, un paesaggio marino durante una tempesta.

Auguste Macke, *St. Germain*, 1914. Collezione privata.

L'artista nella sua interpretazione di questo paesaggio evidenzia il gioco dei volumi con colori molto vivi che eliminano quasi totalmente la profondità.

Paul Cézanne, *Natura morta con cipolle e caraffa*, 1906, acquerello, 31 x 43 cm. Parigi, Louvre.

L'artista rappresenta le forme che ha davanti agli occhi, in particolare le cipolle e la caraffa, evidenziandone la forma di base, cioè la sfera.

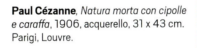

> **Video** La tecnica dell'acquerello
> **Galleria** Opere d'arte con gli acquerelli

Karl Hubbuch, *Hilde con una lampada Bauhaus*, 1929, inchiostri su carta, 67 x 50 cm. Stoccarda, Collezione privata.

Qui vengono usati con grande libertà gli inchiostri colorati sia su carta asciutta che inumidita con pennelli e pennino.

All'opera

REALIZZARE SFUMATURE DI COLORE UTILIZZANDO METODI VARI

1 Ispirandoti alla tecnica utilizzata in una delle opere proposte realizza un semplice paesaggio dal vero o anche partendo da una fotografia.

2 Prova ad utilizzare gli inchiostri su carta umida. Dopo vari esperimenti realizza la rappresentazione di una palude o di una spiaggia d'inverno usando anche il pennino da china.

Tempere

8

> Le tempere sono realizzate mischiando **pigmenti colorati** con diversi collanti e acqua. Erano la tecnica pittorica più utilizzata fino al primo Rinascimento, periodo in cui si iniziò a dipingere con i colori ad olio.

> Attualmente in commercio esiste una notevole varietà di colori, ma quelli indispensabili per ottenere le tonalità principali sono il bianco, il nero e i tre colori primari. Oltre a questi colori è utile procurarsi la *terra di Siena naturale*, la *terra d'ombra bruciata*, *il rosso vermiglione*, *il verde brillante* e il *blu oltremare*.

> Il colore contenuto nel tubetto deve essere diluito poco alla volta con l'acqua, fino ad ottenere un impasto corposo ma fluido, non troppo denso né troppo liquido. Le tempere sono totalmente **coprenti**, **opache** e **rapide** ad asciugare.
Per dipingere a tempera si utilizzano pennelli sintetici o in pelo di bue a punta tonda o piatta. Il supporto più indicato è la carta, meglio se spessa per evitare le increspature, ma si possono utilizzare anche tavole di legno, preparate in precedenza (ad esempio con la pittura vinilica).
Con le tempere si possono creare **campiture piatte** stendendo il colore con pennellate regolari; stesure **a corpo** (materiche) facendo vedere bene le pennellate di varie forme diluendo poco il colore; infine si può ottenere un **effetto sfumato** sovrapponendo un colore a un altro non ancora asciutto.

Mescolanza con il bianco.

Attenzione, si mette il rosso nel bianco aggiungendo sempre più rosso e non viceversa!
Oltre ai colori sono necessari: uno straccio per asciugare i pennelli, una spugna, un bicchiere e una superficie piana (es. tavolozza di plastica) per miscelare i colori.
È importante lavare e asciugare accuratamente i pennelli tra una tonalità e l'altra: in questo modo si evita di sporcare i colori. I colori, una volta asciutti, tendono a schiarirsi.

Il nome dei colori ci invita a scoprirne l'origine: ecco alcuni esempi.

Blu oltremare: veniva importato dall'oriente e arrivava in Europa attraverso i porti di Siria, Palestina ed Egitto; da qui *Oltremare*, nome che questi territori avevano in epoca medievale.

Magenta: fu scoperto in Francia appena dopo la famosa battaglia avvenuta nel 1859. Lo scopritore volle rendere onore alla grande vittoria dell'esercito francese.

Cyan: deriva dal greco *kúanos*, che stava a indicare alcuni sali e minerali blu. È uno dei colori primari accanto a giallo e rosso. Abitualmente viene anche chiamato Turchese.

Rosso vermiglione: dal latino *vermiculos* (piccolo verme) che indicava la cocciniglia, un insetto dal quale si estraeva il colorante.

Sfumatura.

Gradazione di colore più diluito.

Sovrapposizione di colori.

Quando un colore è asciutto, si può sovrapporgliene un altro, soprattutto con singole pennellate e senza insistere troppe volte per evitare che il colore sottostante rinvenga e si mescoli. Alcuni colori – ad esempio il giallo – sono meno coprenti: dovendo quindi sovrapporlo a un colore sottostante, vale la pena di passare prima il bianco, che è coprente, e successivamente il giallo.

Gentile da Fabriano, *Adorazione dei Magi*, particolare, 1423, tempera, oro e argento su tavola. Firenze, Uffizi.

Nelle botteghe medioevali e del primo Rinascimento le tempere venivano preparate mischiando i pigmenti in polvere con tuorlo d'uovo, latte e lattice di fico e venivano utilizzate soprattutto per dipingere su tavole di legno, precedentemente preparate con il gesso.

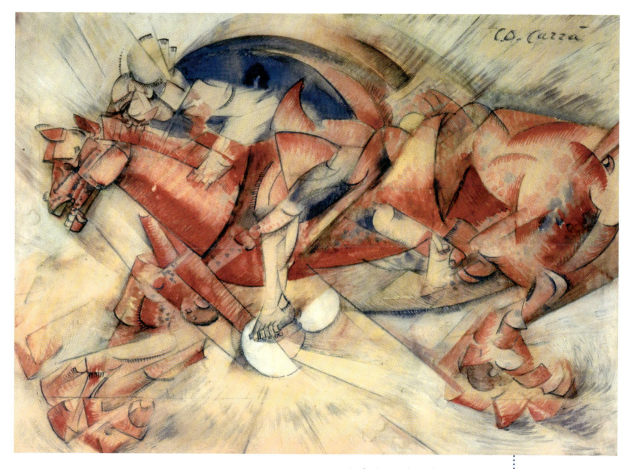

Carlo Carrà, *Il cavaliere rosso*, 1913, tempera e inchiostro su carta, 26 x 36 cm. Milano, Collezione Juker.

Carrà utilizza tutte le possibilità espressive della tempera per rendere l'energia del movimento.

Franco Vignazia, *Illustrazioni per il ciclo bretone de "La tavola rotonda"*, Jaca Book.

Nel campo dell'illustrazione la tecnica delle tempere è molto usata.

Galleria Opere d'arte e illustrazioni editoriali a tempera

All'opera

REALIZZARE GRADAZIONI/SFUMATURE DI COLORE UTILIZZANDO METODI VARI

1 Realizza una tavola di gradazioni cromatiche a due e a tre mescolanze (con il bianco). Ricorda che per le gradazioni con il bianco si deve mettere il colore scuro nel bianco aumentandone man mano la percentuale.

2 Esercitati creando sfumature di colori a tua scelta. Ricordati di fondere bene i colori fra loro tenendoli bagnati e cercando di ottenere morbidi passaggi cromatici.

3 Realizza su tutto il foglio, attraverso una sfumatura dei tre colori primari, un cielo al tramonto. In seguito intervieni direttamente con il nero dipingendo degli alberi. In questo modo otterrai un sorprendente effetto di controluce.

4 Realizza un semplice paesaggio in due modi diversi: prima a tinte piatte e poi utilizzando le tempere sia diluite che dense come nell'esempio.

Acrilici

9

> Negli anni Trenta alcuni artisti messicani impegnati nella pittura murale in esterni iniziano a creare questo tipo di colore che solo dal 1960 circa comincia a essere prodotto in vasi e tubetti.

> I colori acrilici hanno alcune caratteristiche molto simili alle tempere: si **asciugano in fretta**, si mischiano con facilità su un supporto piatto e si **diluiscono** con l'acqua, ma sono realizzati con **leganti sintetici** che li rendono, una volta asciutti, **impermeabili** all'acqua e **resistenti** alla luce. I colori acrilici si distinguono per la loro **brillantezza** e **luminosità**.

> La pittura si stende e si utilizza come la tempera; può essere **coprente** e, se diluita, mantiene una **trasparenza** simile a quella dell'acquerello.
Inoltre si possono ottenere **effetti materici** utilizzando il colore puro in quantità.
I colori acrilici sono adatti per la pittura **su acetato** e quindi utilizzati per dipingere le scene dei cartoni animati realizzati non a computer.

> L'acrilico si trova in commercio in una **vasta gamma di colori**; viene venduto in barattoli di vetro e tubetti e si può stendere su **supporti di diversa natura** – quali la carta, il legno, i tessuti (grazie alla sua elasticità), il metallo e il plexiglas – per mezzo di spatole e pennelli sintetici.
Generalmente di colore acrilico sono anche **le bombolette** che si utilizzano per realizzare i **murales**.

Nella Bosnia, *Per un'aria più pulita*, esecutivo per manifesto, 1987, acrilico.

Qui la disegnatrice utilizza l'acrilico denso, diluito e anche a spruzzo ottenendo livelli diversi di intensità luminosa.

Gradazione del colore.

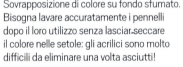

Sovrapposizione di colore su fondo sfumato. Bisogna lavare accuratamente i pennelli dopo il loro utilizzo senza lasciar seccare il colore nelle setole: gli acrilici sono molto difficili da eliminare una volta asciutti!

Bruno Bozzetto, *Il Signor Rossi*, due acetati successivi (con il secondo dal retro) per l'animazione delle "Storie del Signor Rossi".

Nella pittura su acetato per i cartoni animati il movimento è suddiviso in tante parti: ciò permette di sovrapporre poi le figure a un unico sfondo. Si disegna con pennellino e acrilico nero su una faccia del foglio appoggiata sul disegno a matita del personaggio. Quando il colore è asciutto si gira l'acetato e si comincia a dipingere a strati, sempre con il colore acrilico, partendo in questo caso dal bianco degli occhi.

Marco Cirnigliaro,
*Striscia, cancello,
eccetera*, 2003,
acrilico su tela,
100 x 140 cm.
Collezione privata.

Alberto Burri,
Sestante, 1989,
acrilico su tela,
23 x 25 cm.
Città di Castello,
Fondazione
Albizzini.

L'artista valorizza
al massimo la
brillantezza e la
luminosità del
colore acrilico
accostando con
grande precisione
forme piane di colori
in accordo o in
contrasto.

› **Galleria** Opere d'arte con gli acrilici
› **Video** La tecnica dell'acrilico

All'opera

REALIZZARE LINEE E CAMPITURE PIATTE

1 Elabora un acetato con un personaggio dei fumetti poi sovrapponilo a sfondi diversi e fotografalo o passalo a scanner. Con i compagni predisponi una mostra con i vari personaggi che avete creato.

REALIZZARE GRADAZIONI / SFUMATURE DI COLORE

2 Utilizzando le possibilità di trasparenza e di densità che ti permette il colore acrilico esegui un paesaggio, prendendo spunto dall'esempio oppure da una cartolina.

3 Crea, in bianco e nero, il ritratto di un personaggio immaginario. Usa il colore solo per la bocca o gli occhi.

Colori a olio

10

> La tecnica dei colori a olio nasce come sviluppo ed evoluzione delle tempere; i pigmenti colorati vengono mescolati all'olio di lino (legante) che, asciugando a contatto con l'aria, forma una pellicola resistente, lucente e cristallina.

Il nome "colori a olio" si afferma nel periodo rinascimentale quando i **pittori fiamminghi**, durante le loro sperimentazioni, cominciarono a utilizzare degli olii grassi (lino, noce, papavero) come **leganti**: i colori venivano accuratamente preparati nelle botteghe. La realizzazione dei **tubetti** di colore risale alla metà dell'Ottocento.

> La capacità coprente, l'impasto denso e facile da stendere, la brillantezza e l'elasticità sono le caratteristiche principali del colore a olio. Il diluente maggiormente usato è la trementina, che si ottiene dalla resina delle conifere.

I colori si possono stendere col **pennello** e con la **spatola**; si possono utilizzare supporti di natura diversa come tela, cartone telato, faesite o legno compensato. I supporti possono essere preparati con uno strato di gesso e colla prima della stesura del colore, perché possano assorbire l'olio presente nei colori. Normalmente le tele in commercio sono già pronte all'uso. L'asciugatura dei colori a olio è **molto lenta** e ciò permette di effettuare correzioni durante l'esecuzione del quadro.

LESSICO

Fiamminghi: pittori delle Fiandre, una regione storicamente facente parte sia del Belgio sia dell'Olanda attuali, molto attenti alla definizione dei dettagli

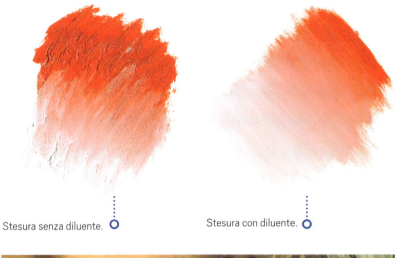

Stesura senza diluente.　　Stesura con diluente.

Gradazione con colore mediamente denso.　　Sfumatura con colore diluito.

Vincent Van Gogh, *Il giardino dell'ospedale a Saint-Remy*, particolare, 1889, olio su tela, 91 x 72 cm. Otterlo, Kroller-Müller Museum.

Van Gogh rappresenta l'esplosione di colori del giardino dell'ospedale all'inizio dell'estate.
Dipinge con una pennellata molto visibile, che suggerisce foglie e fiori: in alcuni casi le variazioni di colore sono ottenute per sovrapposizione al colore asciutto, però nella maggior parte dei casi sono "bagnato su bagnato".

Caravaggio, *Fanciullo con canestra di frutta*, particolare, olio su tela, 70 x 67 cm. Roma, Galleria Borghese.

L'artista utilizza il colore a olio con grande perizia, sovrapponendo continue velature per ottenere un sottile gioco di variazioni di tonalità evidenziando sottili passaggi tra luci e ombre.

⟩ **Galleria** Opere d'arte con colori a olio
⟩ **Video** La tecnica dei colori a olio

All'opera

REALIZZARE CAMPITURE PIATTE/SFUMATURE/GRADAZIONI

1 Il colore a olio si può utilizzare su vari tipi di superficie. Prova a dipingere sulla juta, come nell'esempio, con poche pennellate sintetiche lasciando grezzo lo sfondo.

2 Copia dal vero un paio di frutti utilizzando il colore piuttosto diluito. Sovrapponi poi delle velature cercando di rendere i volumi.
Ripeti la stessa copia utilizzando il colore denso e le pennate trasversali ispirandoti ai frutti di Cezanne (vedi pag. 77).

3 Prova a realizzare una semplice composizione astratta sfruttando alcune possibilità della pittura a olio (colore piatto, sovrapposizioni, velature...). Fai attenzione! L'esempio è stato realizzato in più riprese e utilizzando dello scotch di carta per le linee nere.

Collage

11

> Il termine **collage** (dal francese *coller, incollare*) indica la tecnica che consiste nel ritagliare, sovrapporre e incollare vari materiali come carta, cartone, fotografie, stoffe, legno, vetro e altro ancora su una superficie.
> Questo procedimento venne adottato da alcuni artisti delle Avanguardie del Novecento che volevano rinnovare le modalità espressive della pittura.
> Le sue caratteristiche dipendono dalle proprietà visive e tattili dei materiali usati (colore, lucentezza, opacità, rugosità, spessore) e dal modo con cui i vari pezzi vengono tagliati e incollati.

> Il collage più semplice è quello creato con materiali **bidimensionali** (come carte, stoffe, plastiche, foglie, legno, lamierini ecc.) che possono essere tagliati ma anche strappati, accartocciati, piegati.
> Dal collage bidimensionale è nato, a partire dagli anni Sessanta, il **décollage**, ovvero lo strappo di carte incollate e sovrapposte.
> Un collage particolare è quello **fotografico**: ritagliando e incollando personaggi e paesaggi tratti da riviste e giornali si possono ottenere nuove immagini stravaganti e surreali.

> Utilizzando oggetti **tridimensionali** leggeri (bottoni, stuzzicadenti, corde, cannucce ecc.) si crea, seguendo criteri cromatici e tattili, un **collage polimaterico** sul quale si può introdurre nuovamente il colore acrilico o a tempera.

Henri Matisse, *Il cavallo, dalla serie Jazz*, 1947.

Matisse, alla ricerca di immagini molto sintetiche, realizza una serie di collage con carte precedentemente colorate e poi ritagliate o strappate.

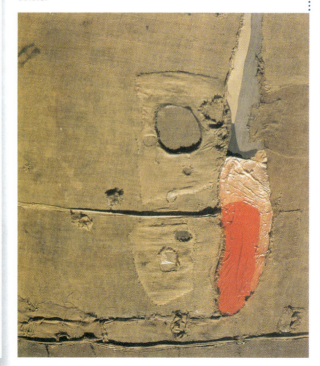

Alberto Burri, *Sacco 5 p*, 1953, tecnica mista: sacco, acrilico, stoffa su tela, 149 x 130 cm. Città di Castello, Fondazione Albizzini.

Si tratta di un collage polimaterico realizzato con sacchi vecchi: in quest'opera, in una ricerca di rapporto tra forme e materiali, la trama del sacco ha lo stesso valore espressivo del colore.

Mimmo Rotella, *Senza titolo*, 1962, décollage, 64 x 54 cm. Collezione privata.

L'artista "strappa" manifesti dal muro e li reincolla su un nuovo supporto. Il risultato non è casuale, perché l'artista cerca sempre un equilibrio compositivo.

Roy Lichtenstein, *Opera preparatoria per "Water Lilies with Japanese Bridge"*, 1992, collage di carta stampata, carta dipinta e pennarello, 181 x 118 cm. Collezione privata.

L'artista riprende una tela di Monet sulle ninfee come studio per una sua opera di grandi dimensioni. Isola le forme, studia gli spazi e interviene anche con un contorno nero.

> **Galleria** Dépliant turistici
> **Galleria** Esempi di collage con vari materiali

All'opera

REALIZZARE CAMPITURE PIATTE/SFUMATURE/GRADAZIONI

1 Realizza un collage realistico, ad esempio di un paesaggio, con tecnica mista usando carte dipinte, carta di riviste e chine colorate.

2 Realizza un collage fotografico prendendo spunto da dépliant turistici (che puoi trovare anche nel materiale digitale). Ricordandoti di alcune regole spaziali sui piani di profondità potrai creare la cartolina di una città surreale, in cui, ad esempio, la torre di Pisa potrebbe essere a pochi passi dal ponte di Brooklyn.

3 Ritaglia carte di giornale, di rivista, fogli colorati... e crea una composizione con bottiglie e altri oggetti comuni come facevano Picasso e Braque.

4 Utilizzando carta, bottoni e cannucce colorate crea un animale a tua scelta.

12 Frottage e tecniche miste

> Il **frottage**, tecnica ideata dai pittori surrealisti del Novecento, consiste nello stendere il colore, con matite o pastelli, appoggiando il foglio su una superficie ruvida.

> Le varie tecniche grafiche e pittoriche possono **combinarsi insieme** nei modi più vari per scelta espressiva dell'artista.
La **sovrapposizione** delle matite colorate o dei pastelli a cera su uno sfondo a tempera o a inchiostro.
La **combinazione** tra i pastelli a olio, che sono idrorepellenti, e gli inchiostri di china.

> La cosiddetta **tecnica esplosiva** che consiste nella sovrapposizione della china nera a un disegno a tempera.

> Le chine colorate si possono anche **spruzzare**, con un apposito spruzzatore o utilizzando uno spazzolino, lavorando con **mascherine**: la **sovrapposizione** del colore a tempera al disegno a spruzzo permette di inserire, ad esempio, oggetti ben definiti.

> **Video** Le tecniche miste

Ugo Sterpini, *Disegno frottage-ritratto*, 1967, matita su carta, 50 x 70 cm. Collezione privata.

Il frottage consente di creare superfici lavorate che possono assumere valore espressivo o puramente decorativo.

Disegno realizzato con pastello bianco a olio (o a cera) e chine colorate.

Dopo aver realizzato un disegno con un pastello a olio bianco, si colora sovrapponendo le chine al pastello. Il bianco risalterà comunque creando interessanti effetti pittorici.

Tecnica "Esplosiva". Si dipinge a tempera lasciando un contorno bianco. Si copre tutto con china nera che una volta asciutta viene "lavata" in un lavandino. La carta assorbe la china maggiormente dove non c'è tempera creando un effetto particolare.

Silvio Pasotti, *Ritratto dell'architetto Mario Botta*. Collezione privata.

Il disegnatore realizza questo ritratto a carboncino e tempera con l'inserimento di parti in cartone canettato.

CREARE E ACCOSTARE DIVERSI TIPI DI SUPERFICIE

1 Il frottage può essere anche utilizzato per creare forme precise ritagliando dei cartoncini e ponendoli sotto il foglio come nell'esempio. Prova a realizzarne uno dandogli un titolo.

2 Realizza un lavoro con la tecnica esplosiva, tieni conto che al primo tentativo in genere il colore viene troppo slavato. Ritenta. Utilizza carta pesante per evitare che si spezzi durante il "lavaggio".

Stampa in rilievo, in cavo e in piano

13

> La caratteristica principale delle stampe d'arte è che da una superficie, chiamata **matrice**, si può ottenere un certo numero di **copie uguali**. Nella stampa in **rilievo** (**xilografia**, **linoleografia** e **adigrafia**) vengono inchiostrate le zone sporgenti, cioè le parti della matrice non scavate.

> Nella xilografia **la matrice** è in **legno tenero,** facilmente lavorabile, e, più di recente, in **linoleum** o, in ambito scolastico, in **adigraf**. La stampa in rilievo è generalmente monocromatica con una netta prevalenza di nero, ma è anche possibile realizzare stampe a colori preparando matrici diverse (una relativa a ogni colore).

> Nella stampa **in cavo**, o incisione, l'inchiostro penetra nei solchi incisi con acido nitrico (**Acquaforte** e **Acquatinta**) o direttamente con una punta resistente (**Puntasecca**).

> Vi è poi la stampa **in piano** (litografia) in cui la **matrice** è disegnata con una matita grassa. La stampa avviene mediante la pressione di un torchio.

> Un metodo relativamente moderno è quello della **Serigrafia** in cui la matrice è composta da un foglio di nylon sensibilizzato su cui poi si stende, con una spatola, l'inchiostro da stampa che passa tra le maglie del nylon stesso.

Maurits Cornelius Escher, *Cielo e acqua 1*, xilografia, 44 x 44 cm.

L'artista realizza una piastra in legno in cui si sono esemplificate tutte le possibilità espressive che questa tecnica di stampa consente. Fondo nero pieno, a tratteggio e bianco; stampa in positivo, cioè lasciando i contorni, dei pesci, stampa in negativo, cioè scavando il disegno, degli uccelli.

> **Galleria** Stampe d'autore
> **Galleria** La xilografia

Pablo Picasso, *Donna con il cappello*, 1962, linoleografia a sei colori. Collezione privata.

Nina Ferrari, *Il Beone*, 1910, puntasecca su rame, 30 x 23 cm. Reggio Emilia, Biblioteca Panizzi.

Henri de Toulouse-Lautrec, *Babylone d'Allemagne*, 1894, litografia a 4 colori.

Toulouse-Lautrec, con i suoi "affiches" per i locali parigini, utilizza con grande creatività la tecnica della litografia ottenendo risultati espressivi di grande impatto.

CREARE LINEE E CAMPITURE CON STRUMENTI VARI

1 Il tipo di stampa più semplice è quello ad impronta ed a timbro. Prova a realizzare delle impronte ad esempio di foglie utilizzando inchiostro da stampa o tempera o chine colorate. Prova ad usare come timbro una patata con intagliata una forma (vedi esempio) o un foglio di cartoncino ritagliato.

2 Realizza una xilografia utilizzando il linoleum o l'adigraf. Riporta un disegno a due tonalità di colore direttamente su una lastrina e togli con attenzione, con i bulini, la parte che deve risultare bianca (v. nel digitale il procedimento). Ora puoi stampare.

Scolpire, modellare, sbalzare

14

Due sono i principali procedimenti per realizzare sculture a tutto tondo (le statue) o i bassorilievi: quello per "via di levare" (**scolpire**) e quello per "via di porre" (**modellare**). Nella scultura per "via di levare" l'artista, partendo da un blocco, toglie il materiale in eccesso fino ad arrivare all'immagine che ha ideato. Nella scultura "per via di porre" si modellano le forme con materiali duttili come creta, plastilina, das... Una volta concluso il lavoro, la creta può essere cotta (**terracotta**) e poi colorata diventando **ceramica** o porcellana a seconda dei gradi di cottura. Con il **gesso** si può realizzare un **calco** del lavoro in creta come passaggio per le fusioni in bronzo.

È possibile realizzare forme tridimensionali anche con materiali non scolpibili o modellabili ma che si possono **sbalzare, tagliare, piegare, assemblare, incollare**. La tecnica più antica di lavorazione artistica dei metalli è lo **sbalzo** su lamina d'oro o di rame. Sempre con il metallo è possibile **modellare, tagliare, piegare** creando forme più o meno astratte.

La carta e il cartoncino sono materiali che, da soli o accoppiati al legno, permettono di creare immagini realistiche o fantastiche, di facile realizzazione anche se non durevoli nel tempo.

L'**assemblaggio** è una tecnica moderna che consiste nel combinare forme e/o materiali diversi per realizzare un personaggio o una sagoma astratta.

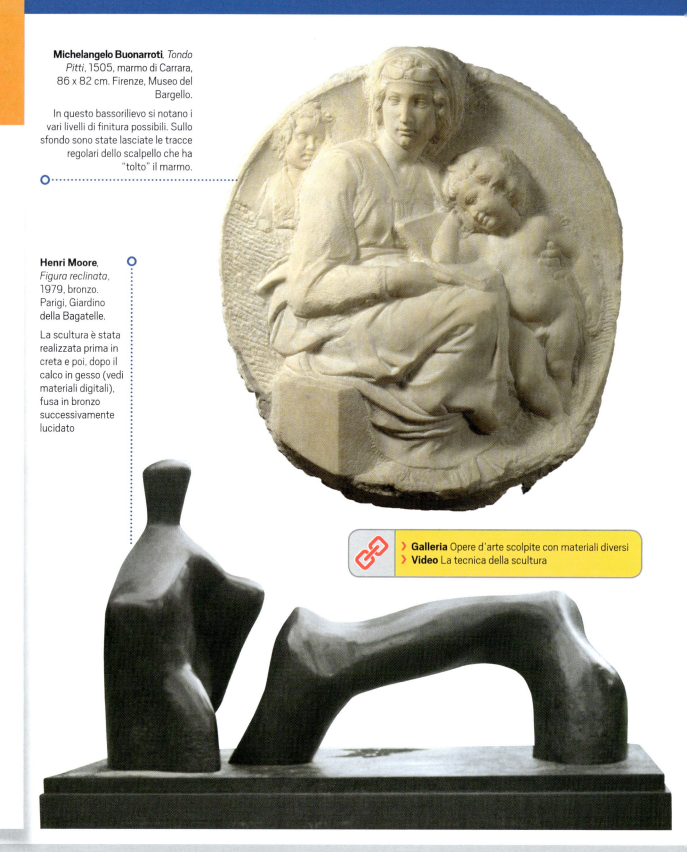

Michelangelo Buonarroti, *Tondo Pitti*, 1505, marmo di Carrara, 86 x 82 cm. Firenze, Museo del Bargello.

In questo bassorilievo si notano i vari livelli di finitura possibili. Sullo sfondo sono state lasciate le tracce regolari dello scalpello che ha "tolto" il marmo.

Henri Moore, *Figura reclinata*, 1979, bronzo. Parigi, Giardino della Bagatelle.

La scultura è stata realizzata prima in creta e poi, dopo il calco in gesso (vedi materiali digitali), fusa in bronzo successivamente lucidato

> **Galleria** Opere d'arte scolpite con materiali diversi
> **Video** La tecnica della scultura

Volvinio, *Altare d'oro*, particolare, 858 d.C. Milano, chiesa di Sant'Ambrogio.

L'altare d'oro di Sant'Ambrogio è un capolavoro dell'oreficeria del periodo Carolingio. La lastre d'oro o d'argento sono lavorate a sbalzo da Volvinio con grande essenzialità. Sulle cornici che dividono i vari riquadri si notano decorazioni in colore.

 ›Approfondimento La fusione in bronzo
›Galleria Canova: dal bozzetto alla scultura

Juan Mirò, *Personaggio*, 1974, vari materiali assemblati e dipinti. Parigi, Fondazione Maeght.

In quest'opera si nota la straordinaria capacità di Mirò di interpretare e reinventare la realtà.

Jean Tinguely, *L'Avant-Gard*, 1988. Bali, Museo Tinguely.

Con vari materiali di recupero l'artista propone una visione del mondo fondata sull'illusione e sul sogno. Costruisce prima personaggi surreali e poi le "antimacchine" con ingranaggi che non producono nulla e forme fantasiose e imprevedibilmente assurde.

All'opera

CREARE LINEE E CAMPITURE CON STRUMENTI VARI

1 Con la creta realizza una mattonella ispirata al mondo vegetale e, se possibile, portala a cuocere. Unita a quella dei compagni può creare un pannello decorativo per la scuola.

2 Utilizzando il sapone prova a scolpire un soggetto a piacere. Puoi colorarlo a tempera e poi lucidarlo con una vernicetta trasparente come nell'esempio degli scacchi.

3 Utilizzando una lastrina di alluminio ramato realizza uno sbalzo appoggiandoti su un panno spesso e usando bulini o altre punte come vedi nella foto.

Osservare la realtà

ABILITÀ

- Vedere e rappresentare la forma delle cose.
- Riconoscerne le regole e la struttura.
- Utilizzare regole e strutture nella rappresentazione visiva e nell'interpretazione.
- Ispirarsi a opere d'arte nell'interpretazione personale.

CONOSCENZE

Il disegno [▼]
- Linee come andamenti, spazi come forme ■ Disegno a pura linea e modulazione del tratto ■ Inquadratura e rapporto figura-sfondo ■ Griglia di riferimento: copia, ingrandimento, deformazioni ■ Schizzo veloce e disegno costruito

I vegetali [▼]
- Schemi geometrici
- Angolature e variazioni delle forme
- Colore ■ *Approfondimento*: struttura e chioma degli alberi ■ *Lettura dell'opera*: l'albero ■ Confronto tra opere d'arte

Gli oggetti [▲]
- Distanza e inquadratura
- Ingombro, struttura, proporzioni ■ Contorno, volume, luci e ombre ■ Interpretazioni del colore
- *Approfondimento*: visioni di scorcio
- *Lettura dell'opera*: la natura morta
- Confronto tra opere d'arte

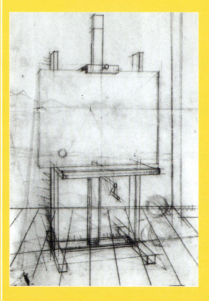

Gli ambienti [▶]
- Percezione delle forme nello spazio
- Piani di profondità ■ Linea dell'orizzonte: valore espressivo
- La prospettiva aerea
- La prospettiva intuitiva
- Prospettiva centrale e accidentale: nozioni di base
- *Approfondimenti*: rappresentazione dello spazio nell'illustrazione; colori e luci del paesaggio nei momenti del giorno e nelle stagioni; rappresentazione e interpretazioni della città
- *Lettura dell'opera*: il paesaggio
- Confronto tra opere d'arte

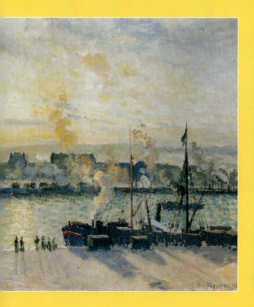

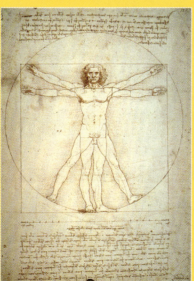

Il volto [▲]

- Il profilo: contorno e proporzioni
- Visione frontale: struttura, proporzioni, volumi ▪ Visione di tre quarti e scorcio ▪ Fisionomie e variazioni legate all'età
- Espressioni ▪ *Approfondimenti*: la caricatura; la maschera
- *Lettura dell'opera*: il volto
- Confronto tra opere d'arte

La figura [▼]

- Struttura e proporzioni
- Variazioni legate all'età e tipi
- Posizione e movimento
- Movimenti: danza e sport
- Mani e piedi ▪ *Approfondimenti*: il manichino; la figura nella scultura classica; la figura nella scultura moderna ▪ *Lettura dell'opera*: la figura ▪ Confronto tra opere d'arte

Gli animali [▲]

- Diversità di strutture ▪ Movimenti
- Interpretazioni dei manti e delle superfici ▪ *Lettura dell'opera*: gli animali ▪ Confronto tra opere d'arte

Esprimersi e comunicare con le immagini

- Utilizzare consapevolmente le regole della rappresentazione visiva
- Ideare creativamente elaborati personali e /o ispirati allo studio dell'arte

Competenze trasversali

- **Lessico**: terminologia specifica e complementare spiegata nel testo o al piede delle pagine
- **Digitale**: ricerca e confronto di immagini fotografiche e di opere d'arte
- **Imparare a imparare**: utilizzare il disegno come fonte di conoscenza; utilizzare il disegno per documentare un'esperienza
- **Logica**: cogliere relazioni tra leggi e fenomeni e utilizzarle consapevolmente
- **Esperienza**: scoprire e verificare capacità di visualizzazione

Il disegno

> Un modo per guardare

"*Potrei disegnare ogni giorno la stessa sedia e trovare in essa, ogni volta, una nuova alba*" (Giacometti).

Diventando grandi può capitare di **non essere soddisfatti** dei disegni che si realizzano: fino a cinque-sei anni tutto ciò che si disegna esprime chi lo crea e i disegni dei bambini piccoli sono infatti bellissimi perché sanno **stupire** e **far sorridere** mostrando una realtà "meravigliosa"!

Crescendo si sviluppa il desiderio **di imitare la realtà che si osserva**. Si cerca, perciò, di infondere nei disegni quella "vivezza" che si pensa sia espressa dal maggior numero di particolari che si riesce a cogliere, ma non sono sempre essi la chiave di un "bel disegno" di tipo realistico.

L'inizio della scuola secondaria è proprio il momento giusto per **imparare un modo per guardare**... iniziando a "credere ai propri occhi"!
Se guardiamo un oggetto girandogli intorno, abbassandoci e alzandoci, scopriamo che la sua forma cambia, o, meglio, ci appare sempre diverso ciò che vediamo! **La realtà è molto più ricca, mutevole e complessa di quanto pensiamo.**

Il primo passo è quindi accorgersi di questa ricchezza: come motivo conduttore di questo testo proponiamo, accanto ad altri tipi di lavoro, **un percorso di copia dal vero.**

> **Galleria** Due disegni di Paul Klee
> **Approfondimento** Un testo di Pablo Picasso

Maddi che gioca e *Lo struzzo*. Disegni di Maddi, 4 anni.

Giacomo Della Porta, *Fontana delle Tartarughe*, 1570. Roma, piazza Mattei.

La prima immagine è simbolica, la seconda mostra un particolare curioso della *Fontana delle Tartarughe*. La splendida fontana (vedi terza immagine) è una creazione magica di Giacomo della Porta che fonde mirabilmente acqua, architettura e scultura. Il fotografo coinvolge l'osservatore nel suo modo di guardare e scoprire ciò che vede.

Pablo Picasso, *Autoritratto*, 1896, matita, 13,5 x 10,5 cm. Parigi, Collezione Paloma Picasso López.

Pablo Picasso, *Autoritratto*, primavera 1906, carboncino, 25 x 23 cm. Mougins, Collezione Jacqueline Picasso.

Osserva questi autoritratti di Pablo Picasso. Il primo è stato realizzato a 15 anni, da giovane studente del liceo artistico di Barcellona; il secondo e il terzo a Parigi 10 anni dopo, nel 1906: testimoniano con evidenza la sua ricerca di un nuovo modo di rappresentare. La tela dell'anno seguente è già una piena espressione della sua ricerca sulla semplificazione dei volumi e sul cambiamento dei punti di vista che darà origine al Cubismo. L'artista fa, a volte, il percorso contrario: dall'immagine realistica alla visione dei bambini.

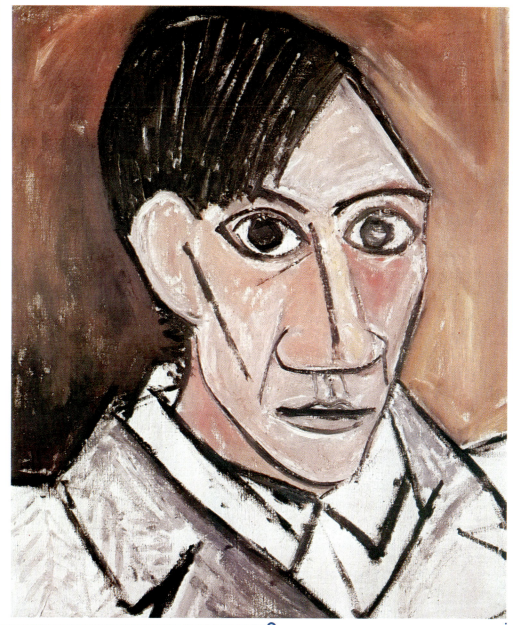

Pablo Picasso, *Autoritratto con tavolozza*, autunno 1906, olio su tela, 92 x 73 cm. Filadelfia, Museum of Art.

Pablo Picasso, *Autoritratto*, 1907, olio su tela, 50 x 46 cm. Praga, Galleria Nazionale.

Linee e spazi

1

> Nella storia sono stati scritti diversi trattati sul disegno e la pittura e sono stati usati diversi **metodi** per riprodurre la realtà. Noi ne proponiamo alcuni, in modo che ognuno possa poi **scegliere quello che meglio lo aiuta a guardare più a fondo.**

> Cominciamo il percorso suggerendo, attraverso il **disegno di pura linea**, modalità di osservazione che stimolino la **concentrazione** e il coordinamento mano-cervello. Sappiamo che questo accade più facilmente quando l'oggetto da copiare è **complesso** e **poco riconoscibile.** Per questo è molto interessante copiare **un disegno capovolto:** ciò consente di vedere non il soggetto ma **le linee con il loro andamento e le forme degli spazi.**

> Un'altra modalità per guardare più a fondo è quella di **disegnare per conoscere**, un po' come faceva Leonardo Da Vinci. Il metodo è quello di **osservare da vicino,** anche immaginando di avere una lente di ingrandimento, quindi disegnare tutti i particolari, anche quelli più minuti, come una trama di linee.

LESSICO

Disegno di pura linea: un solo segno che rappresenta i contorni del soggetto.

> **Galleria** Altri esempi di disegni da realizzare capovolti

Pablo Picasso, *Ritratto di Leon Bakst*, 1922, matita su carta, 64 x 49 cm. Parigi, Museo Nazionale Picasso.

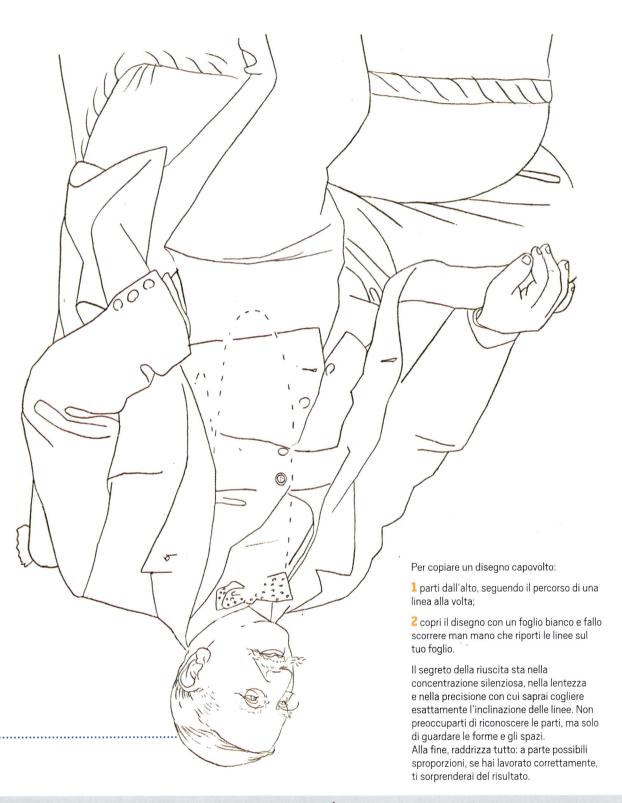

Per copiare un disegno capovolto:

1 parti dall'alto, seguendo il percorso di una linea alla volta;

2 copri il disegno con un foglio bianco e fallo scorrere man mano che riporti le linee sul tuo foglio.

Il segreto della riuscita sta nella concentrazione silenziosa, nella lentezza e nella precisione con cui saprai cogliere esattamente l'inclinazione delle linee. Non preoccuparti di riconoscere le parti, ma solo di guardare le forme e gli spazi.
Alla fine, raddrizza tutto: a parte possibili sproporzioni, se hai lavorato correttamente, ti sorprenderai del risultato.

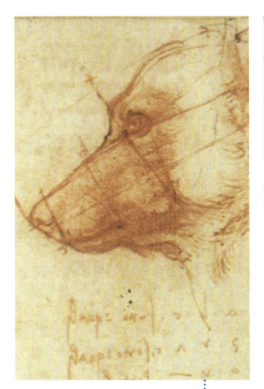

Leonardo da Vinci, *Studio sulle proporzioni della testa di un cane*, 1497, manoscritto I. Parigi, Institut de France.

Maurits Cornelis Escher, *Superficie increspata*, 1950, incisione su linoleum a due piastre, 26 x 32 cm.

Due gocce di pioggia cadendo nell'acqua di una pozzanghera provocano delle increspature che si espandono concentricamente muovendo il disegno degli alberi e la macchia bianca della luna.

Leonardo da Vinci, *Studi di granchi*. Colonia, Wallraf–Richartz Museum.

Leonardo disegna con grande attenzione le linee, gli spazi, i volumi perché vuole conoscere più a fondo ciò che vede.

All'opera

VEDERE LA FORMA DELLE COSE

1 Disegna il tuo astuccio aperto con qualche oggetto all'esterno, facendo attenzione a tutti i dettagli. Immagina di indossare un monocolo da orologiaio, che ingrandisce fortemente tutti i dettagli, e comincia a disegnare l'astuccio partendo da un lato e proseguendo poi fino alla fine. I molti particolari non sono una difficoltà ma un aiuto per un'osservazione più precisa.

2 Ingrandisci un particolare del disegno di Leonardo in modo che occupi tutto il tuo foglio e rifinisci in modo realistico in b/n o a colori.

3 Ingrandisci una parte del riflesso dei rami sull'acqua di Escher colorando a piacere gli spazi ottenuti, creando qualcosa di realistico o fantasioso.

Disegno di contorno

2

❯ Quando si pensa al disegno si intende inizialmente quello di **pura linea**, che rappresenta **i contorni** dei volumi e delle superfici osservate. **L'andamento di queste linee di contorno,** determinato dal confine tra le tonalità di colore, può essere tracciato con un **segno variato alla ricerca della forma** o in modo più **sintetico.**

❯ Guardando bene si nota che non esistono solo i contorni "esterni", come in una sfera, ma che gli oggetti sono caratterizzati da numerosi **contorni interni** e quasi sempre i contorni esterni penetrano nelle forme e divengono interni. Per capirlo bene osserviamo ad esempio un pallone con le sue cuciture, o le pieghe dei vestiti.

❯ Con un po' di allenamento si potrà **modulare il tratto** in modo che una stessa linea sia marcata in certi punti e alleggerita in altri per ottenere un disegno più elegante o più espressivo.
"Giocando" con il tratto possiamo suggerire sia le luci che le ombre di un volume: ad esempio il punto di incontro tra due bordi va marcato per **suggerire l'ombra**.

❯ Il **tratto grosso e marcato** darà importanza e "peso" all'oggetto, il **tratto fine e chiaro** "spingerà indietro" l'oggetto o renderà l'effetto della leggerezza e della trasparenza. Strumenti adatti sono le matite morbide, il carboncino, il pennino o il pennello con l'inchiostro di china.

Disegno di un pallone prima solo con i contorni esterni e poi anche con quelli interni.

Gustav Klimt, *Studio per ritratto di vecchia con le mani sul volto*, particolare, 1903, carboncino, 45 x 31 cm. Collezione privata.

Il segno di Klimt è vario come andamento e come intensità poiché egli, disegnando, studia la forma che ha davanti.

La linea esterna della manica continua all'interno indicando le pieghe.

Egon Schiele, *Ufficio nel campo di prigionia di Mühling*, 1916. Vienna, Pinacoteca Albertina.

Il tratto dell'artista è netto e spigoloso e con le variazioni di nero suggerisce i volumi.

Giacomo Manzù, disegno a china. Collezione privata.

 Galleria Disegni di Schiele e di Matisse

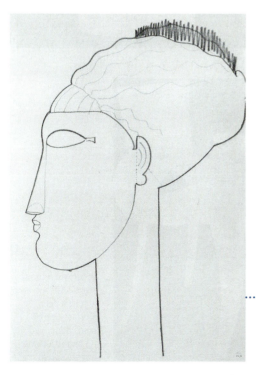

Amedeo Modigliani, *Cariatide*, 1911, matita, 42 x 26 cm. Collezione privata.

La linea di Modigliani varia di intensità e costruisce una forma precisa ed elegante.

Inquadratura e spazi negativi

3

> Inquadrare significa **isolare** ciò che ci ha colpito rispetto al tutto che lo circonda (in cui si può "confondere") rendendolo "protagonista" e **stabilendo dei confini al disegno**.

Il rettangolo dell'**inquadratura** con i suoi lati verticali ed orizzontali offre **punti di riferimento** importanti per cogliere le inclinazioni e le lunghezze delle varie linee. Inoltre l'oggetto, all'interno dell'inquadratura, occupa un certo spazio, assumendo così una **dimensione rispetto al foglio** su cui andrà rappresentato.

> Guardando le fotografie qui proposte vediamo alcuni oggetti di design, ma immediatamente dopo vediamo **la forma che ha lo spazio di fondo**. Li chiamiamo **spazi negativi** e sono ben visibili all'interno di una inquadratura, soprattutto se si fa in modo che l'oggetto tocchi almeno uno dei bordi.

Gli spazi negativi si mostrano al nostro sguardo come pure forme, che possiamo riprodurre così come appaiono.

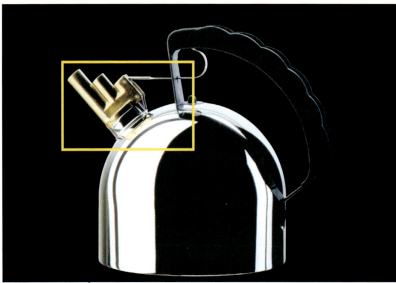

Inquadrare significa scegliere una parte del reale da proporre.

In una inquadratura lo spazio positivo è l'oggetto vero e proprio, la figura, mentre lo spazio negativo è lo sfondo. Bisogna imparare a guardare sia la figura che lo sfondo.

Richard Sapper, *Bollitore per tè*, Alessi 1983.

Il rapporto figura-sfondo può anche essere realizzato in modo ambiguo per cui possiamo percepire in modo alternato la figura e lo sfondo.

William Sawaya, *Sedia Patty*, Sawaya & Moroni 1993.

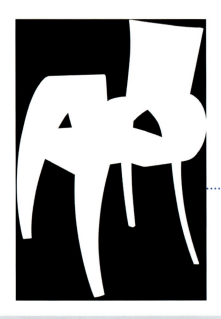

Per imparare ad osservare figura e sfondo, disegniamo le forme dello sfondo, cioè gli spazi negativi di un oggetto come questa sedia.

Giorgio Morandi, *Natura morta di vasi su un tavolo*, 1931, incisione. Firenze, Gabinetto disegni e stampe.

Molto interessante, nel rapporto tra figura e sfondo, questa incisione che rappresenta gli oggetti semplicemente come sagoma, valorizzata da tutte le variazioni di grigio dello sfondo.

Victor Vasarely, *I lottatori*, olio su tela, 162 x 130 cm. Collezione privata.

L'artista utilizza liberamente lo spazio positivo e negativo creando queste due figure in lotta.

All'opera

VEDERE LA FORMA DELLE COSE

1 Taglia mezzo foglio di cartoncino un po' pesante e ricava una finestra all'interno, proporzionata al foglio da disegno, utilizzando un taglierino. Avrai così un "mirino" con cui inquadrare quello che stai osservando. Inquadra ora un oggetto complesso come una sedia, uno strumento musicale o altro in modo che un angolo o un lato siano visivamente appoggiati al bordo come vedi nell'esempio della sedia nella pagina a lato. Riporta con molta attenzione le linee sul foglio come hai imparato nel disegno di contorno. Ora sullo stesso disegno evidenzia solo gli spazi vuoti colorandoli con fantasia.

2 Una semplice applicazione grafica dell'uso degli spazi negativi si realizza utilizzando un mezzo foglio di cartoncino nero ritagliato e poi capovolto sul suo asse su un supporto bianco o colorato come vedi nell'esempio qui a destra.

Griglia di riferimento

4

> I metodi di osservazione suggeriti necessitano di **silenzio** per essere concentrati e la **lentezza** di realizzazione per osservare tutti i particolari.

> Per collocare ogni linea al posto giusto, rispettando distanze e inclinazioni, si può usare una **griglia di riferimento**. L'uso della griglia risale già a Dürer (XV secolo) ed è documentato nell'opera di molti artisti. La griglia si può utilizzare anche nella copia dal vero, osservando il soggetto da un "mirino" che presenti la griglia (disegnata su un foglio di **acetato**), poi riportando la griglia sul foglio.

> Il tipo di griglia più utilizzato è la **quadrettatura**. Per **la copia da un'immagine** si traccia la griglia sull'immagine da copiare o su un lucido, poi la stessa griglia viene riportata sul foglio da disegnare. Per **ingrandire l'immagine** o un suo particolare basta aumentare la misura degli spazi della griglia. Proporzioni diverse delle due griglie determinano le **deformazioni**.

LESSICO

Acetato: foglio trasparente da usare con pennarello indelebile o acrilici

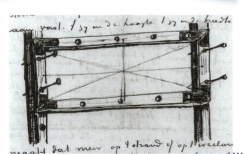

Questo è lo schizzo che Van Gogh manda al fratello Theo in una lettera per spiegare come si è costruito un "mirino": quattro listelli che formano un rettangolo dove si possono fissare delle cordicelle per fare le diagonali e gli assi.

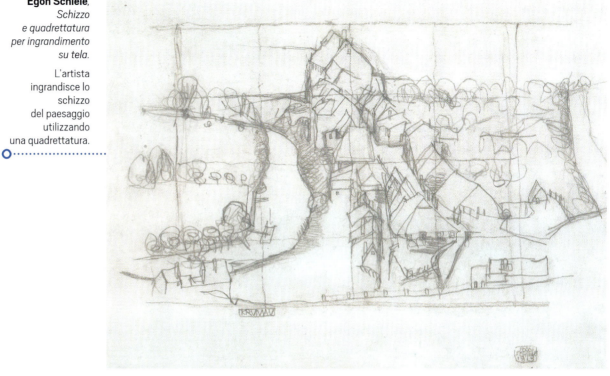

Egon Schiele, *Schizzo e quadrettatura per ingrandimento su tela.*

L'artista ingrandisce lo schizzo del paesaggio utilizzando una quadrettatura.

Egon Schiele, *Paesaggio di Krumau*, 1916, olio su tela. Linz, Collezione privata.

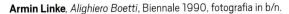

Armin Linke, *Alighiero Boetti*, Biennale 1990, fotografia in b/n.

Deformazione dell'immagine cambiando la misura (osserva il naso!) solo di alcuni riquadri. Qui è stata realizzata solo una lieve deformazione che può cambiare in rapporto alle misure dei riquadri.

 Approfondimento Le deformazioni geometriche

Robert Doisneau, *Gli scolari di via Damesme*, Parigi, 1956, fotografia in b/n.

Ingrandimento di un particolare aumentando la misura dei riquadri.

All'opera

VEDERE LA FORMA DELLE COSE

1 Puoi applicare il metodo della quadrettatura a un tuo disegno di cui puoi ingrandire solo un particolare e poi interpretarlo liberamente.

2 Traccia una quadrettatura su di un acetato, fissalo alla finestra e riporta il paesaggio che vedi attraverso la quadrettatura. Puoi poi riportare il disegno su di un foglio ingrandendolo.

UTILIZZARE REGOLE E STRUTTURE

3 Partendo dalla fotografia di un personaggio noto realizza una deformazione seguendo il metodo indicato (qui sono stati ridotti gli spazi verticali).

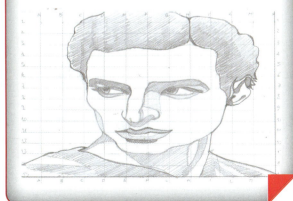

5 Schizzo veloce e disegno costruito

› Anche la **velocità** dell'esecuzione di un **disegno dal vero**, oltre all'osservazione lenta, favorisce un modo di guardare che si **concentra sulle pure forme**. L'estrema velocità di realizzazione costringe a vedere le forme come **macchie di tonalità diverse** o **come linee che indicano il movimento**. Il risultato dell'applicazione di tale metodo sarà uno **schizzo** sintetico. Il blocco o quaderno degli schizzi è sempre stato uno strumento che artisti e disegnatori hanno utilizzato per arrivare poi a costruire le loro opere.

› Il disegno può invece essere **costruito** da linee che semplificano la forma e ne individuano la **struttura** avvicinandosi alla sua **geometria**.

Giacomo Favretto, *Schizzi*, matita e inchiostro, 22 x 17 cm. Collezione privata.

L'artista realizza due veloci schizzi, a matita e china, che evidenziano le forme come macchie di tonalità diverse.

Eugène Delacroix, *Studio di cavalieri in battaglia*, 1829, inchiostro bruno su carta. Parigi, Louvre.

La linea di Delacroix è veloce e sicura e rappresenta l'incontenibile movimento dei cavalieri.

Edward Hopper, *Quaderno dell'artista III*, (1924-1967)

Edwar Hopper, *Studio per "Pompa di benzina"*, 1940, carboncino su carta, New York, Whitney Museum.

Sul quaderno di schizzi di Hopper troviamo una serie di studi, tra cui questo, della strada col bosco, della posizione dell'uomo e delle forme del distributore di benzina.

Edwar Hopper, *Pompa di benzina*, 1940, olio su tela, 67 x 102 cm. New York, MoMA.

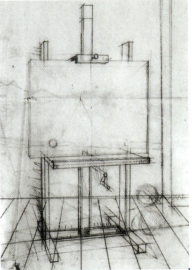

René Magritte, *Studio preparatorio per il cavalletto de "La condizione umana".*

> **Galleria** Schizzi di artisti
> **Galleria** Immagini per schizzi

All'opera

VEDERE LA FORMA DELLE COSE

1 Copia come schizzo le immagini di pag. 108 (il deserto), di pag. 118 (l'abbazia), di pag. 253 (il campo) o una di quelle proposte nel digitale. Ogni disegno dovrà essere eseguito in circa due minuti (fai prendere il tempo da un compagno). Traccia per primo il rettangolo in cui disegnerai lo schizzo.

2 Ora con lo stesso metodo dello schizzo veloce disegna a matita o carboncino degli elementi vegetali o degli utensili da cucina disegnando con linee costruttive o con chiari e scuri o a pura linea prendendo esempio da questi due disegni di Giacometti e Bonnard.

I vegetali

› Complessità delle forme vive

Il mondo vegetale è un mondo "vivo" e come tale caratterizzato da forme complesse e **articolate**, **poco "geometriche"**, in cui prevalgono **curve e andamenti spezzati** (vedi a pag. 166) ed è praticamente inesistente la linea retta.

Osservando il **fogliame** o i **petali dei fiori**, il loro insieme appare come un arabesco costituito da forme che, pur assomigliandosi, differiscono per dimensioni e angolazione. Inoltre i singoli elementi possono essere piegati, accartocciati, sovrapposti...
Se osserviamo i **tronchi**, essi possono assumere le forme più varie ed essere contorti, ricurvi, longilinei. Le **cortecce** hanno un disegno sempre diverso rispetto al tipo di pianta e alla collocazione: pensiamo alla corteccia macchiata del faggio, a quella lavoratissima dell'ulivo, alla quercia...

Il **disegno lento di contorno** (vedi pag. 14) è un ottimo metodo per imparare a **"vedere" la complessità** del mondo vegetale e per rendere, con un proprio stile, in modo "vivo" le sue forme, senza rimanere legati ad uno schema che ci fa rappresentare, ad esempio, le foglie piatte e attaccate al ramo in modo simmetrico.

LESSICO

Stile: modo in cui gli artisti rappresentano in maniera originale un soggetto

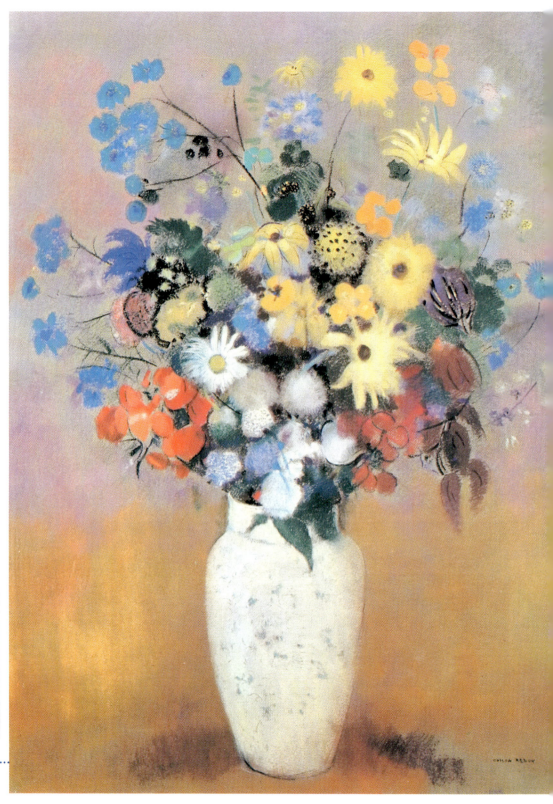

Odilon Redon, *Vaso di fiori*, 1914, pastelli. New York, MoMA.

Galleria Un disegno di Picasso
Galleria Immagini di cortecce e tronchi

Pablo Picasso, *Rami e foglie*, 1920, matita, 50,5 x 36,7 cm. Parigi, Museo Picasso.

Questo disegno di Picasso indica da dove iniziare: seguire lentamente i contorni di ciò che si osserva, lasciandosi guidare dalla varietà delle linee.

Questa fotografia di Henry Matisse, grande pittore francese del Novecento che, ormai avanti negli anni, disegna ancora ripetutamente dal vero un rametto sul suo quaderno di schizzi, fa veramente pensare. Forse non sapeva disegnare a memoria un ramoscello o era semplicemente alla ricerca delle proporzioni, della struttura, della forma di quel rametto in particolare, diverso da tutti gli altri, che la natura gli aveva dato come dono?

Fiordalisi.

Fiore di ylang-ylang.

Tronco di ginepro.

Ricerca della struttura

1

> Le forme vegetali sono complesse e ricche di andamenti curvi e spezzati ma, osservando con attenzione le diverse specie di fiori, foglie, frutti o alberi, si può **riconoscere un ordine, una regola, una struttura geometrica** che si ripete pur nella infinita possibilità di varianti.

> I fiori possono avere una struttura a calice o a raggiera; le foglie e i petali possono essere lanceolati, cuoriformi ecc.; gli ortaggi e i frutti possono richiamare forme e volumi geometrici (spiraliformi, sferici, a cono...), gli alberi seguono un preciso criterio di crescita, ad esempio nelle distribuzione dei rami...

> Nel **disegno a memoria** è d'aiuto la conoscenza di questa struttura geometrica, ma bisogna ricordarsi di **variare dimensioni e angolature**: ad esempio la gerbera vista di scorcio non si iscrive più in un cerchio ma in un ovale.

> La struttura geometrica che è alla base delle forme naturali ha da sempre sorpreso chi ha guardato la natura con occhio da artista ispirando anche molte decorazioni.

🔗 **Galleria** | fiori in fotografia

Foglia di palma.

Si riconosce lo stesso schema a raggiera sia in questa grande foglia di palma che nei piccoli fiori di tiglio: varia la forma degli elementi disposti a raggio, variano i colori, variano le proporzioni... nell'ordine delle cose si esprime anche una grande fantasia!

Fiori di tiglio.

Gerbere.
La costruzione geometrica è deformata dall'angolazione diversa.

Montù, *Studio geometrico-matematico della crescita di un cavolfiore.*

Alcuni matematici hanno realizzato degli studi sulla crescita dei vegetali in rapporto alla geometria.

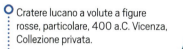

Cratere lucano a volute a figure rosse, particolare, 400 a.C. Vicenza, Collezione privata.

Molte civiltà hanno usato decorazioni che riprendono elementi vegetali semplificati. Qui vediamo il particolare di un vaso greco con una decorazione ispirata alle foglie di acanto, un arbusto dalla foglia sinuosa molto diffuso in Grecia.

Karl Blossfeldt, *Vegetali*, 1920/1930, fotografie in b/n.

Le immagini di questo fotografo sono realizzate per evidenziare la struttura geometrica alla base delle forme vegetali. Queste immagini sono state fonte di ispirazione per molti architetti e decoratori.

❯ **Galleria** Altre fotografie di Blossfeldt
❯ **Galleria** Schemi di decorazioni ispirate ai vegetali

All'opera

RICONOSCERE LA STRUTTURA

1 Ripeti la costruzione di alcune gerbere come nella pagina accanto rispettando le diverse angolature.

2 Osserva le due foto in b/n di Karl Blossfeldt. Scegli un'immagine, trova la struttura e poi ridisegnala evidenziando anche il chiaro/scuro.

UTILIZZARE LE STRUTTURE NELL'INTERPRETAZIONE

3 Realizza un fregio ripetendo la forma di una foglia o di un fiore e stilizzandola (esagerandone cioè le caratteristiche). Puoi inserire altri elementi vegetali variando posizione e dimensioni. Ci sono alcuni esempi nel digitale.

L'esempio è realizzato con tre passaggi: 1) Disegna la greca con cura 2) Stendi la tempera diluita tamponando con una spugna 3) Ripassa e riempi a china nera.

Ricerca della forma

2

> Come accennato nel paragrafo precedente, possiamo verificare che, pur organizzandosi su uno **schema geometrico**, difficilmente una composizione di vegetali mostrerà i suoi elementi secondo una rigida visione frontale o di profilo. Sarà più probabile che si abbia una visione di scorcio o di tre quarti e che la piegatura dei petali e delle foglie costringa a **guardare di nuovo le forme così come appaiono**.

> Anche la forma dei frutti o degli ortaggi, che diamo per scontata, è invece sempre una scoperta perché, ad esempio, può non rispettare alla perfezione la simmetria.

> Per realizzare una rappresentazione realistica di ciò che si vede possono essere di aiuto le **linee rette immaginarie** che congiungono punti importanti (sporgenti o rientranti) o che individuano **inclinazioni evidenti** del soggetto, sia esso composto da fiori o da foglie. Queste ultime hanno una grande ricchezza di forme e assumono le posizioni più varie.

> **Galleria** Frutti e ortaggi nei dipinti

Leonardo da Vinci, *"Stella di Betlemme" e altre piante*, 1480, inchiostro e matita rossa su carta, 18,8 x 16 cm. Firenze, Gabinetto dei Disegni e delle Stampe degli Uffizi.

Leonardo disegnava per conoscere la forma con un interesse anche scientifico.

Domenico del Pino, *Mela da 30 once*, 1820, tempera su carta, 49 x 33 cm. Genova, Collezione privata.

L'illustratore ha cercato di cogliere esattamente la forma del contorno della mela tagliata, che non risulta simmetrica. Anche nelle foglie si notano le "imperfezioni".

Studio della forma di un fiore. Sono evidenziate le linee immaginarie che segnano i punti più sporgenti.

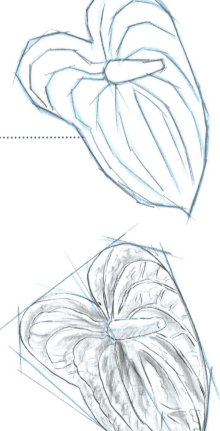

Schemi per la ricerca della forma dei principali tipi di foglie.

Arnout Van Albada, *Assolo*, 2004, olio e tempera su tavola, 34 x 39 cm. Collezione privata.

 Galleria Fotografie di foglie, frutti e ortaggi

All'opera

RICONOSCERE LE REGOLE E LA STRUTTURA

1 Copia il fiore proposto nella pagina accanto seguendo lo schema suggerito. Poi segui lo stesso schema con un altro fiore dal vero.

2 Seguendo l'esempio del peperone copia una pera o una mela seguendo gli stessi passaggi.

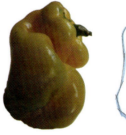  

3 Prova a copiare dal vero alcune foglie che, spesso, hanno un volume come vedi nell'esempio.

4 Componi frutti e /o ortaggi su un piano o in una cesta e copiali a matita secondo il metodo delle linee sintetiche di costruzione. Poi, se vuoi, colora liberamente.

3 Colore

› Il mondo vegetale è il mondo colorato per eccellenza! Le gamme dei colori vanno dalle infinite **tonalità dei verdi** dei prati, dei colli, degli arbusti, **ai gialli, rossi, violetti** dei fiori di campo. Le **verdi chiome** degli alberi sono più **luminose e chiare** in primavera, più **cupe** in estate; in autunno si vestono di **ocra**, **gialli e rossi**.

› I fiori, spettacolo di colore per eccellenza, vanno dalla **forza del rosso** del papavero, esaltato dal contrasto con il suo **complementare verde**, alla raffinatezza delle **sfumature dei violetti** della ninfea messicana valorizzate dalla vicinanza del rosso e del giallo della corolla. Ma caratteristica dei fiori può essere, all'inverso, una **grande delicatezza di toni** con dolci accordi di colore.

› I frutti, con i loro **colori vivaci** o con gli **accordi tonali smorzati**, e gli ortaggi con **verdi**, **ocra**, **bruni**, **rosati** hanno affascinato gli artisti di ogni epoca, che li hanno dipinti in innumerevoli "**nature morte**".

LESSICO

Natura morta: dipinto il cui soggetto sono frutti, fiori, oggetti

› **Galleria** | fiori nella pittura

Papaveri.

Claude Monet, *Campo di papaveri a Vetheuil*, 1880, olio su tela, 73 x 60 cm. Collezione privata.

Monet trasporta l'osservatore nel mezzo di una campagna fiorita, a fine primavera, in una giornata ventosa. Il rosso dei papaveri spicca fra i molti colori degli altri fiori.

Maurizio Bottoni, *Limoni con stelle*, tempera su tavola incanottata, 50 x 14 cm. Collezione privata.

La luminosità dei gialli contrasta con l'oscurità delle foglie e del cielo notturno.

Ninfea messicana.

Paul Cézanne, *Natura morta con cipolle*, particolare, 1898, olio su tela, 66 x 82 cm. Parigi, Museo d'Orsay.

La pennellata mossa e trasversale del pittore rende benissimo il continuo variare di tono delle bucce delle cipolle.

Primavera.

Autunno.

All'opera

RICONOSCERE LE REGOLE E LA STRUTTURA

1 Raccogli una serie di foglie autunnali e usando il metodo dell'impronta, realizza una composizione imitandone i colori.

2 Raccogli una foglia e, dopo averla riprodotta su un foglio, colorala a tempera o a matite rappresentandone i colori.

3 Copia dal vero o da una foto un frutto o un particolare di un gruppo di frutti che poi colorerai con i pastelli ad olio cercando di riprodurre le varie sfumature di colore.

4 Dipingi dal vero o da una foto il particolare di un giardino cercando tutte le tonalità come in quest'opera di August Macke.

Gli alberi

4

> Anche nell'albero possiamo riconoscere una **struttura geometrica.** Essa è determinata dalla sua "impalcatura": **il tronco** che si ramifica.
Proponiamo alcuni esempi realizzati dal geniale designer **Bruno Munari** per avvicinare i ragazzi allo studio dell'albero.

> Esistono sostanzialmente tre schemi di ramificazione.
Nel **primo schema**, il più diffuso, il tronco ad un certo punto si divide in due o più rami e ogni ramo segue la stessa regola, assottigliandosi sempre di più. A seconda del numero di divisioni (a due, a tre...), della lunghezza dei rami e della direzione si avranno poi chiome "affusolate", "piangenti", "tondeggianti", "a ombrello", chiome più compatte e altre con più "vuoti".
Nel **secondo schema**, dal tronco centrale partono i diversi rami, sempre più sottili verso la cima: in alcuni alberi, come l'abete, i rami si inclineranno verso il basso creando la caratteristica forma a capanna; in altri, come il pioppo o il cipresso, i rami si protenderanno verso l'alto dando alla pianta una forma allungata.
Nel **terzo schema**, quello delle palme, le foglie si innestano direttamente nella parte terminale del tronco.

> Ritraendo alberi o cespugli (non in inverno!) occorrerà rappresentarne **la chioma** imitandone le caratteristiche determinate dal tipo di foglia e di ramificazione, dalla proporzione rispetto al tronco, dalla forma e dalla densità.

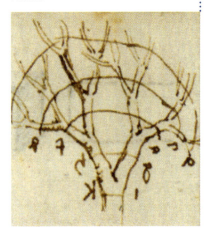

Leonardo da Vinci, *Studi di botanica*, 1499, manoscritto M. Parigi, Institut de France.

Proponiamo come schemi quelli ideati per la didattica del disegno da Bruno Munari, pittore e grafico milanese. Egli, partendo da un semplice schizzo di Leonardo, li ha realizzati con suddivisione a due rami o a tre rami.

Carpino bianco.

Tronchi di baobab.

Gli esempi, all'interno dello stesso schema di ramificazione, presentano proporzioni diversissime tra le dimensioni del tronco e quelle dei rami: nei baobab il tronco domina l'insieme. L'intervento dell'uomo sul carpino bianco ha modificato la proporzione per cui rami fitti e sottili si innestano direttamente sui primi tre grossi rami "capitozzati", ovvero potati in modo particolare.

Carpino bianco.

Bruno Munari, Schema con tronco centrale da cui partono tutti i rami (abete rosso, pioppo, olmo, ciliegio selvatico).

Galleria Fotografie di alberi
Approfondimento Schemi di decorazioni

Emile Bernard, *Pioppi*, 1887, olio su tela, 70 x 98 cm. Collezione privata.

Per le chiome si potrà giocare sull'andamento delle linee di contorno, valorizzando la forma della chioma, o sulla ripetizione di piccoli segni simili valorizzando il tipo di fogliame o considerando i volumi che i raggruppamenti delle foglie creano.

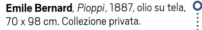

Egon Schiele, *Ippocastano al lago di Costanza*, 1912, acquerello su carta, 45,8 x 29,5. Collezione privata.

Paul Cézanne, *Pino marittimo*, particolare, 1883, studio, matita e acquerello, 26 x 47 cm. Vienna, Galleria Albertina.

All'opera

UTILIZZARE REGOLE E STRUTTURE NELLA RAPPRESENTAZIONE

1 Copia dal vero o da una foto alberi in inverno: la ramificazione sarà la protagonista del lavoro. Puoi utilizzare uno strumento morbido come pastello, carboncino o china nera con pennello.

2 Realizza studi a colori dello stesso albero in stagioni diverse. Puoi utilizzare l'acquerello o gli acrilici ed ispirarti agli alberi di un giardino o parco.

ISPIRARSI A OPERE D'ARTE NELL'INTERPRETAZIONE PERSONALE

3 Traccia la ramificazione di un gruppo di alberi del giardino della scuola e crea la chioma con uno dei metodi suggeriti nel paragrafo.

4 Partendo dallo schema dei fiori o degli alberi realizza delle variazioni decorative ispirandoti a quelle delle antiche civiltà che trovi in digitale.

Piet Mondrian, *Albero rosso*, 1910, olio su tela, 79 x 99 cm. L'Aia, Geementemuseum.

❯ **SOGGETTO** L'artista sceglie di rappresentare un grande albero spoglio in inverno con tutte le sue ramificazioni. Dopo la prima opera qui rappresentata inizierà a semplificare forme e colore fino a una totale astrazione come vediamo nei due dipinti della pagina a fianco.

❯ **COMPOSIZIONE** L'imponente ramificazione di quest'albero si allarga su tutta la tela, andandola a occupare con il complesso di intrecci tra i rami che crea geometrici spazi di cielo. Il tronco è posto in posizione decentrata per valorizzare le potenti ramificazioni che ora si aggrovigliano, ora si aprono mostrando l'azzurro. Sul terreno, il rosso delle foglie cadute richiama il colore del tronco.

❯ **STILE** L'artista non vuole rappresentare ciò che ha visto come in una fotografia, bensì comunicare l'energia vitale che scorre nel tronco e nei rami. Per fare ciò forza linee e colori: i contorni neri sono tracciati con decisione dal pennello e analizzano tutte le possibili direzioni dei rami, i colori non naturalistici del legno – i rossi – contrastano con il blu steso sia nel cielo che sul campo, mettendo in evidenza le forme.

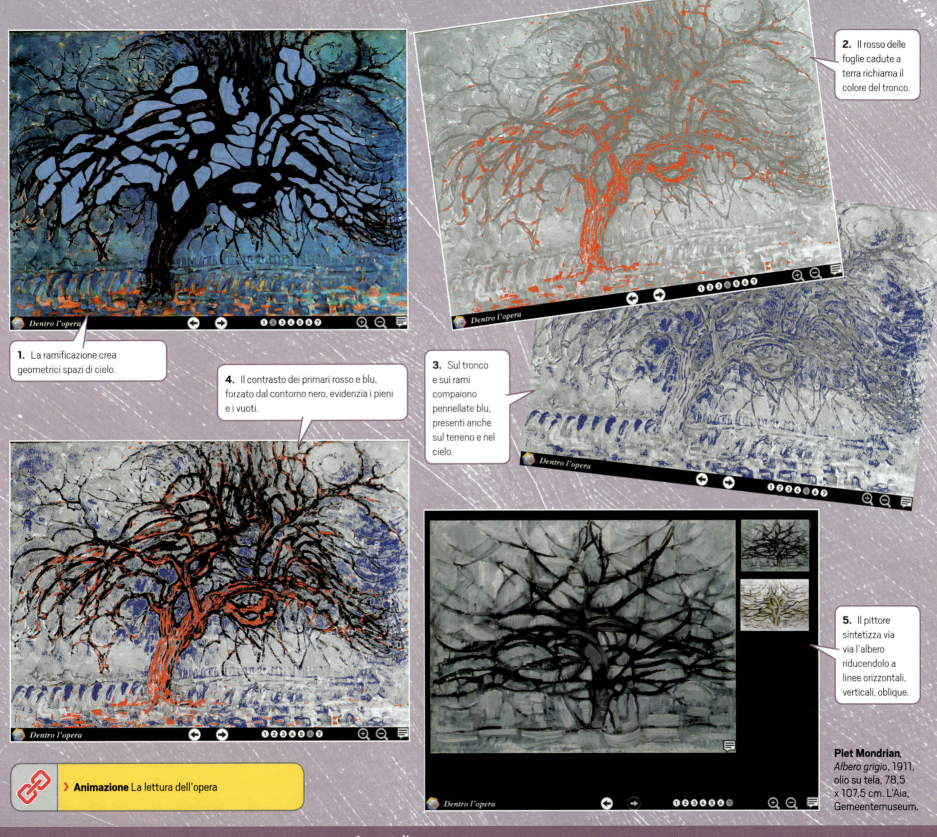

2. Il rosso delle foglie cadute a terra richiama il colore del tronco.

1. La ramificazione crea geometrici spazi di cielo.

4. Il contrasto dei primari rosso e blu, forzato dal contorno nero, evidenzia i pieni e i vuoti.

3. Sul tronco e sui rami compaiono pennellate blu, presenti anche sul terreno e nel cielo.

5. Il pittore sintetizza via via l'albero riducendolo a linee orizzontali, verticali, oblique.

Piet Mondrian, *Albero grigio*, 1911, olio su tela, 78,5 x 107,5 cm. L'Aia, Gemeentemuseum.

› **Animazione** La lettura dell'opera

Caspar David Friedrich, *Albero dei corvi,* 1822

Olio su tela, 54 x 71 cm. Parigi, Louvre.

> **SOGGETTO** L'artista, dopo vari studi dal vero, elabora questa opera di forte valore simbolico: una quercia quasi spoglia, dalla ramificazione estremamente contorta, si erge fra tronchi spezzati ai piedi di una collina. Uno stormo di corvi vola nel cielo al tramonto per posarsi tra i rami dell'albero rinsecchito.

> **COMPOSIZIONE** Il primo piano è occupato interamente dalla quercia e dai tronchi, allineati sul bordo inferiore del quadro inclinati verso sinistra. Questa spinta diagonale è contrastata dai rami che si allungano verso destra: l'artista crea così una forte tensione dinamica, sottolineata dall'andamento à serpentina che suggerisce la presenza del vento.

> **STILE** L'immagine è solo apparentemente realistica: l'artista esaspera la ramificazione tipica delle querce infondendo vita e sentimento nell'albero spoglio, anche grazie all'utilizzo del controluce che esalta il disegno dei rami. Lo sfondo dai delicati colori crepuscolari, però, rende più dolce e malinconica l'immagine, allentando la tensione drammatica creata dalle linee dei rami.

André Derain, *Alberi*, 1912

Olio su tela, 92 x 75 cm. Mosca, Museo Puškin.

› **SOGGETTO** Ai bordi di un sentiero che si inoltra nella foresta, un albero frondoso allunga i suoi rami che si piegano verso il basso, carichi di foglie. Piccole porzioni di cielo si intravedono nei vuoti della chioma che pare scossa dal vento.

› **COMPOSIZIONE** La composizione è asimmetrica. Il tronco dell'albero, in primo piano, corre lungo il bordo destro del quadro per poi curvare verso sinistra formando quasi un arco: attraverso esso, come fosse una quinta, si penetra nel paesaggio boscoso.

› **STILE** L'artista propone una rappresentazione espressiva di ciò che ha visto: luci e ombre sono molto forti sui tronchi, le foglie sono rese sinteticamente da soffici macchie di verde scuro che contrasta con gli alberi sullo sfondo che sono solo accennati. Vuole comunicare la forza e l'eleganza dell'albero attraverso le sue curve sinuose, valorizzate dall'uso del colore chiaro che contrasta col verde scuro delle foglie. Tutto è morbido, dolce e il peso che fa curvare i rami è la ricchezza della vita rigogliosa.

› **Galleria** L'albero nell'arte

LE COMPETENZE ESPRESSIVE

1. Utilizzando una fotografia, studia una semplificazione dell'albero come ha fatto Mondrian (vedi pagg. 80-81): cerca di capire bene la struttura della ramificazione per creare, con tecnica a piacere, un'immagine appropriata alle caratteristiche dell'albero scelto.

2. Interpreta un albero copiandolo da una fotografia o dal vero, imitando, a scelta, lo stile pittorico di Friedrich o di Derain come mostrano i dipinti alle pagg. 82-83 oppure quello delle opere di Cézanne e Signac riprodotte in questa pagina: cerca di rendere il carattere drammatico del dipinto di Friedrich o la visione più sintetica e morbida di Derain, oppure il tipo di pennellata e di colori che caratterizzano diversamente i due pini. Puoi utilizzare, coerentemente con l'opera scelta, tempere, acrilici, acquerelli.

3. Klee e Klimt, nelle due opere qui accanto, interpretano il tema dell'albero utilizzando la linea e caratterizzando le superfici in modo molto differente, con effetto poetico in un caso, decorativo nell'altro. Prova a ideare un albero imitando una delle due interpretazioni: puoi cambiare colori e tipo di andamento delle linee per creare un'immagine originale. Tecniche suggerite: tempere, acquerelli, acrilici, collage.

Paul Klee, *Prima della neve*, 1929, acquerello su carta montato su tavola, 33 x 40 cm. Collezione privata.

Paul Cézanne, *Studio d'albero, Il grande pino*, 1890 circa, tempera su carta. Zurigo, Kunsthaus.

Paul Signac, *Pino a Saint-Tropez*, 1909, olio su tela, 82 x 72 cm. Mosca, Museo Puškin.

Gustav Klimt, *L'albero della vita*, 1905-09, cartone per il fregio di palazzo Stoclet. Vienna, Österreichische Galerie.

LE CONOSCENZE

 › Verifica autocorrettiva

Evidenzia la risposta esatta (anche più di una)

1. Il disegno di pura linea aiuta a concentrare l'attenzione su

- A contorni
- B spazi negativi
- C colori

2. Risulta più facile concentrarsi se

- A si disegna a occhi chiusi
- B la forma è capovolta
- C si disegna guardando molto il proprio disegno e poco il modello
- D si disegna molto lentamente
- E la forma è molto semplice
- F la forma è complessa e poco riconoscibile

3. La griglia di riferimento

- A è una piastra
- B è la suddivisione geometrica di un'immagine
- C serve a copiare un'immagine
- D serve a ingrandire un'immagine

4. Le forme vegetali sono complesse e ricche di andamenti curvi e spezzati

- A e non hanno una struttura regolare
- B ma in essi possiamo riconoscere una struttura geometrica
- C ma in essi possiamo riconoscere una regolarità

5. Gli alberi possono svilupparsi secondo i seguenti schemi

- A ramificazione per divisioni successive di tronco e rami
- B innesto di rami lungo le radici
- C innesto di rami lungo il tronco
- D ramificazione per divisioni successive di foglie e frutti
- E innesto di foglie nella parte terminale del tronco

Rifletti e completa o rispondi

1. In un disegno di pura linea realistico e vivo i contorni ...
2. Considerare gli spazi negativi aiuta a comprendere la figura perché ...
3. La griglia di riferimento è un aiuto perché ...
4. Disegnare molto velocemente aiuta a ...
5. Secondo quale schema si sviluppa la palma?
6. Secondo quale schema si sviluppa l'abete?

Gli oggetti

La realtà è complessa e proprio qui sta il suo fascino: una forma naturale o un oggetto offrono sempre **qualcosa di nuovo da scoprire**.

Ogni artista, di fronte a ciò che decide di disegnare, ha un **atteggiamento curioso** e un'**attenzione esclusiva**. Osservare significa lasciarsi colpire dalle cose che esistono, cogliendo lo straordinario che c'è nell'ordinario: bisogna osservare dimenticando per un momento quello che si sa della loro forma e non dare niente per scontato, come se la si vedesse per la prima volta. E in un certo senso chi disegna deve farsi catturare dagli oggetti ed entrare nel loro mondo di **piani, volumi, contorni, forme, luci, ombre**.

Il disegno è una **costruzione** e, come ogni costruzione, prevede **un metodo di lavoro** con precisi passaggi.
Il primo passaggio per arrivare alla rappresentazione grafica di un oggetto è l'**inquadratura** (vedi anche alle pagg. 16-17).
Inquadrare vuol dire decidere il **punto di vista**, cioè la distanza e l'angolatura da cui osservare l'oggetto.

Giorgio Morandi, *Natura morta con cinque oggetti*, 1956, acquaforte su rame, 30 x 50 cm. Bologna, Museo Morandi.

Morandi, con questa raffinata opera in b/n, propone il fascino antico che questi oggetti hanno per lui.

Francisco de Zurbarán, *Natura morta con tazza e vasi*, 1634, olio su tela. Madrid, Museo del Prado.

Zurbarán rappresenta una serie di oggetti dalla forma tondeggiante, usando magistralmente i colori a olio, comunicando la bellezza che questi oggetti svelano a chi li guarda non superficialmente.

Ecco il punto di vista scelto per un gruppo di oggetti tra una serie di inquadrature con distanze ed angolature diverse. ○

Piero Marussig, *Tavolo da toilette*, 1926, olio su tela. Milano, Casa-museo Boschi Di Stefano.

L'artista sceglie un'angolatura molto laterale per rappresentare la scena anche nello specchio. ○

○ **Vincent Van Gogh**, *La sedia di Vincent*, 1888, olio su tela, 93 x 73,5 cm. Londra, National Gallery.

Con questa angolatura, che mostra bene il sedile di paglia, l'artista evidenzia tutte le tonalità di giallo e di ocra che hanno colpito la sua sensibilità.

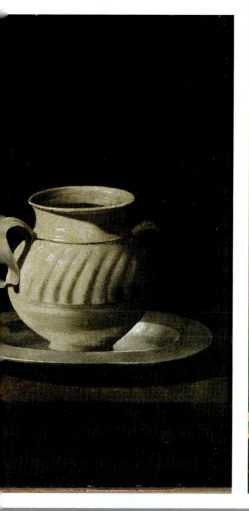

Ingombro e struttura

1

> All'interno dell'inquadratura si tracciano le prime linee veloci e approssimative che segnano una sorta di perimetro: esso costituisce l'**ingombro**, ovvero lo spazio che dovrà occupare l'oggetto da disegnare. Naturalmente è importante che l'ingombro venga **impaginato**, cioè posto in una certa posizione sul foglio da disegno, normalmente al centro. **Posizionare al centro del foglio** consente di concentrare l'attenzione visiva verso l'oggetto come protagonista dello spazio.

> Nel caso si scelga una **posizione asimmetrica**, essa deve essere ben evidente per non venire percepita come un errore di impaginazione, ma come scelta dell'autore (vedi anche pag. 210).

> Inizia poi la fase di rilevazione ed evidenziazione delle linee che porteranno alla **struttura** degli oggetti. Ora è importante tener presente il concetto di **proporzione**, cioè il corretto rapporto tra le misure delle singole parti dell'oggetto e quello tra l'oggetto e l'insieme.
> Le **linee strutturali** dovranno prima identificare l'asse di simmetria, se c'è, poi piani, spessori e volumi.

> Le linee strutturali hanno il compito di **rivelare la forma geometrica nella quale è racchiuso l'oggetto** che si sta osservando. Ogni forma è traducibile geometricamente; la geometria rilevata, a sua volta, diventerà una traccia sicura per la **definizione della forma** così come si presenta ai nostri occhi.

Henri Fantin-Latour, *Tazza e piattino*, 1864, olio su tela, 18 x 28 cm. Cambridge, Fitzwilliam Museum.

Impaginazione che pone l'oggetto al centro del foglio evidenziando la sua semplice bellezza.

 〉 Galleria Gli oggetti di uso quotidiano in fotografia

Andrea Mariconti, *Rumore bianco*, 2004, olio su carta intelata, 40 x 40 cm. Collezione privata.

Composizione asimmetrica che crea una immagine più dinamica.

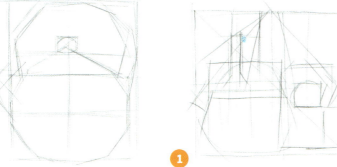

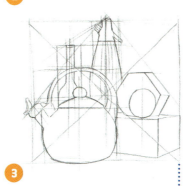

1 ingombro
2 linee strutturali
3 definizione della forma

Se si disegna un gruppo di oggetti, occorre ricordarsi di non cadere nel tranello di disegnare un oggetto alla volta, accanendosi sui vari dettagli: il disegno deve emergere poco alla volta nel suo insieme.

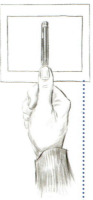

Per capire i rapporti fra i vari oggetti è utile adottare il metodo della misurazione a vista, usando la matita come unità di misura: occorre impugnarla tenendo il braccio teso, chiudendo un occhio e utilizzando il pollice per prendere le misure e riportarle sul foglio.

All'opera

RICONOSCERE REGOLE E STRUTTURE

1 Scegli l'immagine di alcuni oggetti di casa (bottiglia, vaso, caffettiera...), sovrapponi una carta da lucido e cerca a) asse di simmetria; b) forma geometrica generale dell'oggetto in proporzione; c) struttura particolareggiata attraverso linee spezzate. Puoi evidenziare tutto ciò con colori diversi.

2 Disegna dal vero un oggetto lasciando evidenti tutti i passaggi come nei disegni a sinistra.

UTILIZZARE REGOLE E STRUTTURE

3 Partendo da quest'opera di Guttuso isola un particolare che ti interessa inquadrandolo con una "finestra" tagliata in un foglio bianco. Ingrandisci il particolare scelto in B/n o a colori.

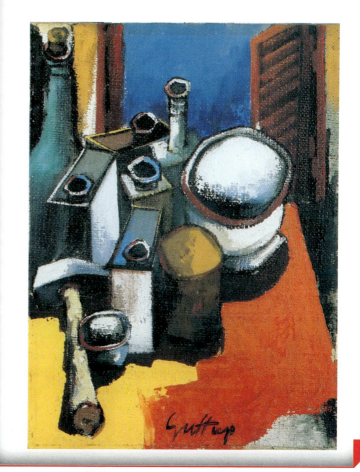

Forma e volume

2

> Dopo i passaggi indicati è possibile **"svelare" veramente il volto dell'oggetto** che stiamo disegnando, iniziando a lavorare sui dettagli, **utilizzando una linea più marcata** per definire maggiormente la forma. Non è per forza necessario cancellare le linee di costruzione: esse, se tracciate in precedenza con un segno leggero, non disturbano la visione del soggetto e la rendono più completa.

> **La definizione della forma** prende maggiore evidenza utilizzando **un tratto modulato** che ci suggerisce il volume degli oggetti. Abbiamo così un disegno di pura linea.

> Il passaggio finale prevede **la definizione dei volumi** dell'oggetto, **evidenziando le ombre e le luci** che ne rivelano la plasticità, la sostanza, il peso. Il **chiaroscuro** può essere prima solo accennato su tutti gli oggetti e poi portato a compimento accentuando le parti più scure delle ombre.

> Per rappresentare le ombre bisogna tenere presente la fonte luminosa: l'**illuminazione laterale** di un oggetto ne valorizza le masse, l'**illuminazione frontale** ne valorizza le forme, l'**illuminazione da dietro**, chiamata controluce, ne valorizza il contorno.
Ogni oggetto quindi ha un'**ombra propria**, che è più o meno graduata rispetto all'intensità della luce, e un'**ombra portata** sul piano che può stagliarsi sullo sfondo, sul piano d'appoggio o sull'oggetto vicino.

1 Il disegno può essere finito anche con una sola linea. Essa riflette le caratteristiche dell'oggetto, della sua "personalità". I volumi possono essere suggeriti dalla modulazione del segno.

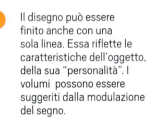

1

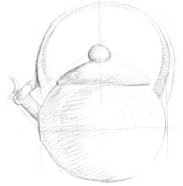

2 Le ombre nel disegno possono essere realizzate con i vari tipi di tratteggio anche solo accennato, ma sempre osservando con attenzione dove luci e ombre si posano.

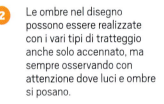

2

3 Il disegno può essere rifinito in modo accurato evidenziando ombre proprie, ombre portate e riflessi, se ci sono.

3

Le Corbusier, *La scatola rossa*, 1919, olio su tela, 81 x 65 cm. Parigi, Fondazione Le Corbusier.

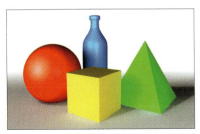

Il gruppo di oggetti è illuminato frontalmente (da sinistra) poi lateralmente da destra, poi posteriormente (da destra). Notiamo le ombre proprie e quelle portate sia sugli oggetti vicini che sul piano.

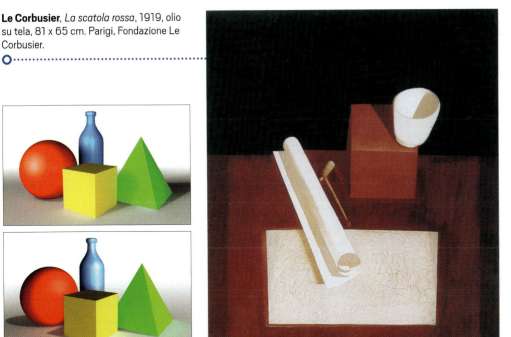

Felice Casorati, *Mele sulla "Gazzetta del Popolo"*, 1928, olio su cartone, 59 x 49,8 cm. Roma, Galleria Nazionale d'Arte Moderna.

L'artista dà grande importanza sia al colore che al volume di queste mele verdi che dipinge con la loro ombra propria e quella portata sul giornale.

 Galleria Gli oggetti nei disegni di Hopper

All'opera

RICONOSCERE REGOLE E STRUTTURE

1 Disegna dal vero un semplice oggetto (ad esempio un bicchiere o un calice) seguendo i passaggi indicati ed accennando al volume come vedi nell'esempio qui a destra.

2 Per imparare ad osservare bene le ombre porta in classe un oggetto a piacere e una torcia elettrica.
Realizza poi una serie di schizzi variando l'illuminazione dell'oggetto: sposta la torcia a destra, a sinistra o in alto e segna attentamente le ombre.

UTILIZZARE REGOLE E STRUTTURE

3 Partendo dall'opera di Le Corbusier o di Casorati (a fianco) realizza un particolare valorizzando molto la forma e il volume. Utilizza la tecnica che ritieni più adatta.

Colore

3

> **La realtà è colore**, e il colore è luce, **vive di luce**. La sua forza è in rapporto all'illuminazione che riceve, quindi le ombre sono sostanzialmente dello stesso colore dell'oggetto pur assumendo una luminosità inferiore; anzi, un'osservazione attenta, come ci hanno mostrato i pittori impressionisti, ci farà notare che il "colore dell'ombra" è influenzato dal colore dell'oggetto vicino.
Osservare gli oggetti, quindi, vuol dire notare non solo la forma e il volume, ma anche **il colore con le sue tonalità e i suoi contrasti**.

> Le variazioni cromatiche e tonali danno carattere alla rappresentazione, che può essere **molto realistica**, oppure con forme e colori **semplificati** cercando **le variazioni di tono**, oppure con **contrasti evidenti** tra caldi e freddi, oppure anche solo con **volumi evidenziati** anche dai contorni.

> La **stesura** del colore può essere a velature, così da ottenere un lento passaggio dalle luci alle ombre; quasi piatta, così da evidenziare i cambi di tonalità; molto pastosa, con pennellate visibili e forti contrasti tra luce e ombra.

Heric De Vree, *Pane e brocca di stagno*, 2004, olio su tavola, 41 x 62 cm. Collezione privata.

L'artista utilizza con maestria il colore a olio steso a velature sovrapposte valorizzando così non solo le tonalità, ma anche "la materia" delle superfici.

Wladyslaw Slewinski, *Natura morta con mele e candeline*, 1896, olio su tela, 47 x 66 cm. Pont Aven, Musee des Beaux-Arts.

Le forme sono semplificate e contornate potenziando gli accordi dei rossi in contrasto con i bianchi del piatto e della tovaglia.

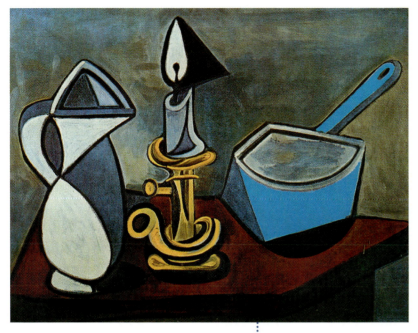

Pablo Picasso, *La casseruola smaltata*, 1945, olio su tela, 71 x 56 cm. Parigi, Musée National d'Art Moderne.

Picasso evidenzia i volumi con contorni e ombre ben marcati, deformando gli oggetti.

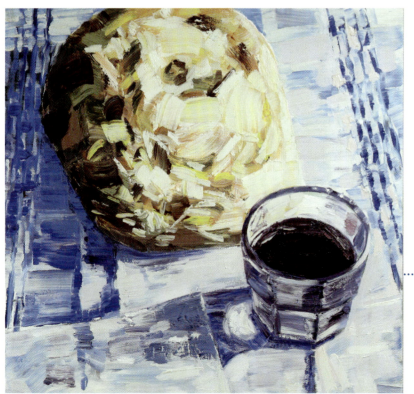

Francesco Toniutti, *Pane e vino*, 2009, olio su tela. Collezione privata.

Toniutti sceglie un'inquadratura particolare e punta sul contrasto tra freddi e caldi. Il colore, steso a pennellate larghe e visibili, cambia di tono rispetto alle zone più illuminate o più in ombra rivelando forme, piani e volumi.

La resa pittorica cambia utilizzando tecniche e strumenti diversi. Si passa da una sovrapposizione di segni con le matite colorate a una sovrapposizione di velature con l'acquerello, alla preparazione di tonalità diverse mescolando i colori a tempera.

All'opera

VEDERE LA FORMA (COLORE)

1 Osservando uno o più soggetti ben illuminati fai una ricerca cromatica cercando di avvicinarti il più possibile alla realtà. Utilizza la tecnica coloristica in cui ti senti più sicuro. L'esempio è realizzato con matite acquerellabili e qualche tocco di china colorata.

RAPPRESENTARE LA FORMA (COLORE) DELLE COSE

2 Copia questo particolare di una natura morta di Guttuso cercando di rendere il volume con la variazione del colore. Tecnica: tempera o pastelli a olio.

3 Realizza con tecnica ad acquerello o tempera diluita una veloce coloritura di un disegno con un gruppo di oggetti osservando soprattutto le variazioni di colore determinate dalla luce e dall'ombra.

Angolazioni e interpretazioni

4

> La rappresentazione di un oggetto non nasce solo dall'osservazione delle proporzioni e dal disegno analitico della forma, ma dal catturare la **posizione che assume sul piano e nello spazio**. Vediamo quindi come possiamo rappresentare **visioni di scorcio e prospettiche**. Questa necessità si evidenzia in particolar modo con oggetti come il parallelepipedo o il cilindro distesi. La loro forma si **"deforma"** per le leggi ottiche della prospettiva. Nel caso del parallelepipedo è più evidente: il corpo si mostra con linee che tendono all'infinito. Nel caso del cilindro bisogna tener conto che il volume è senza spigoli.

> Uno stesso oggetto può essere guardato **da punti di vista diversi**, ad esempio dal basso, dall'alto, di scorcio, e ciò significa che la forma di ogni oggetto, anche quella più semplice, non finisce mai di stupire e di provocare la **voglia di conoscere e di saper disegnare**.

> Dopo aver ben osservato e disegnato si possono realizzare, partendo dalle proporzioni, dalla forma, dal colore, diverse interpretazioni molto personali degli oggetti.

LESSICO

Scorcio: visione molto angolata che fa apparire l'oggetto più corto

> **Galleria** Fotografie e disegni

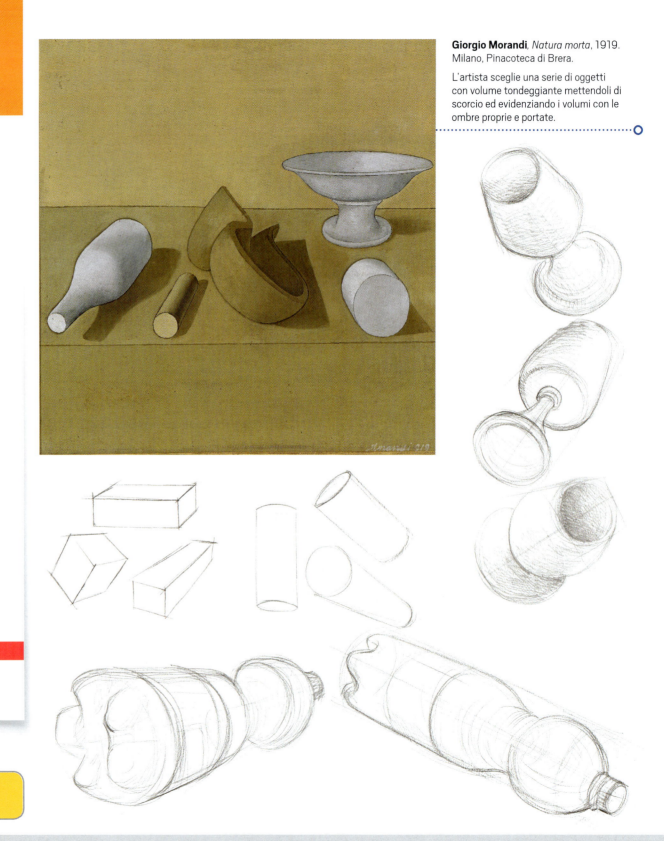

Giorgio Morandi, *Natura morta*, 1919. Milano, Pinacoteca di Brera.

L'artista sceglie una serie di oggetti con volume tondeggiante mettendoli di scorcio ed evidenziando i volumi con le ombre proprie e portate.

› **Galleria** Elaborati di studenti
› **Galleria** Le bottiglie di Giò Ponti

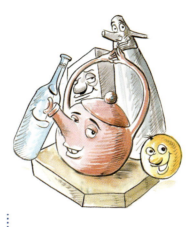

Schizzi interpretativi del gruppo di oggetti presentati nelle pagine precedenti partendo da una rappresentazione realistica in b/n.]

René Magritte, *I valori personali*, 1952, olio su tela, 80 x 100. New York, Collezione privata.

L'artista rappresenta in modo realistico una serie di oggetti ma le proporzioni e il luogo dove sono posti ci aprono a nuove interpretazioni sul loro significato.

All'opera

RICONOSCERE LA STRUTTURA

1 Prova a copiare uno degli oggetti proposti a pag. 94 lasciando evidenti le linee di costruzione.

2 Partendo da un oggetto di casa (ad es. una caffettiera, una brocca, un barattolo) realizza due schizzi in posizioni diverse evidenziando i volumi con il chiaroscuro.

3 Realizza una serie di cassette della frutta (vedi esempio) evidenziando bene i volumi anche accennando al chiaroscuro.

UTILIZZARE REGOLE E STRUTTURE

4 Seguendo gli schizzi a fianco realizza una serie di interpretazioni di un gruppo di oggetti utilizzando matite colorate o pennarelli o chine. Scegli, con l'aiuto dell'insegnante, il più originale e ingrandiscilo con tecnica a piacere.

Paul Cézanne, *Natura morta con paniere* o *Il tavolo da cucina*, 1890, olio su tela, 65 x 81 cm. Parigi, Museo D'Orsay.

> **SOGGETTO** Cézanne componeva personalmente le sue nature morte nello studio, che si vede come sfondo, ponendo su un piano i frutti, gli oggetti e i panni bianchi dei quali con cura sistemava le pieghe.

> **COMPOSIZIONE** Lo spazio verso destra è occupato dal soggetto mentre la parte a sinistra in alto dallo sfondo. Le tonalità di colore caldo sono simili in tutto il quadro ma il contrasto con i bianchi dei panni porta gli oggetti posti sul tavolo in primo piano. La prospettiva è solo accennata nelle inclinazioni delle linee degli arredamenti.

> **STILE** Cézanne dà volume alle forme con la sua pennellata a "pettine" che permette di variare continuamente i colori e la loro luminosità. I frutti, con i loro colori caldi e con le loro ombre, vengono portati alla loro forma più semplice, che è quella della sfera o del cono, anche attraverso il contrasto con il bianco.

1. Lo spazio è sapientemente organizzato e suddiviso a destra dal soggetto e in alto a sinistra dallo sfondo.

3. Il pittore indaga la realtà nella sua architettura e nei suoi volumi: la sfera, il cilindro e il cono.

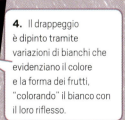

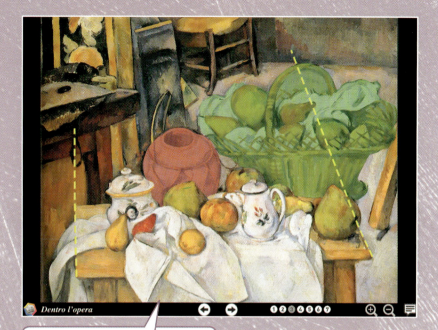

2. La brocca inclinata verso lo spettatore e il cesto di frutta sproporzionato segnano la libertà espressiva dell'artista che, andando oltre la prospettiva, utilizza solo alcune linee inclinate indicanti la profondità.

› **Animazione**
La lettura dell'opera

4. I frutti, con le tonalità arancio/rosse, contrastano fortemente col bianco, mentre la brocca si accorda con lo sfondo prendendo rilievo con tratti di contorno e lievi ombreggiature.

4. Il drappeggio è dipinto tramite variazioni di bianchi che evidenziano il colore e la forma dei frutti, "colorando" il bianco con il loro riflesso.

Henri Matisse, *Pesci rossi*, 1912

Olio su tela, 146 x 97 cm. Mosca, Museo Puškin.

> **SOGGETTO** Un semplice vaso di vetro con dei pesci rossi posto sopra un tavolino su un terrazzo. Lo sguardo viene immediatamente catturato dai pesci, cioè dal loro colore e dalla ripetizione cromatica del loro riflesso nella parte superiore dell'acqua. Il vaso di vetro che li contiene ha il compito di incorniciare, inquadrare gli animali.

> **COMPOSIZIONE** Notiamo un perfetto bilanciamento cromatico: il rosa salmone nella parte alta ripreso dal colore dei fiori nell'angolo destro in basso; lo sfondo scuro che "intervalla" le tonalità verdi delle foglie e della ringhiera. Nessun elemento "osa" rubare la scena al soggetto principale. Il piano del tavolo da giardino viene descritto annullando le regole della profondità: sembra ribaltarsi verso lo spettatore.

> **STILE** Il dipinto mostra grande freschezza nel disegno molto sintetico e nella pittura stesa con rapidi tocchi, quasi trasparente. La riuscita composizione armonica si basa essenzialmente sulla centralità dei pesci rossi in contrasto con il loro complementare verde che è il colore dominante.

Giorgio Morandi, *Natura morta*, 1960

Olio su tela, 30 x 40 cm. Milano, Collezione privata.

> **SOGGETTO** Nelle opere di Morandi si avverte sempre una sorta di meditazione sulla purezza degli oggetti quotidiani: ad uno sguardo superficiale, sembra vincere la povertà espressiva. L'artista invece non rinuncia al rigore della rappresentazione, infatti la bottiglia bianca, la tazza ocra, la brocca blu e il bicchiere verde sono presentati soprattutto come elementi solidi, cilindrici.

> **COMPOSIZIONE** L'artista raggruppa al centro del quadro i quattro oggetti, che si dispongono sul piano stringendosi l'un l'altro. La composizione, proprio nella sua essenzialità e semplicità, crea una visione di oggetti ordinari posti in una dimensione che va al di là del tempo.

> **STILE** Morandi è alla ricerca della consistenza luminosa degli oggetti e dà un valore creativo alla luce che evidenzia le forme e infonde vita al colore. Notiamo l'importanza della bottiglia bianca, l'elemento più luminoso, che interrompe la monocromia dell'opera catturando l'attenzione. La lievità delle stesure pittoriche, la leggerezza dei toni e le minime ombre conferiscono all'immagine una consistenza nuova che tende a suggerire silenzio e attesa.

Michelangelo Merisi detto Caravaggio, *Canestra di frutta*, 1596, olio su tela, 47 x 52 cm. Milano, Pinacoteca Ambrosiana.

› **ARTISTA** Michelangelo Merisi detto Caravaggio (Milano 1571 – Porto d'Ercole 1609) è il più importante artista del Seicento, iniziatore della corrente chiamata Naturalismo. Il suo principale interesse è rappresentare la realtà così come è senza nascondere nulla.

› **SOGGETTO** Si tratta di una natura morta, la prima come soggetto autonomo della Storia dell'Arte, rappresentata in modo molto realistico, evidenziando la bellezza dei frutti ma anche la loro caducità: lo si può notare dalle foglie accartocciate e dal segno di bacatura sulla mela, indice dell'inizio della fine.

› **STILE** Possiamo definire Caravaggio il pittore della luce. Qui utilizza una luce calda che accorda tutte le tonalità evidenziandone i volumi. La sua pittura è molto analitica, con grande attenzione a tutti i dettagli, come si può notare, ad esempio, nei riflessi della buccia e nella polvere degli acini d'uva. Tutti i particolari concorrono a creare un insieme di rara bellezza.

› **Galleria** La natura morta nell'arte

Pablo Picasso, *Natura morta*, 1931, olio su tela. Collezione privata.

❯ **ARTISTA** Pablo Picasso (Malaga 1881 – Mougins 1973), grande innovatore della pittura moderna, vede l'arte soprattutto come reinvenzione delle forme e dei colori. Con la sua opera approfondisce vari stili. È uno dei fondatori del cubismo.

❯ **SOGGETTO** Picasso parte come Caravaggio dall'osservazione del reale andando poi a sperimentare un modo assolutamente personale di riproporlo all'osservatore. Qui l'artista propone una serie di oggetti, la brocca, la fruttiera, la grande tovaglia verde, che sono il punto di partenza per una libera composizione di forme, linee e colori.

❯ **STILE** Picasso non vuole fissare l'immagine degli oggetti così come li vede ma, partendo dalla loro forma, li ricostruisce utilizzando con libertà i codici visivi: la linea più o meno ingrossata; il colore non naturalistico e molto variato; la superficie che prende il sopravvento sul volume fino a farlo scomparire. Abbiamo una composizione di forte impatto emotivo.

Letizia Fornasieri, *Cestino di pesche sulla sedia*, 1994

Olio su tavola, 200 x 70 cm.
Collezione privata.

Sedia con melograne, 1989

Olio su tavola, 180 x 110 cm.
Collezione privata.

〉 SOGGETTO Si tratta di soggetti semplici e umili: due sedie con frutti poste in una stanza.

Dice la pittrice: "Gli oggetti parlano e io li ascolto. Prestando orecchio, cuore e mente". Questa affermazione fa comprendere quale attenzione l'artista abbia per ciò che dipinge, andandolo a scoprire come un dono che le viene posto davanti e di cui si stupisce non solo come sguardo ma con tutta se stessa.

〉 COMPOSIZIONE Fondamentale risulta la scelta del formato. Nella prima opera il taglio inusuale della composizione porta al centro il caldo colore dei frutti mentre taglia decisamente la sedia blu indaco.

Nella seconda opera la composizione è simmetrica; la sedia, i frutti, la finestra di sfondo e le tende hanno tutti una grande importanza. I frutti si evidenziano per il colore caldo e la luminosità.

〉 STILE La pittura della Fornasieri è densa, quasi materica, piena di contrasti di colore che evidenziano i volumi.

Non c'è una ricerca del particolare bensì dell'essenzialità della forma e del colore.

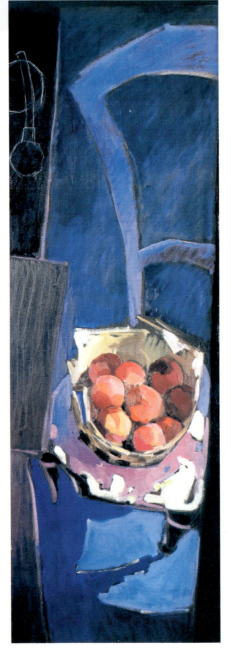

Roy Lichtenstein, *Still Life with Crystal Bowl*, 1973

Olio e acrilico su tela, 132 x 107 cm.
New York, Whitney Museum.

› **SOGGETTO** L'artista, esponente della Pop Art, affronta il tema della natura morta attraverso un metodo di rappresentazione decisamente grafico. La coppa di vetro, che contiene la frutta, è descritta con linee precise ed eleganti che ne rivelano il volume.

La frutta, invece, viene rappresentata con immediatezza cromatica, senza accenni di volume o passaggi tonali, è puro colore e contorno. Il piano di appoggio è come la pagina di un fumetto e lo sfondo, che ha il compito di porre in evidenza la fruttiera, è reso con linee regolari.

› **COMPOSIZIONE** La composizione è perfettamente equilibrata e ricorda i depliant pubblicitari che hanno l'unica preoccupazione di far vedere bene il prodotto.

› **STILE** L'autore realizza l'opera con il linguaggio del manifesto e del fumetto riuscendo a trasformare un soggetto classico in una comunicazione da mass media. L'immagine centra l'attenzione più sulla scelta stilistica che sugli elementi rappresentati. Il colore piatto e il contorno nero dei frutti, la cui luce bianca non dà volume, diventano forme semplificate, quasi simboli.

LE COMPETENZE ESPRESSIVE

1. Inquadra un particolare della "Canestra" di Caravaggio di pag. 98 in modo da creare un rettangolo che abbia le proporzioni del foglio, poi realizza una versione a chiaroscuro e/o a colori utilizzando la matita o le matite colorate. A questo punto puoi iniziare un percorso di interpretazione giocando con diversi elementi in funzione espressiva o decorativa: le dimensioni (ad esempio puoi realizzare disegni o dipinti di grandi dimensioni), i codici visivi (puoi studiare una versione in cui predomini la linea di contorno o il colore così come mostrano le opere di Lichtenstein e Picasso...), le tecniche e i materiali (pittura a campiture piatte, pittura materica, collage con diverse carte o materiali). Rimanendo su un'interpretazione di tipo realistico, puoi trasformare il particolare scelto secondo lo stile di Cézanne, Morandi e Matisse.

Maurits Cornelis Escher, *Savona*, 1936, disegno.

2. Partendo dall'opera di Cézanne proposta a pag. 96 dipingi una composizione di oggetti e qualche frutto con le tempere o con gli acrilici, facendo molta attenzione alle variazioni del colore anche in funzione del volume. Puoi riprovare anche utilizzando acquerelli, chine colorate o matite acquerellabili.

3. Seguendo l'esempio di Escher crea un'ambientazione "assurda" al tuo gruppo di oggetti. L'artista rende surreale l'opera, apparentemente molto realistica, giocando a stravolgere il rapporto spaziale tra gli oggetti, cioè inserendo gli oggetti in un contesto assurdo. Puoi lavorare con la tecnica che preferisci, oppure imitare, con china e pennino, il bianco/nero molto grafico dell'artista.

Maurits Cornelis Escher, *Natura morta e strada*, 1937, xilografia.

Georges Braque, *Gueridon*, 1929, pittura a olio, sabbia e carbone su tela, 146 x 114 cm. Parigi, Collezione privata.

4. Braque scompone gli oggetti creando un interessante rapporto tra le varie superfici diversamente realizzate. Puoi interpretare un angolo della tua casa imitando lo stile di questo artista: disegna dal vero o da foto un angolo di cucina o del salotto, il comodino della tua camera o la tua scrivanìa, poi realizza il dipinto utilizzando tecniche miste.

5. Ispirandoti allo stile del pittore della Pop Art, Roy Litchtenstein (che, nell'esempio qui proposto, si era ispirato a Matisse), realizza un'interpretazione personale di una delle opere presentate nelle pagine precedenti.

Roy Lichtenstein, *Stille Life with Goldfish*, 1972, olio su tela, 132 x 107 cm. Collezione privata.

LE CONOSCENZE

› Verifica autocorrettiva

Evidenzia la risposta esatta (anche più di una)

1. Inquadrare significa decidere il punto di vista, cioè
A i colori
B gli spazi negativi
C distanza e angolatura

2. L'ingombro è
A un elemento che dà fastidio nel disegno
B lo spazio occupato dal disegno da realizzare
C lo spazio occupato dal disegno da realizzare

3. Impaginare significa
A decidere la posizione dell'oggetto/degli oggetti nel foglio
B inserire il disegno nel quaderno
C inserire una pagina di giornale come sfondo della composizione

4. La proporzione è
A una certa moderazione dei comportamenti
B il corretto rapporto tra le misure delle singole parti dell'oggetto
C il corretto rapporto tra le misure dell'oggetto e quelle dell'insieme

5. Le linee strutturali
A rivelano la forma geometrica nella quale è racchiuso l'oggetto
B diventano una traccia sicura per la definizione della forma
C identificano eventuali assi di simmetria e piani

6. Il volume di un oggetto è valorizzato
A da un tratto uniforme
B dalle ombre e dalle luci

Rifletti e completa o rispondi

1 Quali sono i diversi tipi di illuminazione di un oggetto e cosa valorizzano?
2 Descrivi la differenza tra ombra propria e ombra portata.
3 Prova a descrivere l'uso del colore nelle opere pittoriche di pag. 44 e 45, paragonandole tra loro e tenendo presente questi tre aspetti: come è steso il colore, che rapporto c'è tra colore e contorno degli oggetti, cosa valorizza l'artista usando il colore nel modo scelto.
4 Lo scorcio è...
5 Quali differenze ci sono tra rappresentare e interpretare?

Gli ambienti

Gli effetti della distanza

La differenza fondamentale tra la realtà "come la si conosce" e la realtà "come la si vede" sta nell'**apparente deformazione dei piani**, determinata dalla **profondità**: se osserviamo il chiostro rappresentato nella foto, *sappiamo* che tutte le colonnine hanno la stessa altezza, come dimostrato dalla foto successiva, ma le *vediamo* rimpicciolirsi man mano si allontanano, e così gli archi.

La deformazione che, agli occhi di chi guarda, "subiscono" gli oggetti, o gli elementi di un ambiente, è causata dalla loro distanza rispetto all'osservatore ed è regolata da una legge ottica che si può sintetizzare così: **quanto più l'oggetto è lontano** dall'osservatore, **tanto più pare rimpicciolito**.

Questa legge spiega perché lo spigolo più lontano di un parallelepipedo pare più corto di quello vicino e di conseguenza spiega anche perché *vediamo* **convergere** linee che *sappiamo* **essere parallele**.

In questa inquadratura si può apprezzare la deformazione prospettica.

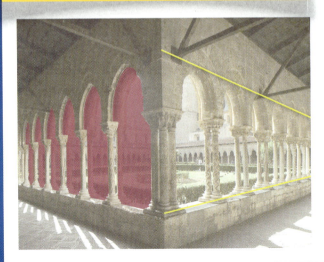

Chiostro del Duomo di Monreale, in Sicilia. Ripresa frontale di una parte del chiostro.

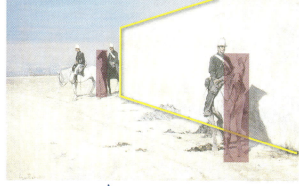

Le dimensioni del cavallo e del cavaliere sulla destra del quadro sono doppie rispetto a quelle dei due soldati a cavallo al termine del muro; il muro, inoltre, pur essendo un rettangolo, appare come un trapezio: i due lati orizzontali convergono verso il fondo.

Giovanni Fattori, *In vedetta*, 1872, olio su tela, 35 x 56 cm. Vicenza, Collezione privata.

In questa splendida immagine osserviamo le convergenze delle rette parallele dell'argine, degli alberi e del loro riflesso verso l'orizzonte: tutto appare sempre più piccolo in base alla distanza.

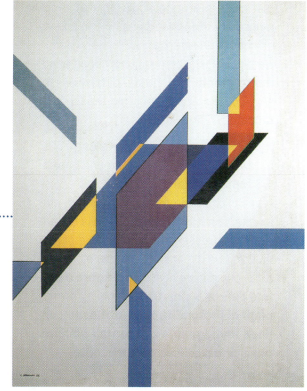

Luigi Veronesi, *Costruzione GIN*, 1984, olio su tela, 180 x 160 cm. Collezione privata.

Come è ben visibile in questo dipinto astratto di Veronesi, l'inclinazione delle linee suggerisce la profondità.

Piani di profondità

1

> Osservando la **distanza** o la **vicinanza** di un soggetto rispetto a chi guarda, siamo richiamati un fattore molto importante: **lo spazio**. In esso ci muoviamo naturalmente vedendo collocati oggetti e figure.

> Lo spazio ha **tre dimensioni**: altezza, larghezza e **profondità** (per indicarla si parla di vicino e lontano). Immaginando l'ambiente da rappresentare come una scenografia teatrale, possiamo collocare i vari elementi su piani verticali (le "quinte") che si susseguono a diverse distanze: i **piani di profondità**. Ci saranno elementi in **primo piano**, elementi in **secondo piano**... e così via fino alla linea di **orizzonte** (nel caso di un paesaggio aperto) o comunque di **sfondo** (ad esempio la parete di fondo di una stanza).
> Gli elementi in primo piano appariranno **molto grandi**, al contrario di quelli verso il fondo, che appariranno man mano **più piccoli**.

> Se nello spazio tridimensionale ci si muove naturalmente, molto meno naturale è **rappresentare** su un foglio ciò che si vede collocandolo nel giusto piano di profondità, rispettando gli effetti della distanza. Il foglio, essendo una superficie piatta, ha solo due dimensioni: altezza e larghezza. Si può parlare così solo di **sopra e sotto** o **destra e sinistra**: nel foglio i diversi **piani di profondità si identificano con linee immaginarie orizzontali sempre più vicine alla linea dell'orizzonte**.

Le quinte di questa scenografia segnano i diversi piani di profondità.

Elio Ciol, *L'Acacus: un volto del Sahara libico*, 2001.

Il fotografo "cattura" la luce di un particolare momento che evidenzia un susseguirsi quasi infinito di piani di profondità.

Galleria I piani di profondità in natura e nell'arte

Pieter Bruegel il Vecchio, *Cacciatori nella neve*, 1565, olio su tavola, 117 x 162 cm. Vienna, Kunsthistorisches Musem.

L'artista crea la distanza partendo da un primo piano con i cacciatori e tre grandi alberi e poi realizza i vari piani di profondità fino al fondale con le montagne diminuendo le misure degli alberi, delle figure, delle case... Anche gli uccelli contribuiscono a fornire l'idea di profondità: l'uccello grande che vola si pone in secondo piano suggerendo tutto lo spazio del cielo.

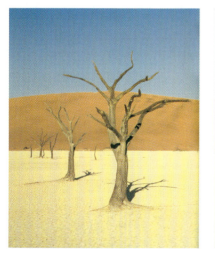

Foresta di acacia eurolobia nel deserto della Namibia.

Osservando la foresta "pietrificata" nel deserto della Namibia, possiamo notare che le basi degli alberi si collocano su linee sempre più in alto verso la linea dell'orizzonte man mano, nello spazio reale, si allontanano dall'osservatore. Inoltre, presumendo, come è probabile, che gli alberi abbiano più o meno la stessa altezza, possiamo osservare che paiono sempre più bassi, con l'apice progressivamente più vicino alla linea dell'orizzonte man mano, nella realtà, si allontanano dall'osservatore.

All'opera

RICONOSCERE REGOLE E STRUTTURE

1 Con l'aiuto della carta da lucido individua i piani di profondità dell'opera di Bruegel. Riportali poi sul foglio ed evidenziali con gradazioni di colore

2 Fai lo schizzo di una scenografia ispirandoti a quella della pagina accanto, indicando bene i piani di profondità.

UTILIZZARE REGOLE E STRUTTURE

3 Partendo da quest'opera di Hodler realizza il fondo e il lago con i riflessi e poi aggiungi alcuni elementi sul lago posti su diversi piani di profondità (ad es. un pescatore in primissimo piano, la vegetazione lacustre in secondo piano, due barchette su piani successivi, due uccelli acquatici...). Puoi realizzare il tutto con china nera e chine colorate o matite.

Ferdinad Hodler, *Il lago di Thoune*, 1909, olio su tela, 67 x 92. Ginevra, Museo d'arte e di storia.

2 Inquadratura e linea di orizzonte

› Lo spazio reale che osserviamo è in qualche modo **illimitato**; il nostro sguardo, cioè, pur focalizzando pochi particolari alla volta, non pone limiti alla visione. Il foglio, invece è **limitato** e ci costringe a rappresentare **solo una parte** dello spazio che osserviamo.

Si tratta quindi di **inquadrare** (vedi anche pagg. 16-17), ossia di decidere quale **porzione di spazio rappresentare** sul foglio. La scelta del foglio **verticale o orizzontale** va fatta con attenzione.

› In un ambiente interno o esterno, se ci alziamo o ci abbassiamo, cambia la visione delle cose: le linee convergono verso punti situati sulla **linea di orizzonte**, cioè la linea che indica **l'altezza dei nostri occhi**. Essa è molto importante e va considerata anche quando non si vede poiché coperta da altri elementi: **determina l'apparente deformazione delle superfici** e quindi la rappresentazione dello spazio.

› Una linea dell'orizzonte **bassa**, che coincide con un punto di vista basso, rende tutto **monumentale** perché molti elementi la oltrepassano verso l'alto. Il punto di vista **alto**, invece, tende **a schiacciare** le cose, che appariranno in gran parte al di sotto della linea dell'orizzonte: l'estrema applicazione di questo punto di vista è la "prospettiva a volo d'uccello".

Una linea di orizzonte a **metà foglio** è simile alla nostra normale visione e permette la rappresentazione "**naturale**" delle cose.

Arrigo Giovannini, *Immagini tratte dal libro fotografico "Un Po di poesia"*, ediz. Linea Quattro.

Linea d'orizzonte bassa: osserviamo come prende importanza il colore del cielo in contrasto con il giallo del covone, più alto dell'orizzonte.

Linea di orizzonte alta: risulta più descrittiva dell'ambiente fatto di campi di grano, prati e pioppeti e ne mostra la grande estensione.

Galleria Schizzi di paesaggi

Umberto Boccioni, *Mattino*, 1909, olio su tela, 60 x 55 cm. Milano, Collezione Mazzotta.

La linea di orizzonte alta permette di rappresentare un grande spazio in cui sono raffigurati i cantieri e le officine della città.

Camille Pissarro, *Strada innevata, Louveciennes*, 1872, olio su tela, 43 x 65 cm. Zurigo, Collezione privata.

La linea dell'orizzonte bassa evidenzia la strada con la sua fuga prospettica.

All'opera

RICONOSCERE REGOLE E STRUTTURE

1 Copia il disegno qui riportato (che riprende la foto sottostante) e successivamente realizzane uno partendo da una foto con l'orizzonte più basso.

UTILIZZARE REGOLE E STRUTTURE

2 Osserva il paesaggio che vedi dalla tua finestra e copialo tre volte avvicinandoti sempre più al davanzale, ampliando, così, il campo visivo. Utilizza una matita morbida su un album-schizzi dal supporto rigido. Puoi rielaborare interpretando liberamente uno degli schizzi con una tecnica a scelta.

3 Prospettiva aerea

> Camminando quando c'è un po' di foschia è facile notare che **le cose più lontane sono meno definite** a causa della cortina nebbiosa, fino a esserne inghiottite. Anche guardando la città immersa nello smog (che ingrigisce tutto) o un bel paesaggio collinare all'alba, si può vedere che la nitidezza diminuisce verso l'orizzonte.

> Facendo attenzione, però, notiamo un effetto analogo anche nelle giornate serene, magari guardando una bella vallata: le montagne più lontane perdono il loro colore originale (il grigio della roccia o il verde dei pascoli e dei boschi) assumendo una tonalità **azzurro-violetta**, tanto più accentuata quanto più le montagne sono lontane.
È l'**aria** che, frapponendosi tra l'osservatore e gli elementi del paesaggio, **vela** questi ultimi.

> Molti artisti hanno osservato questo fenomeno e hanno rappresentato la **prospettiva aerea**, sia nei disegni che nelle pitture, per dare un particolare effetto di profondità ai loro paesaggi.

La luce rosata dell'alba e la lieve foschia rendono evanescenti le linee delle colline in secondo piano.

Leonardo da Vinci, *La Vergine delle rocce*, particolare, 1495-509, olio su tavola, 189,5 x 120 cm. Londra, National Gallery.

In diversi dipinti di Leonardo lo sfondo è costituito da suggestivi paesaggi lacustri o fluviali, caratterizzati da rocce a strapiombo che si perdono in lontananza. Egli è stato tra i primi a rappresentare la profondità attraverso la prospettiva aerea.

 Galleria Paesaggi in prospettiva aerea nell'arte e nella fotografia

Caspar David Friedrich, *Mattino sul Riesengebirge*, 1810, olio su tela, 108 x 170 cm. Berlino, Staatliche Museen zu Berlin.

Ecco come la prospettiva aerea crea uno spazio infinito in quest'opera del pittore romantico Friedrich.

All'opera

VEDERE E RAPPRESENTARE LA FORMA

1 Partendo dall'opera di Friedrich o dalla fotografia della pagina accanto realizza un paesaggio monocromo utilizzando le matite colorate o le chine o le tempere.

2 Partendo da una fotografia come questa realizza una tua interpretazione valorizzando molto le differenze di tonalità e di luminosità dovute all'atmosfera. Tecniche consigliate: tempere, pastelli a olio, matite acquerellabili.

ISPIRARSI A OPERE D'ARTE

3 Ingrandisci il particolare della Vergine delle Rocce e interpreta liberamente con matite acquerellabili o altra tecnica a tua scelta.

Gustave Caillebotte, *Veduta di tetti (effetto neve)*, 1878, olio su tela, 64 x 82 cm. Parigi, Musée d'Orsay.

L'artista rappresenta i tetti di Parigi con la neve: verso l'orizzonte la foschia nasconde i particolari e crea un insieme viola/azzurro.

Prospettiva intuitiva

4

> Nel linguaggio del disegno la parola **prospettiva** indica una **costruzione geometrica che rappresenta l'illusione della profondità**. Essa è stata studiata e messa a punto da alcuni artisti italiani del primo Rinascimento, tra cui ricordiamo Filippo Brunelleschi e Piero della Francesca. Essi applicano soprattutto quella **centrale con un solo punto di fuga** sia ad ambienti interni che ad ambienti esterni, variando il punto di vista.

> La **prospettiva** è un insieme di procedimenti di carattere **geometrico-matematico** piuttosto complessi: noi affronteremo le sue regole in modo **intuitivo**, come arricchimento delle nostre possibilità rappresentative rispetto alla profondità, lasciando uno studio più specifico delle sue regole alle scuole superiori.

> Le rappresentazioni prospettiche si dividono in due grandi categorie: **la prospettiva centrale**, con un **unico punto di fuga**, che può essere o non essere al centro dell'inquadratura, e **la prospettiva accidentale**, o angolare, con **due punti di fuga**.

Il Palazzo di Teodorico, VI secolo, mosaico. Ravenna, San Apollinare Nuovo.

Il cortile della reggia è rappresentato a due dimensioni.

Ecco come potrebbe essere rappresentato in prospettiva il cortile della reggia raffigurato nel mosaico.

Piero della Francesca (attribuito), *La città ideale*, 1460, tempera su tavola. Urbino, Galleria Nazionale delle Marche.

L'immagine della città ideale, in cui tutte le costruzioni rispondono a un ordine geometrico, è costruita attraverso l'uso della prospettiva. La visione frontale ha il punto di vista coincidente con il portone del tempio circolare, al centro dell'opera: tutto risulta coerente rispetto ad esso.

Leonardo da Vinci, *Studio prospettico per l'Adorazione dei Magi*, 1471, sanguigna su carta. Firenze, Gabinetto delle stampe della Galleria degli Uffizi.

Leonardo da Vinci, instancabile ricercatore dell'illusione realistica nelle sue opere, studia l'ambientazione prospettica della scena dell'Adorazione dei Magi.

Piero della Francesca, *Annunciazione*, particolare del polittico di Sant'Antonio, 1469, tempera su tavola, 170 x 191 cm. Perugia, Galleria Nazionale dell'Umbria.

All'opera

VEDERE E RAPPRESENTARE

1 Riproduci il corridoio della tua scuola osservando con attenzione la forma a trapezio del pavimento, del soffitto delle pareti.
Controlla l'inclinazione delle linee che vanno verso la parete di fondo (che è un rettangolo). Lascia pure il disegno in forma di schizzo.

UTILIZZARE REGOLE E STRUTTURE

2 Isola un particolare delle scale nel disegno di Leonardo e riproducilo facendo molta attenzione alla direzione delle linee.

3 Questo disegno è stato realizzato spontaneamente all'inizio del primo anno della secondaria di primo grado senza aver ancora lavorato sulla prospettiva. Vuoi provare a rifarlo con le nuove conoscenze che hai?

Prospettiva centrale

5

> Nella **prospettiva centrale** le osservazioni precedentemente proposte (effetti della distanza, piani di profondità, inquadratura e linea di orizzonte) vengono unificate attorno a un'osservazione basilare: le **linee parallele di profondità**, nella realtà, non hanno sempre la stessa distanza (come in geometria), ma **convergono** in un punto chiamato **punto di fuga**. Esso è posto sulla **linea di orizzonte**, che coincide con l'altezza dell'occhio dell'osservatore.

> Nella prospettiva centrale un lato del soggetto da disegnare è orizzontale, mentre le **linee perpendicolari all'osservatore convergono nel punto di fuga sulla linea di orizzonte**, come si può osservare nelle fotografie proposte.
Se l'occhio dell'osservatore si sposta lateralmente o in altezza si sposta anche il punto di fuga.
Le linee verticali diminuiscono in altezza avvicinandosi all'orizzonte, mentre le linee parallele al piano di terra si avvicinano l'una all'altra, come indicato negli schemi, e si accorciano.

Gustave Caillebotte, *Disegno preparatorio per "Il ponte dell'Europa"*.

Le linee di profondità del tavolo, della cucina ecc. sono dirette verso un punto di fuga posto sulla linea di orizzonte oltre la finestra.

Mario De Biasi, *Galleria Vittorio Emanuele a Milano*, 1957, fotografia in b/n.

Gustave Caillebotte, *Il ponte dell'Europa*, 1876, olio su tela, 125 x 81 cm. Ginevra, Museo del Petit Palais.

Interessante osservare l'applicazione della prospettiva con una linea d'orizzonte all'altezza dei personaggi (anche il cane è dipinto in prospettiva centrale!) ma decentrata: chi osserva è di fronte al signore col cilindro.

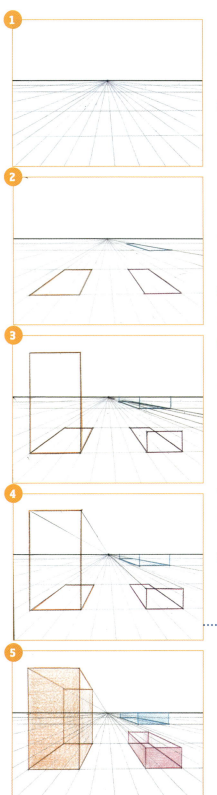

Per disegnare dei solidi in prospettiva centrale (intuitiva) si può procedere in questo modo:

1 Tracciare la linea di orizzonte, fissare il punto di fuga e disegnare una serie di linee prospettiche del piano che convergono sul punto di fuga. Poi tracciare delle parallele alla linea di orizzonte restringendole gradualmente.

2 Individuare le basi dei solidi sul pavimento.

3 Alzare la facciata del solido a varie altezze: un solido sta sotto la linea dell'orizzonte, un altro supera la linea dell'orizzonte e un altro ancora coincide con la linea dell'orizzonte.

4 Tracciare dagli angoli superiori linee convergenti al punto di fuga.

5 Realizzare il retro del solido ed evidenzarlo rispetto alle linee costruttive.

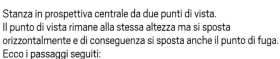

Stanza in prospettiva centrale da due punti di vista.
Il punto di vista rimane alla stessa altezza ma si sposta orizzontalmente e di conseguenza si sposta anche il punto di fuga.
Ecco i passaggi seguiti:
a) realizzare la parete di fondo; b) fissare sulla parete di fondo il punto di fuga; c) partendo dal punto di fuga tracciare 4 linee che passano dagli angoli della parete di fondo; d) tracciare le linee del pavimento convergenti al punto di fuga; e) tracciare le linee orizzontali del piano prospettico parallele alla base della parete di fondo; f) evidenziare con segno più marcato le linee descriventi l'ambiente: il soffitto, le tre pareti, il pavimento e inserire gli oggetti.

All'opera

UTILIZZARE REGOLE E STRUTTURE

1 Con l'aiuto dell'insegnante, realizza a matita e ripassa poi a china o pennarello la prospettiva della tua aula.

2 Realizza un particolare della tua aula con un punto di vista inusuale. Rendi bene il volume delle forme variando lo spessore del tratto.

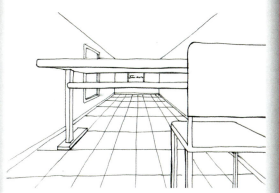

3 Disegna uno scaffale da un unico punto di vista. La visione dei ripiani cambia come vedi nell'esempio.

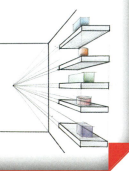

6 Prospettiva accidentale

> La **prospettiva accidentale** parte dalle stesse considerazioni della prospettiva centrale, ma pone il soggetto da osservare d'angolo, per questo si chiama anche **angolare**, e quindi le linee di profondità convergono verso **due punti di fuga**.

> La rappresentazione d'angolo è **più dinamica** e porta a cambiamenti radicali di visione quando cambia il punto di vista (cioè la posizione dell'osservatore). È utile per disegnare ambienti esterni, per progettare, per evidenziare gli spazi di un locale, ma anche per rappresentare oggetti, mobili, automobili ecc.
> La costruzione di un oggetto **inizia dal suo spigolo**, poi dai vertici si tracciano le linee di profondità verso i due punti di fuga posti sulla linea di orizzonte e si continua come nello schema.

> Un'osservazione interessante è che la macchina fotografica riproduce piuttosto fedelmente la visione dell'occhio e quindi dà immagini costruite con questo tipo di prospettiva.

> Se il punto di vista è molto basso o molto alto, è possibile unificare i due tipi di prospettiva: visione centrale e visione accidentale si fondono in una **prospettiva a tre punti di fuga**. Questo accorgimento determina **immagini molto dinamiche ed espressive**.

 > **Galleria** Ambienti in prospettiva accidentale nell'arte e nella fotografia

Il Partenone di Atene.

La linea di orizzonte è molto bassa e quindi il tempio risulta rappresentato di scorcio con le linee laterali fortemente inclinate.

Abbazia di Senanque, il chiostro.

Qui la linea di orizzonte (coperta dalla costruzione) è ad altezza media. Notiamo che essendo in un interno le due pareti di scorcio vanno a incrociarsi.

Simone Del Portico, *Ristrutturazione di un edificio d'epoca a Milano.*

Ecco un interno fotografato che ci appare in prospettiva accidentale dall'alto.

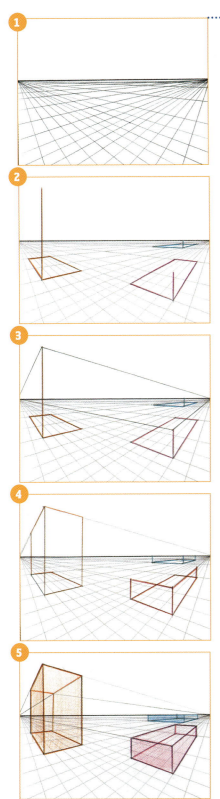

Per disegnare dei solidi nella prospettiva accidentale (intuitiva) si può procedere in questo modo:

1 Tracciare la linea di orizzonte, fissare due punti di fuga agli estremi della stessa e disegnare una serie di linee prospettiche del piano che convergono sui due punti di fuga.

2 Individuare le basi dei solidi sul pavimento e alzare lo spigolo più vicino: un solido sta sotto la linea dell'orizzonte, un altro supera la linea dell'orizzonte e un altro ancora coincide con la linea dell'orizzonte.

3 Dall'estremità superiore dello spigolo tracciato mandare due linee ai rispettivi punti di fuga.

4 Alzare gli altri due spigoli anteriori che si fermano alle linee tracciate.

5 Dai nuovi spigoli tracciare le linee di profondità verso i due punti di fuga e completare il lavoro evidenziando i solidi.

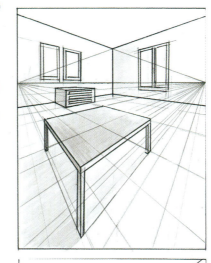

Stanza in prospettiva accidentale vista da due punti diversi. Come si nota nei disegni il cambiamento di altezza del punto di vista cambia radicalmente la visione. I passaggi per disegnare la stanza sono gli stessi della prospettiva frontale ma con due punti di fuga.

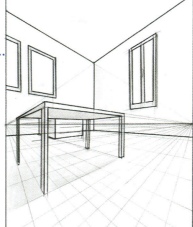

La prospettiva dal basso e dall'alto può essere realizzata con un punto di fuga, come negli schizzi, o con tre punti di fuga come nell'opera di Escher.

Maurits Cornelis Escher, *Torre di Babele*, 1928, xilografia.

All'opera

RICONOSCERE E UTILIZZARE REGOLE E STRUTTURE

1 Copia a scelta una delle opere proposte nel paragrafo realizzando un disegno a matita.

2 Disegna una città partendo dal reticolo come negli schemi proposti.

3 Realizza lo schizzo di un banco in prospettiva accidentale (partendo dallo spigolo).

Gli ambienti nell'illustrazione

7

> La prospettiva viene molto utilizzata nel mondo dell'immagine per **costruire gli ambienti** in cui "vivono" i personaggi o per documentare le caratteristiche di certi luoghi. Alcuni disegnatori prediligono la prospettiva intuitiva, altri utilizzano la prospettiva con le regole alla base di tutti i software che permettono di **realizzare il 3D** (nella grafica, nell'architettura, nel cinema e nei videogiochi).

> Gli **illustratori** che si servono delle conoscenze prospettiche per documentare un argomento, o per realizzare immagini simboliche, cercano sempre uno stile personale che li caratterizzi, sia con il b/n che con il colore.
Per gli **arredatori** e gli **architetti** le regole prospettiche sono indispensabili per rendere con chiarezza la loro idea e poterla proporre al cliente.

> Oggi si usano vari programmi di rappresentazione in 3D, come AutoCad, che aiutano la gestione di un progetto.
Anche nei **videogiochi** si utilizzano questi programmi in 3D che hanno come base le regole geometriche della prospettiva per realizzare gli ambienti visti da tanti punti di vista.

David Macaulay, *disegni per il libro "La Cattedrale"*, penna a china.

Nella visione dall'alto l'autore rappresenta il montaggio di una vetrata, in quella dal basso i fedeli nella cattedrale terminata: sono immagini dal forte valore descrittivo.

Giova, *illustrazione per una rivista*, tempera su carta.

La prospettiva diviene qui un elemento espressivo accanto alla figura e al colore per dare all'immagine un valore simbolico più che descrittivo.

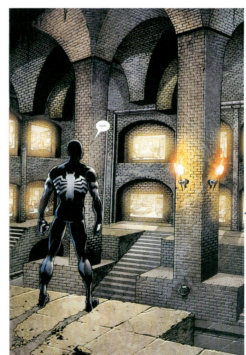

Vignetta dal fumetto *"L'uomo Ragno"* n. 472, Panini comics.

Ambiente interno realizzato in prospettiva con le stesse caratteristiche di un videogioco.

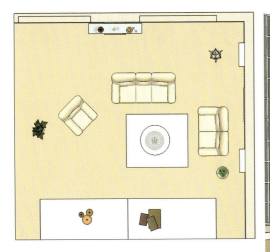

Arredamento realizzato con il programma Sketchup.
Sketchup è un'applicazione di computer grafica per la modellazione in 3D: qui è stata utilizzata per realizzare un arredamento. Si può scaricare gratuitamente da internet e ha un demo che esemplifica molto bene l'utilizzo delle sue possibilità.
Un successivo intervento di "renderizzazione" ha creato i vari effetti: illuminazione, specchio, riflessi sul pavimento ecc.

All'opera

ISPIRARSI ALL'ARTE

1 Gli illustratori spesso partono da immagini fotografiche per realizzare le loro tavole. Scegli un'immagine del testo e realizzala come illustrazione ispirandoti eventualmente agli esempi della pagina accanto.

2 Disegna, con stile diverso, alcuni bozzetti della stanza in cui abita il personaggio di una storia. Puoi ispirarti agli esempi riportati.

8 Luci e colori: i momenti del giorno

> I colori di un paesaggio sono strettamente dipendenti dal **tipo di luce** che lo illumina nelle varie **ore del giorno** e dalle **variazioni meteorologiche**.

> Considerando il bel tempo, un paesaggio all'**alba** è dominato da un cielo rosato che riesce appena a dar luce ai vari elementi che lo compongono.

Al **tramonto** potremo vedere l'effetto di controluce e assistere al trionfo dei gialli, degli arancioni e dei rossi...

Il **giorno pieno** valorizza la varietà dei colori. Il sole non compare nella rappresentazione del paesaggio, ma la sua presenza, in un giorno senza nuvole, è rivelata dalle ombre più o meno lunghe che proiettano i vari elementi illuminati: il contrasto tra parti illuminate (a volte molto chiare, con bianchi splendenti) e parti in ombra (caratterizzate da toni blu-violetti) è protagonista assoluto.

La **giornata nuvolosa**, invece, tende a eliminare i contrasti e ad appiattire i volumi.

La **notte**, per finire, colora il paesaggio con i toni scuri che vanno dal nero al blu chiaro del cielo illuminato dalla luna bianca.

Claude Monet, *Tre visioni della cattedrale di Reims*.

Il pittore impressionista Claude Monet testimonia come la luce del sole colora con i suoi raggi i bianchi marmi della cattedrale di Reims. È stato l'artista che più ha lavorato sull'effetto della luce sui colori del paesaggio nei vari momenti della giornata: aveva affittato uno studio proprio davanti alla cattedrale e dipingeva questo soggetto in diverse ore del giorno su tele diverse che abbandonava ogni mezz'ora per poi riprenderle il giorno successivo alla stessa ora.

Camille Pissarro, *Il porto di Rouen*, *tramonto*, olio su tela, 65 x 81 cm. Cardiff, National Museum Wales.

Il tramonto colora il porto e offre una visione affascinante di tutte le cose presenti.

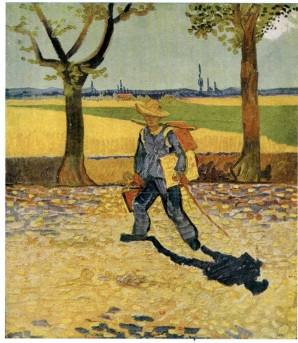

Vincent Van Gogh, *Il pittore va al lavoro*, 1888, olio su tela. Opera distrutta nella seconda guerra mondiale.

> **Galleria** Le ore del giorno in fotografia

Caspar David Friedrich, *Uomo e donna davanti alla luna*, 1835, olio su tela, 34 x 44 cm. Berlino, Nationalgalerie.

Il crepuscolo è quel breve momento di luce che intercorre fra il tramonto del sole e la calata delle tenebre. Friedrich, dal temperamento poetico, rende il mistero di quest'ora attraverso il contrasto tra l'arancio del cielo e i bruni del paesaggio in controluce. I colori sono sfumati, i contorni netti.

All'opera

UTILIZZARE REGOLE E STRUTTURE

1 Riproduci l'opera di Friedrich con tre fotocopie poi colora il cielo all'alba, al tramonto e con la luce piena. Riprendi con tinte scure le sagome in controluce. Tecnica: tempere o acrilico.

2 Copia i contorni di questa immagine e dipingila in due diversi momenti della giornata. Fai attenzione che la figura non sarà sempre controluce! Per un effetto particolare potresti scegliere di rappresentare il monumento con la pioggia o con la neve.

3 Crea una città di notte avendo cura di disegnare le finestre più piccole man mano si procede con i piani di profondità. Dipingi di giallo le finestre, di nero le case e di blu il cielo. Avrai l'effetto della lontananza senza vedere i contorni delle case!

9 Luci e colori: le stagioni

❯ Il secondo fattore che modifica fortemente il colore del paesaggio è il susseguirsi delle **stagioni** con il cambiamento di tempo e di luce che esse portano.

❯ Se osserviamo un paesaggio di campagna o un giardino in **primavera** ci colpirà il verde tenero delle foglie appena spuntate insieme al colore delle gemme e dei fiori, mentre in **estate** il verde sarà più cupo e contrasterà con il giallo dei campi di grano o dell'erba seccata dal sole. In **autunno** sarà il trionfo degli ocra (ocra giallo della vegetazione, ocra rosso o bruno della terra arata) o dei grigi della nebbia o della pioggia. L'**inverno** è caratterizzato dal contrasto tra il bruno degli alberi spogli e il bianco–grigio del cielo o, meglio ancora, il bianco–azzurro della neve al sole.

❯ Molti artisti si sono cimentati nel rappresentare le diverse stagioni.

 ❯ **Galleria** Le stagioni in fotografia

Claude Monet, *La gazza*, 1869, olio su tela, 89 x 130 cm. Parigi, Musée d'Orsay.

Il dipinto è giocato unicamente sul contrasto tra bianco e nero. A ben guardare, però, l'effetto del bianco accecante della neve è dato dall'uso sapiente dell'azzurro e del lilla che creano le ombre.

Vincent Van Gogh, *Piana di La Crau*, 1888, olio su tela, 92 x 72 cm. Amsterdam, Rijksmuseum.

Il giallo, nelle sue varianti, è il protagonista assoluto di questo luminoso dipinto. Osserva come in primo piano siano rappresentati tutti i dettagli del grano e dell'altra vegetazione che in lontananza diventano puro colore dando così l'idea della profondità.

All'opera

VEDERE E RAPPRESENTARE LA FORMA

1 Stampa una bella immagine di paesaggio e, attaccandola al centro di un foglio spesso, "espandila" continuandola con i colori acrilici. Attenzione: i colori dovranno essere così simili all'originale che guardando da lontano non si dovrà notare la giuntura. Puoi utilizzare anche una cartolina che rappresenti un semplice paesaggio dai bei colori.

2 Interpreta liberamente il paesaggio autunnale della pagina precedente. Tecnica: tempere o pastelli a olio.

UTILIZZARE REGOLE E STRUTTURE

3 Realizza un semplice paesaggio con pioggia (estate), neve (inverno), vento (autunno).

La città

10

> L'ambiente urbano ha colpito gli artisti di tutti i tempi, che l'hanno osservato da tanti punti di vista.

I pittori medievali e del primo Rinascimento hanno spesso dipinto le città come un **insieme di volumi**, anche dai colori fantastici, che si sovrappongono all'interno delle mura. Per questo usavano rappresentare i volumi semplici delle costruzioni con una facciata a lati orizzontali e un'altra inclinata.

> Con l'applicazione della **prospettiva** ecco apparire la rappresentazione delle piazze con i vari palazzi che le circondano. Poi emerge un grande interesse per il quotidiano con la **rappresentazione dettagliata** delle vie e dei personaggi che vi abitano.

Nell'arte degli ultimi secoli abbiamo un rinnovato interesse per la rappresentazione della città sia per i suoi **colori** che per i suoi **volumi**, a volte superando la rappresentazione prospettica.

> Anche parecchi incisori si sono cimentati nella rappresentazione della città utilizzando la prospettiva accidentale o basandosi prevalentemente sui piani di profondità.

Jan Vermeer, *Strada di Delft*, 1658, olio su tela, 54 x 44 cm. Amsterdam, Rijksmuseum.

Questo artista del Seicento rappresenta, curando molto i dettagli, la vita quotidiana di una città del suo tempo e mette in evidenza in particolare la varietà dei materiali di costruzione e il rapporto tra forme rettangolari chiuse, senza profondità, e aperte, che aprono nuovi spazi.

› **Galleria** Il paesaggio urbano nell'arte e nella fotografia

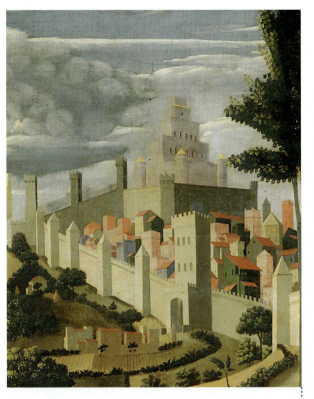

Beato Angelico, *Deposizione*, particolare, 1432, tempera su tavola, 176 x 185 cm. Firenze, Museo di San Marco.

Beato Angelico, sul fondo di una sua opera, dipinge una città ideale, ispirata a quelle reali del suo tempo.

Maurits Cornelis Escher, *IIllustrazione per un libro non pubblicato*, 1939, xilografia.

La prospettiva accidentale viene utilizzata da Escher per darci un'immagine della struttura ordinata di un quartiere.

Raffaello Sernesi, *Tetti al sole*, 1861, olio su cartone, 13 x 19 cm. Roma, Galleria d'Arte moderna.

Il pittore macchiaiolo Sernesi dà grande importanza alle luci e alle ombre che "colorano" e mettono in evidenza i volumi delle case.

All'opera

ISPIRARSI A OPERE PER INTERPRETARE

1 Partendo dall'opera di Beato Angelico o dall'esempio qui sotto (*La cacciata dei diavoli da Arezzo* di Giotto) realizza un particolare evidenziando bene i volumi.

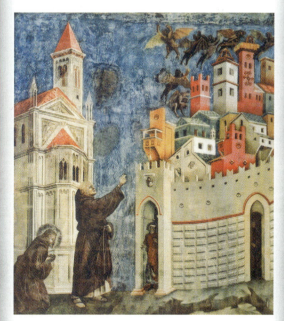

2 Interpreta liberamente l'opera di Sernesi *Tetti al sole*.

3 Realizza un servizio fotografico della tua città o del tuo paese scegliendo di evidenziare un punto di vista (ad es. la sovrapposizione dei volumi, l'incastro dei tetti, le differenze tra le facciate...). Scegli l'immagine più interessante e rielaborala graficamente.

Gustave Caillebotte, *Parigi, tempo piovoso*, 1877, olio su tela, 212 x 276 cm. Chicago, Art Institute.

❭ **SOGGETTO** L'opera rappresenta un *boulevard* parigino percorso da passanti e carrozze sotto la pioggia. La giornata autunnale è resa però luminosa da un timido sole che rischiara le facciate dei palazzi.

❭ **COMPOSIZIONE** Il grande formato permette all'osservatore di "entrare" nel quadro, diviso a metà da un lampione, che definisce lo spazio con i primissimi piani a destra. La linea dell'orizzonte sembra coincidere con gli occhi dei passanti. Un palazzo rappresentato in prospettiva accidentale rende più profondo lo spazio.

❭ **STILE** Caillebotte offre una rappresentazione realistica della città parigina dal punto di vista di un qualsiasi passante che ne incrocia altri. I colori sono "giocati" sul contrasto tra bianco, ocra e nero con interventi in grigio azzurro che evocano i riflessi creati dalla pioggia.

1. L'opera è perfettamente divisa a metà dal lampione e la linea d'orizzonte è all'altezza degli occhi dei personaggi in primo piano.

2. La dimensione degli ombrelli aiuta a stabilire la profondità della scena.

> **Animazione**
> La lettura dell'opera

3. Il marciapiede e la facciata dell'edificio in primo piano sono rappresentati in prospettiva centrale, il palazzo sullo sfondo in prospettiva accidentale.

4. Il colori dell'opera sottolineano il contrasto tra gli abiti scuri dei passanti e il riflessi giallo-verdi creati dalla pioggia sul selciato.

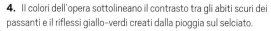

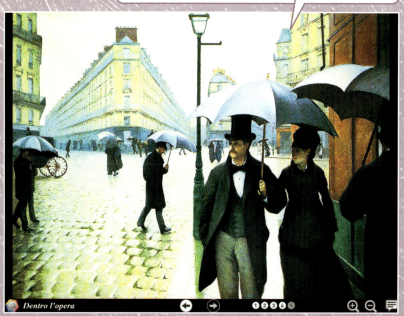

Edouard Manet, *Il Canal Grande a Venezia*, 1874.

Oio su tela, 57 x 48 cm. Collezione privata.

› **SOGGETTO** Questa veduta del Canal Grande viene dipinta dall'artista durante il suo terzo viaggio a Venezia, nel 1874, con la moglie Suzanne e l'amico James Tissot. Si tratta di una veduta molto lontana da quelle di Canaletto o degli altri pittori che hanno reso famosa la città della laguna. Non sono i particolari che interessano l'artista ma i colori e la luce della Serenissima.

› **COMPOSIZIONE** Il taglio compositivo scelto è molto dinamico: nessuno degli elementi rappresentati è inquadrato nella sua interezza. Centro di attenzione risultano essere le paline di ormeggio bianche e blu. Le due gondole, la prima in basso in primissimo piano di profilo, la seconda a destra di fronte, fanno da quinta. Il contrasto massimo si crea tra il colore caldo del palazzo e il colore freddo della laguna e del cielo.

› **STILE** L'artista si serve di una pennellata molto mossa, tipicamente impressionista, che non definisce le forme con dei contorni ma le apre all'atmosfera, ai riflessi di luce. Gli elementi più definiti sono le paline che con la loro variazione di altezza suggeriscono anche la profondità. Le tonalità di blu simili per l'acqua e per il cielo fanno sì che tutto si muova verso l'osservatore che rimane colpito dalla forza di questi colori.

Edward Hopper, *Il faro a Two Lights*, 1929

Olio su tela, 75 x 110 cm. New York, Metropolitan Museum of Art.

> **SOGGETTO** L'artista americano Edward Hopper rappresenta un faro, con la casa del guardiano, posto su un rilievo "vedendolo" dal basso, senza mostrare il mare. Questa scelta gli permette di indagare su ciò che più gli sta a cuore: l'effetto della luce sulle cose.

> **COMPOSIZIONE** La struttura a tronco di cono del faro svetta nel cielo di un pallido azzurro; la visione dal basso e le ombre molto marcate lo rendono imponente. La base della collina, piuttosto scura, porta il nostro sguardo sulla costruzione, a cui le bianche nuvole nel cielo fanno da elemento di equilibrio rispetto al suo peso visivo.

> **STILE** Il colore è steso a pennellate pastose e i colori sono simili come tonalità, ma molto contrastanti come luminosità. L'artista mette in evidenza i bianchi dei muri che riflettono la luce del sole con un chiaroscuro molto forte.

> **ARTISTA** Claude Monet (Parigi 1840 - Giverny 1926) appartiene al gruppo degli Impressionisti, di cui è il più autorevole esponente. Essi dipingevano generalmente all'aperto, en plein air, e il loro maggiore interesse era quello di portare sulla tela l'atmosfera fatta di colori, luci e ombre, riflessi sull'acqua, cieli e nuvole, osservate in un certo momento della giornata.

> **SOGGETTO** Si tratta di un piccolo paese lungo la Senna dove i parigini amavano trascorrere la domenica. L'artista ha dipinto questo soggetto molte volte da posizioni e con condizioni di luce diverse. Il cielo, con le sue nuvole mosse dal vento, occupa la maggior parte dell'opera. Gli alberi e il viale in prospettiva ci danno l'idea della profondità.

> **STILE** Interessante osservare come le tonalità di colore, steso a piccole pennellate, siano determinate dalla luce. Ad esempio il bianco delle vele che riflettono la luce, che viene da sinistra e crea lunghe ombre agli alberi, è molto più luminoso di quello delle costruzioni in penombra sul fiume, o di quello del vestito della donna che è in ombra.

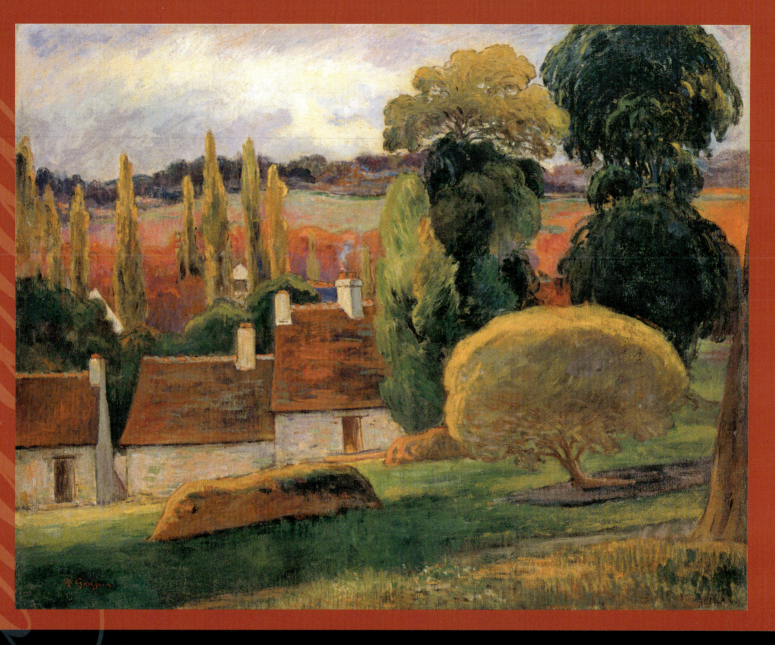

Paul Gauguin, *Fattoria in Bretagna*, 1894, olio su tela, 72 x 90 cm. New York, The Metropolitan Museum.

〉 **ARTISTA** Paul Gauguin (Parigi 1848 – Hiva Oa 1903) si pone di fronte alla realtà con occhio molto diverso da quello di Monet. Come un impressionista dipinge en plein air, ma non cerca tanto di rappresentare la profondità e di cogliere l'attimo fuggente, l'effetto di luce, il soffio di vento quanto di fissare sulla tela la forma sintetica delle cose che vede.

〉 **SOGGETTO** Si tratta di un paesaggio della Bretagna rappresentato alla fine dell'estate, come si nota dal covone in primo piano e dal colore degli alberi sullo sfondo. Gli elementi squadrati delle case si vanno a inserire nelle forme tondeggianti delle chiome degli alberi.

〉 **STILE** Gauguin utilizza qui tinte calde con una gamma che va dall'arancione al rosso. Affascinante il rapporto che si crea tra i verdi e queste tonalità calde. L'artista rappresenta il paesaggio senza prospettiva, come una successione di piani: le case e gli alberi sono essenzialmente spazi dipinti senza volume che si sovrappongono. Tutto risulta essere a due dimensioni.

Ernst Ludwig Kirchner,
La cattedrale di Francoforte,
1926

Olio su tela, 60 x 80 cm. Bonn, Stadtisches Kunstmuseum.

❯ SOGGETTO Al di là di un ponte sul fiume percorso da alcuni passanti si staglia la città: una fila di alte case nasconde in parte la cattedrale dalle guglie appuntite che si protendono tra le poche nuvole nel cielo.

❯ COMPOSIZIONE Non c'è prospettiva e la profondità è suggerita unicamente dalle ridotte dimensioni delle case rispetto al ponte. I diversi piani sembrano, così, quasi annullarsi. La composizione è tutta giocata su linee ortogonali orizzontali e verticali che suddividono il quadro. Le punte delle guglie e le linee curve del ponte si inseriscono in questo ritmo ordinato animandolo.

❯ STILE Kirchner non vuole rappresentare la città in modo realistico, ma piuttosto esprimere, attraverso l'uso predominante dei colori, la sensazione di allegria e vita che può suggerire una città: gli elementi del paesaggio hanno tinte arbitrarie, scelte in base ad accordi cromatici giocati sul contrasto dei complementari e stese a grandi macchie.

Vincent Van Gogh, *Veduta di Sainte Marie de la Mer*, 1889

Olio su tela, 64 x 53 cm. Otterlo, Kröller Müller Museum.

❯ **SOGGETTO** Vincent Van Gogh si è da poco spostato in Provenza, ad Arles, alla ricerca dei colori del Mediterraneo. A poca distanza, in Camargue, vi è questo antico borgo medievale che egli rappresenta come fondale di un campo coltivato.

❯ **COMPOSIZIONE** La fuga delle linee prospettiche del campo porta il nostro sguardo su Sainte Marie de la Mer con le sue case basse e arroccate attorno alla chiesa ed al castello. I colori freddi sono per il primo piano mentre quelli caldi per il paese. L'azzurro scelto per il cielo richiama il colore del campo.

❯ **STILE** L'artista usa una pennellata molto mossa con segni staccati per la vegetazione, mentre contorna le forme delle case, dei tetti, delle mura della città valorizzando i volumi, le luci e le ombre. Non ci dà un'immagine realistica di ciò che ha visto, ma vuole comunicarci ciò che lo ha colpito, l'esperienza che ne ha fatto.

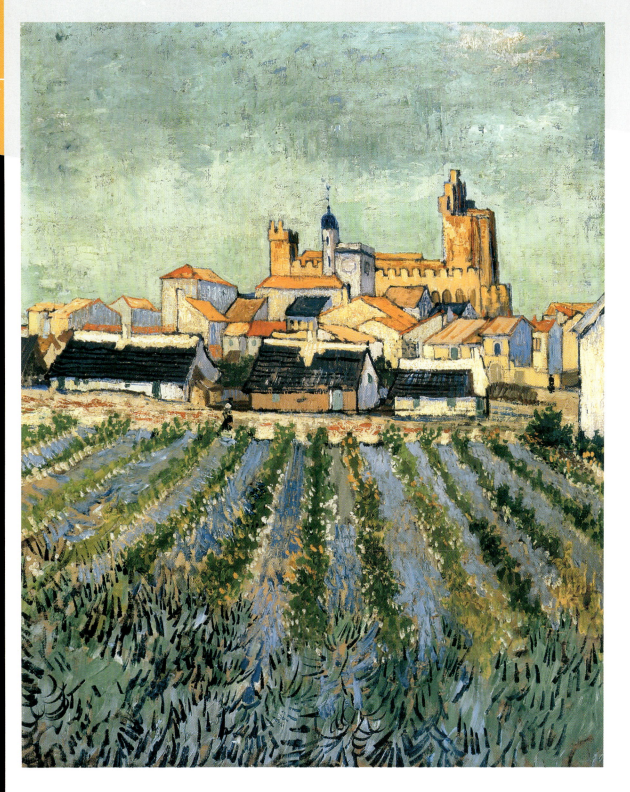

LE COMPETENZE ESPRESSIVE

1. Ispirandoti all'opera di Caillebotte di pag. 128 fotografa un luogo movimentato – via o piazza – della tua città. Realizza, cercando di valorizzare la prospettiva, una copia realistica della foto utilizzando la matita e intervenendo con tocchi di colore ad acquerello, tempere, pastelli a olio o gessetti. A partire da questa immagine, poi, studia un modo per sottolineare l'idea di movimento e confusione: puoi giocare con le deformazioni prospettiche, i colori (come mostra l'opera di Gaugin a pag. 135), le caratteristiche della linea e dei contorni anche utilizzando il bianco/nero.

2. Ispirandoti all'opera di Sironi o a quella di Carrà, rappresenta la periferia della tua città o un paesaggio, scegliendo uno scorcio che ti sembra particolarmente quieto e malinconico: utilizza i colori in modo da sottolineare questo aspetto.

3. Fotografa o procurati una fotografia che mostri uno scorcio della tua città in cui gli edifici appaiono in visione frontale, senza prospettiva. Realizza poi un'interpretazione ispirata all'opera di Kirchner di pag. 134: semplifica gli elementi (case, alberi, strade ...) e stendi i colori – pennarelli, tempere o acrilici – a campitura piatta. Puoi anche decidere come accostare i colori (gradazioni, contrasti, caldi, freddi) o realizzare una versione a collage usando carte colorate.

Mario Sironi, *Paesaggio urbano con camion*, 1920–1923, olio su tela, 50 x 80 cm. Collezione privata.

Carlo Carrà, *Barcaiolo*, olio su tela, 68 x 90 cm. Collezione privata.

Paul Gauguin, *Uomo a cavallo davanti a una capanna*, 1902, olio su tela, 58 x 34 cm. Düsseldorf, Collezione privata.

4. Scegli un angolo di parco o di giardino e interpretalo in due modi: nel primo, utilizzando gli acrilici, cerca di imitare lo stile luminoso di Monet come mostra l'opera a pag. 130; nel secondo cerca di riprodurre il tipo di inquadratura, i colori e la stesura del dipinto di Gauguin. In quest'ultimo caso puoi utilizzare anche i pastelli a olio.

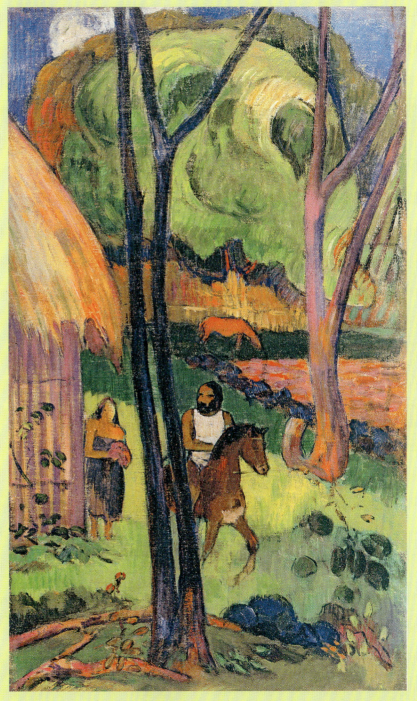

LE CONOSCENZE

 › Verifica autocorrettiva

Evidenzia la risposta esatta (anche più di una)

1. A causa della profondità vediamo le cose
- A molto bene
- B deformate
- C come rettangoli

2. I due effetti principali della distanza sono
- A rimpicciolimento degli oggetti lontani
- B ingrandimento degli oggetti lontani
- C convergenza di linee che in realtà sono parallele
- D convergenza di linee che in realtà sono ortogonali

3. Gli elementi in primo piano sono
- A lontani
- B vicini
- C vicinissimi

4. La linea dell'orizzonte
- A si alza se noi ci alziamo e si abbassa se ci abbassiamo
- B coincide con l'altezza dei nostri occhi
- C coincide con il margine inferiore del foglio

5. La prospettiva aerea è un modo per rappresentare
- A il mondo visto dall'alto
- B l'effetto del tramonto, che rende arancioni le cose lontane
- C l'effetto della distanza, che rende azzurro-violetto le cose lontane

6. La prospettiva accidentale
- A è una visione degli oggetti che privilegia una facciata
- B è una visione degli oggetti che privilegia lo spigolo
- C presenta due punti di fuga importanti

Rifletti e completa o rispondi

1 Spiega i diversi effetti espressivi che determina l'altezza della linea dell'orizzonte in un'immagine
2 Gli oggetti lontani appaiono velati perché...
3 La prospettiva è una costruzione geometrica che rappresenta l'illusione della... e si divide in due grandi categorie: ...
4 Gli elementi di base per costruire una prospettiva sono...
5 I toni di colore prevalenti dell'alba, del giorno pieno, del tramonto, della notte sono...

Il volto

Il volto umano è "l'oggetto" più **misterioso ed espressivo** dell'universo: è ciò che ricordiamo pensando a una persona amata, che osserviamo cercando di scoprire i veri pensieri di chi ci parla, che comunica le nostre emozioni anche senza parole. Da sempre **il volto è uno dei soggetti più studiati dagli artisti**.

Il volto comunica informazioni, sentimenti e sensazioni attraverso molte variazioni della sua **forma "di base"** e della proporzione tra le parti. Normalmente lo osserviamo da molte **angolazioni diverse**.

Partiamo dall'osservazione di opere per scoprire **struttura**, **proporzioni**, **particolari** e **volumi** del volto visto da diverse **angolazioni**. Poi cercheremo di considerare le varianti che differenziano fisionomie ed età, e analizzeremo le diverse **espressioni**. Approfondiremo le rappresentazioni del volto nelle **caricature** e nelle **maschere**.

Jan van Eyck, *I coniugi Arnolfini*, particolare, 1434, olio su tavola, 82 x 60 cm. Londra, National Gallery.

I due coniugi sono riflessi di schiena nello specchio concavo in cui si intravvedono le due figure che stanno di fronte, probabilmente il pittore e la moglie.

Salvador Dalì, *Dalì di spalle dipinge Gala di spalle eternizzata da sei cornee virtuali provvisoriamente riflesse da sei specchi veri*, 1973, olio su tela. Figueras, Fundacion Dalì.

Già lo strano titolo aiuta a comprendere il rapporto di Dalì con ciò che vede: cerca sempre di andare oltre! Qui si ispira a "I coniugi Arnolfini", opera rinascimentale di Van Eyck, in cui si introduce l'elemento del doppio riflesso nello specchio, per creare un'opera che incuriosisce e costringe a pensare.

Ken Heyman, *Roy Lichtenstein nel suo studio con specchi*, 1964, fotografia in b/n.

Norman Rockwell, *Triplo autoritratto*, 1960, illustrazione per copertina di rivista. Collezione rivista "Post".

Umberto Boccioni, *La madre*, 1911, matita su carta, 32,5 x 24,9 cm. Milano, Civico Gabinetto dei Disegni del Castello Sforzesco.

Lo sguardo intenso della madre è colto dall'artista in questo primissimo piano costituito da miriadi di linee che definiscono i volumi.

Profilo

1

› La visione di **profilo** mette in evidenza la **linea** della **fronte**, del **naso** e del **mento**; l'inclinazione del **collo**, che sostiene il volto, e la **forma del cranio**, su cui si "inserisce" in vario modo la **capigliatura**.

› Interessante è studiare **i rapporti di proporzione** che collegano le varie parti: la posizione dell'**occhio**, posto sulla linea che divide **a metà** idealmente il volto inserito in una forma **quadrata**; la diversa angolatura della linea della fronte e del naso; la distanza tra il naso, la bocca e il mento ecc.
Queste proporzioni, una volta osservate anche con l'aiuto di uno schema, si ritrovano, con leggere variazioni, in tutti i volti e diventano la base di ogni ritratto. Si può disegnare partendo da uno schema o anche semplicemente tenerlo presente mentre si osservano le forme e le inclinazioni particolari di un certo viso.
Gli **elementi essenziali** del volto (naso, bocca, occhio, orecchio) assumono di profilo una forma particolare che richiama il triangolo.

› **Galleria** Il profilo del volto umano nell'arte

Antonio Pollaiolo, *Ritratto di giovane donna*, 1470, olio su tavola, 46 x 34 cm. Milano, Museo Poldi Pezzoli.

L'eleganza di questo profilo è ottenuta con una linea "tagliente" che definisce tutti gli elementi del volto.

Andrea del Sarto, *Profilo di testa di uomo barbuto*, matita nera in parte acquerellata su carta bianca, 21,8 x 18,1 cm. Firenze, Gabinetto delle Stampe e dei Disegni degli Uffizi.

Inseriamo il volto di profilo, ispirandoci a Leonardo, in un quadrato che suddividiamo in 4 + 4 parti. Osserviamo con attenzione le inclinazioni e le corrispondenze, ad esempio l'altezza dell'orecchio.

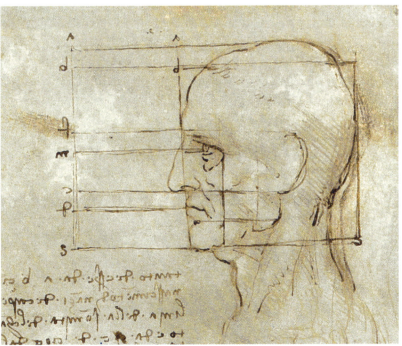

Leonardo da Vinci, *Schema di un volto virile*, matita sanguigna. Venezia, Galleria dell'Accademia.

Osserviamo le linee tracciate per studiare le proporzioni della testa maschile di profilo.

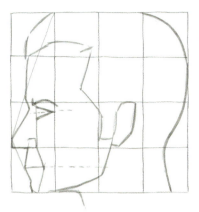

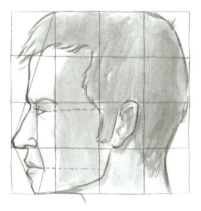

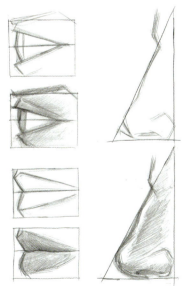

Schema con occhio, bocca, naso. Osserviamo con attenzione poiché la visione di profilo presenta caratteristiche particolari.

 ›Galleria Profili di volti in fotografia

All'opera

VEDERE E RAPPRESENTARE

1 Copia il contorno di uno dei profili proposti e ricava una silhouette che colorerai a china o tempera nera.

2 Scatta una foto a un compagno messo di profilo e realizzane un ritratto. Controlla le proporzioni considerando lo schema proposto. Puoi utilizzare una tecnica a tua scelta.

ISPIRARSI A OPERE D'ARTE

3 Partendo dal profilo di un personaggio famoso, copiato e rielaborato come richiede l'esercizio 1, interpreta creativamente alcuni particolari, ad esempio la capigliatura gli orecchini o altro.

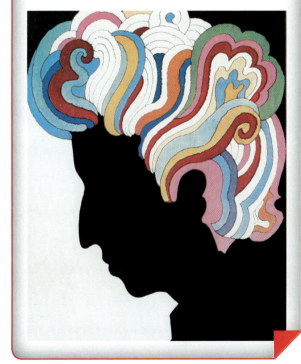

2 Visione frontale

> La visione frontale, all'altezza dei nostri occhi, mette in evidenza la **forma** del volto che gli artisti hanno sempre collegato alla forma piana o solida dell'**ovale** (allungata), del **cerchio** o **sfera** (tondeggiante), o del **quadrato/rettangolo** o **parallelepipedo** (più squadrata).

> La struttura del volto è sostanzialmente **simmetrica** rispetto a un **asse verticale** che attraversa il naso e la bocca. Osservando le **proporzioni** si scopre che una linea tracciata all'altezza degli **occhi**, come abbiamo già visto nel profilo, indica la **metà**, circa, **del volto** dalla sommità del cranio alla punta del mento.

> La visione frontale permette anche di osservare con cura **i particolari** principali e cioè gli occhi, la bocca, il naso, l'attaccatura dei capelli, scoprendo la loro diversa forma rispetto alle diverse tipologie di volto.

> Importante è osservare l'inserimento del volto sul collo e di questo sulle spalle. Bisogna prestare attenzione al fatto che se il volto è inclinato, **ruota l'asse di simmetria**, ma la struttura e le proporzioni **rimangono uguali**.

 > **Galleria** Il volto in visione frontale nell'arte

Piero della Francesca, *Pala Montefeltro*, particolare, 1474, tempera e olio su tavola, 251 x 172 cm. Milano, Pinacoteca di Brera.

Il riferimento dell'artista per il volto dell'angelo è la forma ovale inserita in una forma sferica formata dalla capigliatura.

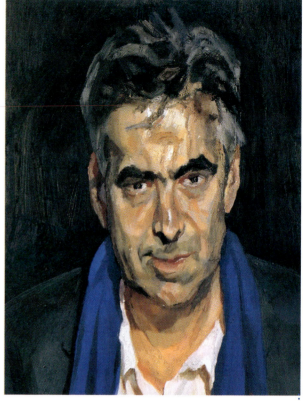

Lucien Freud, *Autoritratto*, 2004, olio su tela, 65 x 51 cm. Collezione privata.

Per l'artista la forma di riferimento per il proprio volto risulta un parallelepipedo allungato più che un ovale.

Gustave Klimt, *Ritratto di signora*, particolare, olio su tela, 67 x 56 cm. Linz, Neue Galerie der Stadt.

Antonin Artaud, *Autoritratto*, particolare, 1946, matita su carta, 62 x 46 cm. Collezione Florence Loeb.

Alberto Giacometti, *Ritratto di Aimé Maeght*, particolare, 1954, matita. Collezione privata.

Giacometti costruisce i suoi disegni lasciando tutte le linee che traccia formando una specie di ragnatela che modella i volti. Vediamo che se l'asse di simmetria si inclina si inclinano anche le altre linee costruttive.

Alberto Giacometti, *Ritratto di Jean Genet*, 1954, matita. Collezione privata.

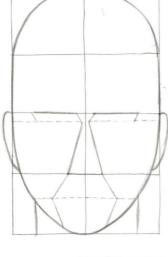

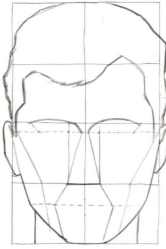

Rappresentazione schematica dei particolari del volto.

All'opera

VEDERE E RAPPRESENTARE

1 Cerca una tua fotografia o quella di un compagno o di un tuo familiare con un bel primo piano (puoi anche scattarle per l'occasione) e, aiutandoti con lo schema proporzionale, che puoi tracciare anche sulla foto, realizza un disegno il più somigliante possibile.

2 Per studiare i particolari del volto cerca una fotografia, ritagliala in due parti, poi fissane una sul foglio e completa.

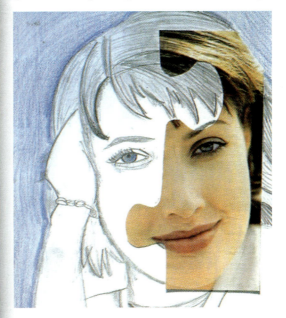

ISPIRARSI A OPERE D'ARTE

3 Scegli un ritratto fra quelli di Giacometti, di Artaud e di Klimt e copialo usando la stessa tecnica dell'artista. Utilizza le linee di costruzione o almeno una griglia di riferimento.

3 Volume del volto

〉 Per rappresentare un volto, non solo come disegno ma come forma completa, occorre valorizzare i **volumi** osservando con cura **luci e ombre**, che possono essere più o meno evidenti poiché dipendono dall'illuminazione.

〉 **L'illuminazione**, sia naturale che artificiale, può essere **delicata** e diffusa o **forte**, e avere diverse direzioni che cambieranno **l'intensità e la forma delle ombre del volto**.

〉 Col **chiaroscuro** si sottolineerà innanzitutto la prominenza del **naso** con la sua ombra propria e con quella portata, narici comprese, sulla guancia.
Poi osserviamo gli **occhi**, con l'incavo delle orbite e l'ombra delle palpebre, ricordando che il bianco dell'occhio è la parte più luminosa del volto; la **bocca**, con il labbro superiore inclinato verso l'interno e quello inferiore più aperto e quindi più illuminato; i piani delle **tempie** e della **mascella** e infine la **capigliatura**.
I **capelli**, più o meno mossi, sono generalmente la parte più scura del volto e creano dei volumi, quindi ombre e luci; le ombre possono essere rappresentate in modo **realistico** o **semplificate**.

La luce artificiale può illuminare i volti da varie direzioni.

Alfred Cossmann, *Ritratto del compositore Richard Wagner*, 1913, incisione.

Chiaroscuro realizzato a tratteggio.

Giuseppe Arcimboldi, *Autoritratto*, inchiostro a penna e pennello. Collezione privata.

Il disegno è a penna e le ombre sono realizzate a pennello con inchiostro più o meno diluito.

Rembrandt, *Ritratto di Tito*, 1658, particolare, olio su tela. Londra, Wallace Collection.

La luce laterale contrappone i soffici volumi dei capelli alla superficie liscia del volto.

Giacomo Balla, *Ritratto di Elisa*, 1905, pastelli su cartoncino, 35 x 26 cm. Milano, Collezione privata.

Il contrasto luce/ombra è molto marcato. L'artista ha disegnato su cartoncino colorato usando pastelli bianchi e neri.

> **Galleria** Alcuni esempi di volti di celebri pittori

All'opera

VEDERE E RAPPRESENTARE

1 Partendo da uno dei volti proposti realizzane uno a chiaroscuro con la tecnica che preferisci.

2 Scegliendo un tuo stile realizza un ritratto dal vero in b/n o a colori (matite colorate).

3 Cerca la foto di un volto con molte ombre. A vetro o con carta da lucido ricalca le forme del volto e delle ombre e realizza due versioni: una con una scala di grigi e una in b/n. Anziché il nero puoi usare un colore (tempera o chine colorate) con le sue tonalità.

4 Visione di tre quarti e di scorcio

> Difficilmente i volti che osserviamo si presentano al nostro sguardo frontali o di profilo: la visione più frequente è quella di **tre quarti**, più o meno marcata.
Essa è anche **la più dinamica e difficile da realizzare** come disegno perché non ha né una linea continua da seguire, come nel profilo, né la simmetria della visione frontale.
Per questo motivo conviene **abbandonare** la costruzione dello schema proporzionale a linee rette e invece lavorare con **linee curve e ovali**, più adatte a rappresentare una figura solida.

> Il volto di tre quarti è **asimmetrico** e questa posizione mette molto in **evidenza i volumi**, in particolare il piano della fronte, la sporgenza del naso, la forma della mascella e il conseguente chiaroscuro che dipende dalla forza dell'illuminazione.

> Se osserviamo il volto di **scorcio**, la **costruzione con linee curve** ci è di grande aiuto poiché ci permette di **evidenziare la visione** dall'alto o dal basso mantenendo le proporzioni ed evidenziando il cranio o il mento.

 Galleria Altre opere o altri volti di scorcio

Masaccio, *Storie di Pietro*, particolare, 1403, affresco. Firenze, Cappella Brancacci.

L'intensità dell'espressione di Pietro viene dalla posizione del volto di tre quarti, fortemente modellato dalla luce.

Lucien Freud, *Ritratto della madre*, 1975, olio su tela, 32 x 26 cm. Collezione privata.

Lucien Freud, *Ritratto della madre*, 1972, olio su tela, 65 x 50 cm. Collezione privata.

Lo stesso volto rappresentato in due diverse posizioni mostra come la visione di tre quarti mette in evidenza i volumi (naso, mento, mascella...).

Umberto Boccioni, *Diego con berretto*, 1920 circa, matita su carta, 30 x 25 cm. Collezione privata.

L'artista disegna con un segno rapido, di varia intensità, e accenna le ombre del volto che lo ricoprono in gran parte.

Schema di volto di tre quarti, dal basso, dall'alto. Mantenendo lo schema del viso visto di fronte, lo modifichiamo inserendo linee curve e alterando le proporzioni.

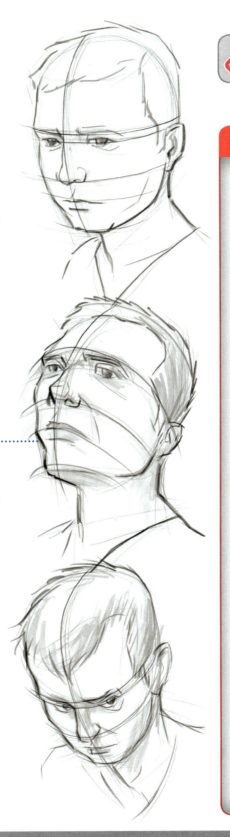

Antonello da Messina, *San Sebastiano*, particolare, 1476, olio su tavola, 171 x 85 cm. Dresda, Staatliche Gemälgalerie.

Antonello cerca la perfezione della figura solida con uno scorcio dal basso che evidenzia la forma ovoidale. Le luci e le ombre vengono stese con grande delicatezza e precisione per dare un'immagine serena: il santo, nell'offrire la propria vita, raggiunge la piena umanità.

> **Galleria** Il volto nella fotografia

All'opera

RICONOSCERE REGOLE E STRUTTURE

1 Sovrapponi al San Sebastiano di Antonello un foglio da lucido e cerca le linee costruttive osservando bene lo schema proposto.

UTILIZZARE REGOLE E STRUTTURE

2 Copia a matita o carboncino il volto di Pietro dall'affresco di Masaccio cercando prima lo schema proporzionale e aiutandoti eventualmente con la carta da lucido.

3 Realizza una serie di ritratti fotografici di un tuo familiare o di un compagno, tutti di tre quarti ma con diverse torsioni rispetto al busto e diverse direzioni dello sguardo. Sposta anche il punto di vista più in alto o più in basso. Copia una delle foto con tecnica a piacere.

5 Età e fisionomia

> Il volto di una persona porta i segni del **sesso**, dell'**età**, della sua **personalità** e della sua **storia**.

> Il **volto dei bambini** ha proporzioni diverse rispetto a quello del giovane. La nuca è più grande, il naso più minuto e i **tratti** sono più **arrotondati**: la forma di riferimento è quindi il **cerchio** o la sfera. La carnagione è chiara e rosata.

> Il **volto femminile** presenta **tratti delicati**, superfici lisce, volumi morbidi soprattutto quando è giovane. La carnagione ha un colore omogeneo e delicato.

> Il **volto maschile** ha invece **tratti** generalmente più **marcati** e volumi più **spigolosi**. La presenza della barba dà importanza alla parte bassa del volto variando il colore della carnagione che in generale è più scura di quella femminile.

> Il tempo modifica i tratti del volto e negli **anziani** le forme diventano più **taglienti** con zigomi **marcati** e infossatura delle orbite oculari, la pelle diviene più **rugosa**, soprattutto intorno agli occhi, sulla fronte e intorno al naso. La diminuzione della capigliatura rende più evidente la forma del cranio. Il colore della carnagione è poco omogeneo.

Giorgione, *Le tre età dell'uomo*, 1500-1502, olio su tela, 62 x 78 cm. Firenze, Galleria Palatina di Palazzo Pitti.

Giorgione rappresenta le tre età dell'uomo (ragazzo, giovane, adulto) evidenziando le differenze di proporzione, di forma e di colore.

Pieter Paul Rubens, *Ritratto del figlio Nicolaas con collanina*,1619 circa, pastelli su cartone. Vienna, Pinacoteca Albertina.

Dante Gabriel Rossetti, *Autoritratto*, particolare, 1847, carboncino e matita bianca su carta. Londra, National Portrait Gallery.

Pieter Paul Rubens, *Ritratto di Elena Fourment*, particolare, 1610 circa, matita nera e rossa, biacca, tracce di penna su carta bianca. Firenze, Gabinetto dei Disegni e delle Stampe degli Uffizi.

Albrecht Dürer, *Ritratto della madre dell'artista*, particolare, 1505 circa, carboncino nero su carta bianca. Berlino, Kupferstichkabinett.

All'opera

VEDERE E RAPPRESENTARE

1 Ispirandoti alle immagini di queste pagine disegna gli occhi di alcuni tuoi compagni. Lavora con una matita tenera oppure ripassa a china e cancella il tratto a matita.

2 Cerca una foto di quando eri molto piccolo/a (uno o due anni), una di quando avevi sei anni e una attuale. Realizza a matita i tre ritratti studiando le modifiche. Puoi fare la stessa cosa con le foto di un familiare più anziano.

ISPIRARSI A OPERE D'ARTE

3 Realizza un ritratto di una tua compagna evidenziando le caratteristiche femminili come nell'esempio di D. Cantatore, *Ragazza*, 1960, sanguigna. Collezione privata. Puoi usare, come l'artista, la sanguigna o un'altra tecnica a tua scelta.

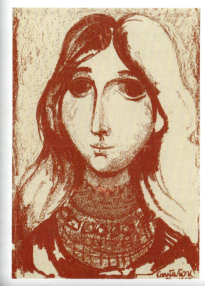

Umberto Boccioni, *Autoritratto*, 1908 circa, china e tempera su carta, 20,3 x 21 cm. Torino, Collezione Paulucci.

6 Espressioni

> Il nostro volto comunica le **emozioni** e i **sentimenti** che proviamo grazie a una **muscolatura molto complessa**, capace di muovere quasi impercettibilmente, ad esempio, la bocca o gli occhi. Le espressioni possono essere serene, misteriose, drammatiche, piene di stupore e attesa, neutre.

> Il primo artista che ha studiato a fondo le espressioni del volto dal punto di vista dell'**anatomia** è Leonardo da Vinci; molti artisti dopo di lui hanno lavorato su questo aspetto.

> Gli **elementi più espressivi** del volto sono gli occhi (aperti, chiusi, socchiusi…), le sopracciglia (aggrottate, distese…) e la bocca (aperta, chiusa, sorridente, imbronciata, triste…). Combinando le diverse posizioni degli occhi, della bocca e dei muscoli facciali si ha tutta la gamma delle espressioni che ogni volto interpreta in modo originale, al di là di ogni schema.

> Nel cinema e nel teatro le espressioni del volto sono fondamentali per dare vita ai vari personaggi. Nel fumetto e nelle animazioni la resa essenziale dei tratti del volto semplifica molto le varie espressioni.

LESSICO

Anatomia: studio dell'apparato muscolare e scheletrico

Jacopo Pontormo, *Deposizione*, particolare, 1526-1528, olio su tavola. Firenze, Chiesa di Santa Felicita.

Espressione piena di doloroso stupore.

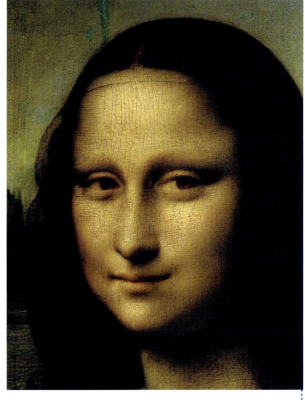

Leonardo da Vinci, *Gioconda*, particolare, 1503-1506, olio su tavola, 77 x 53 cm. Parigi, Louvre.

Espressione serena e un po' misteriosa.

Michelangelo Buonarroti, *Giudizio Universale*, particolare, 1536-1541, affresco. Città del Vaticano, Cappella Sistina.

Michelangelo dà a quest'uomo che sta per scendere agli inferi un'espressione fortemente drammatica, forse la più drammatica di tutta la storia dell'arte.

Studio di diverse possibili espressioni degli occhi.

Due forti espressioni con disegno schematico. La bravura degli attori sta nel rendere credibile l'interpretazione del loro personaggio.

Leonardo da Vinci, *Studi di teste (studi per la battaglia di Anghiari)*, 1490 circa, punta d'argento, gessetto nero e sanguigna su carta, 19,1 x 18,5 cm. Firenze, Galleria degli Uffizi, Gabinetto dei Disegni e delle Stampe.

Espressioni drammatiche.

 Galleria Le espressioni del volto in famose opere d'arte

All'opera

VEDERE E RAPPRESENTARE

1 Prova a copiare l'opera di Leonardo o quella di Pontormo con matita o carboncino.

2 Cerca alcune immagini, sintetizza (come negli esempi qui a lato) le espressioni anche utilizzando la carta da lucido. Riportale sul foglio trovando un tuo stile.

3 Una modalità di interpretazione - che già conosciamo - è quella di annerire tutte le zone d'ombra. Puoi fotocopiare una bella immagine espressiva e intervenire direttamente su di essa con colori coprenti oppure riportarla su un foglio ed interpretarla liberamente.

UTILIZZARE REGOLE E STRUTTURE

4 Partendo dagli studi sull'espressione degli occhi realizza un paio di volti completi

La caricatura

7

> Realizzare una caricatura significa letteralmente "caricare", cioè **esagerare alcuni aspetti del ritratto** di un personaggio. Chi esegue una caricatura deve quindi saper **cogliere i particolari tipici di un personaggio, sia a livello fisico che di atteggiamento**. Si possono modificare le misure del volto, la forma di ogni singolo elemento, intervenire sulla capigliatura, sui colori ecc.

> L'intento può essere **umoristico**, per farci sorridere, forzando alcune caratteristiche della fisionomia, oppure **satirico**, cioè più pungente ed irrisorio, forzando maggiormente le forme.
I personaggi più rappresentati nelle caricature sono politici, attori e cantanti, calciatori...

> La caricatura può essere realizzata con gli strumenti tradizionali del disegno o della pittura oppure attraverso la computer-grafica.
Su un'immagine digitale è possibile intervenire con appositi programmi ed elaborare il volto con una certa facilità, intervenendo sia sulle forme che sui colori.

Leonardo da Vinci, *Gruppo di cinque teste grottesche*, 1494, penna e inchiostro su carta bianca, 26 x 20 cm. Londra, The Royal Collection.

Molto interessanti sono gli studi sulla deformazione dei volti di Leonardo che forse per primo si è interessato di questo aspetto.

Tullio Pericoli, *Ritratto dell'architetto Vittorio Gregotti*, matita e sanguigna.

Questa caricatura, realizzata con un tratto sicuro e leggero, ci invita amichevolmente a sorridere.

 Galleria Interpretazioni caricaturali del volto

Henri de Toulouse-Lautrec, *Yvette Guilbert*, 1896, bozzetto per un manifesto, pastelli, 96 x 190 cm. Musee d'Albi.

In questa caricatura satirica la deformazione del volto è molto pronunciata e si fonda soprattutto sulla trasformazione della mascella in un parallelepipedo. Il tratto è marcato e deciso.

All'opera

UTILIZZARE REGOLE E STRUTTURE

1 Partendo dal ritratto di un tuo compagno prova una serie di schizzi che "esagerino" alcuni particolari, poi realizza con le tecnica adeguata quello che ti sembra migliore.

2 Partendo da una foto realizza una deformazione usando un programma adatto ispirandoti a questo esempio del calciatore Messi.

3 Si possono ottenere delle deformazioni, un po' casuali, muovendo l'immagine sopra lo scanner mentre è in funzione come nell'esempio.

Quando pensiamo alla maschera pensiamo ai travestimenti per carnevale: ma questa è solo una delle tante sue funzioni.

❭ Per gli antichi sovrapporre al proprio volto una maschera significava **impersonare le forze misteriose della natura**, entrare in rapporto col divino. Le maschere erano usate durante momenti **rituali**, soprattutto dagli sciamani, o in **danze** propiziatorie. Rappresentavano **volti geometricamente deformati** o **ispirati agli animali**. Ne abbiamo una testimonianza nelle maschere dell'Africa centrale che, pur costruite con materiali piuttosto deperibili come il legno o la paglia, sono giunte sino a noi perché le varie tribù le ripetono in maniera identica da migliaia di anni.

❭ Le maschere hanno avuto anche un significato **funerario** nell'ambito del culto dei morti delle varie civiltà.
Nei templi etruschi le **antefisse**, grandi maschere solitamente di terracotta, venivano poste sulla testata delle travi del tetto e avevano un valore magico.
Nel **teatro greco** le maschere avevano la doppia finalità di caratterizzare il personaggio e di funzionare come un megafono per amplificare la voce dell'attore.

❭ Oggi le maschere vengono usate nei **teatri tradizionali** di molti paesi come espressione delle varie culture.
In occasione delle feste di carnevale invadono le nostre strade sia indossate dalle persone che realizzate per i carri allegorici.

Maschera Kwele, XIX secolo, legno dipinto. Gabon.

La maschera è principalmente giocata sulla linea curva: la forma a cuore che delimita la concavità delle guance e delle orbite oculari è ripresa dal movimento delle corna che incorniciano il volto.

Maschera funeraria in oro. Atene, Museo Archeologico Nazionale.

Maschera funeraria di Tutankamon, particolare, XIV secolo a.C., ceramica e pietre dure. Il Cairo, Museo egizio.

Antefissa a forma di Gorgone da Veio, III secolo a.C., terracotta dipinta. Roma, Museo di Villa Giulia.

Maschera teatrale, marmo. Copenhagen, Ny Carlsberg Glyptotek.

Questa scultura riproduce una maschera teatrale greca o romana che, costruita in materiale leggero, era più grande della faccia dell'attore e aveva la funzione di rendere più visibile l'espressione del personaggio anche dall'alto delle gradinate del teatro e di amplificare la voce dell'attore.

Maschere veneziane.

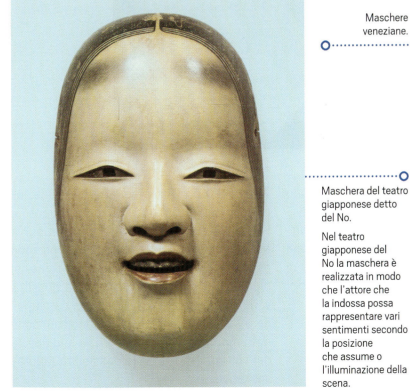

Maschera del teatro giapponese detto del No.

Nel teatro giapponese del No la maschera è realizzata in modo che l'attore che la indossa possa rappresentare vari sentimenti secondo la posizione che assume o l'illuminazione della scena.

All'opera

UTILIZZARE REGOLE E STRUTTURE

1 Procurati delle fotografie di volti con una forte espressività. Taglia a metà l'immagine, incollala su un foglio e trasformia l'altra parte in maschera forzando i lineamenti del volto stesso.

2 Prendi dei sacchetti di carta da pane senza pubblicità e disegna su di essi, prima a matita e poi a tempera, delle maschere stando ben attento a posizionare i buchi degli occhi.

3 Realizza delle maschere ritagliando cartoncino nero o colorato e incollando le forme ricavate su un foglio di colore contrastante.

Pierre-Auguste Renoir, *La colazione dei canottieri*, 1881, olio su tela, 129 x 172 cm. Washington, Phillips Collection.

› **SOGGETTO** La tela raffigura un gruppo di amici dell'artista sulla terrazza del ristorante Fournaise a Bougival, dove si ritrovavano abitualmente i canottieri che praticavano quello sport sul fiume Senna. In primo piano si può notare la sua futura moglie Alina, a sinistra con il cagnolino, e il pittore impressionista Gustave Caillebotte in primo piano a destra.

› **COMPOSIZIONE** La scena, molto vivace è costruita nello spazio creato dalla diagonale del parapetto e della tenda. I personaggi sono rappresentati con una grande varietà di atteggiamenti e posizioni. La tavola ricca di oggetti crea un equilibrio compositivo con il gruppo di figure diagonalmente opposte.

› **Approfondimento** Giorgione, *Ritratto di cavaliere*

› **STILE** Attraverso piccole variazioni di colore l'artista costruisce gli oggetti e i volti creando veri e propri ritratti in cui la fisionomia e l'espressione di ciascuno sono ben definite. Egli pone grande attenzione nel dipingere il chiaroscuro e tutte le possibili variazioni di luce e di colore sulla carnagione e sui vestiti. Osservando con attenzione notiamo come la posizione e le angolature dei volti offrano tutte le possibilità rappresentative.

1. In primo piano a destra compare il pittore impressionista Gustave Caillebotte.

 › Animazione
La lettura dell'opera

3. La tavola coperta di oggetti crea un equilibrio compositivo con il gruppo di figure diagonalmente opposte.

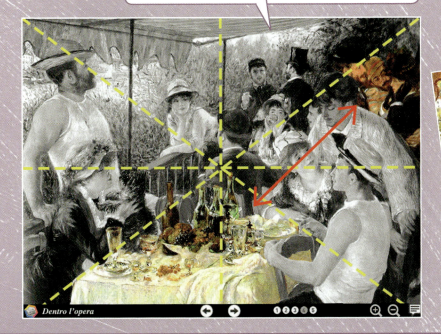

2. La scena è costruita nello spazio prospettico indicato dalle linee del parapetto e del tendone.

4. Le posizioni e le angolature dei volti dei vari personaggi offrono tutte le possibilità rappresentative.

Antonello da Messina,
Ritratto di giovane uomo, 1475

Olio su tavola, 35 x 25 cm. Londra, National Gallery.

> **SOGGETTO** Questo ritratto di un giovane con un originale cappello rosso è dipinto dal grande ritrattista Antonello da Messina. L'uomo ha uno sguardo molto intenso che scruta l'osservatore quasi a cercare un dialogo con lui, come spesso accade nei ritratti di Antonello da Messina.

> **COMPOSIZIONE** La composizione è molto semplice. Si tratta di un volto di tre quarti, in una lieve posizione prospettica, molto utilizzata dall'artista, su fondo scuro. Il volto ha proporzioni molto regolari e sembra modellato dalle ombre.

> **STILE** La pittura di Antonello da Messina è molto realistica e acuta nella rappresentazione della fisionomia e della personalità del personaggio. La posizione leggermente angolata e dal basso conferisce grande monumentalità a questo piccolo ritratto.

Vincent Van Gogh,
Autoritratto, 1889

Olio su tela, 25 x 21 cm. Parigi, Museo d'Orsay.

> **SOGGETTO** Vincent Van Gogh ha realizzato molte volte il suo autoritratto. Qui lo vediamo assorto nei suoi pensieri mentre guarda deciso l'osservatore. Notiamo la forma degli occhi ottenuta con pochi tocchi scuri.

> **COMPOSIZIONE** Il mezzo busto è leggermente inclinato rispetto all'osservatore, la spalla in primo piano è più grande. Il volto di tre quarti è come bloccato in una grande tensione emotiva.

> **STILE** Il contrasto tra i colori caldi della carnagione, la barba in particolare, e gli azzurri del vestito e del cielo dà una grande luminosità ed intensità espressiva al ritratto. Le pennellate mosse e dense dell'artista costruiscono il volto e la barba con una infinita varietà di ocra, arancioni, rossi. Il vestito è realizzato con variazioni di azzurri stesi con pennellate ondulate che diventano vorticose sullo sfondo, come i pensieri che si agitano nella mente dell'artista.

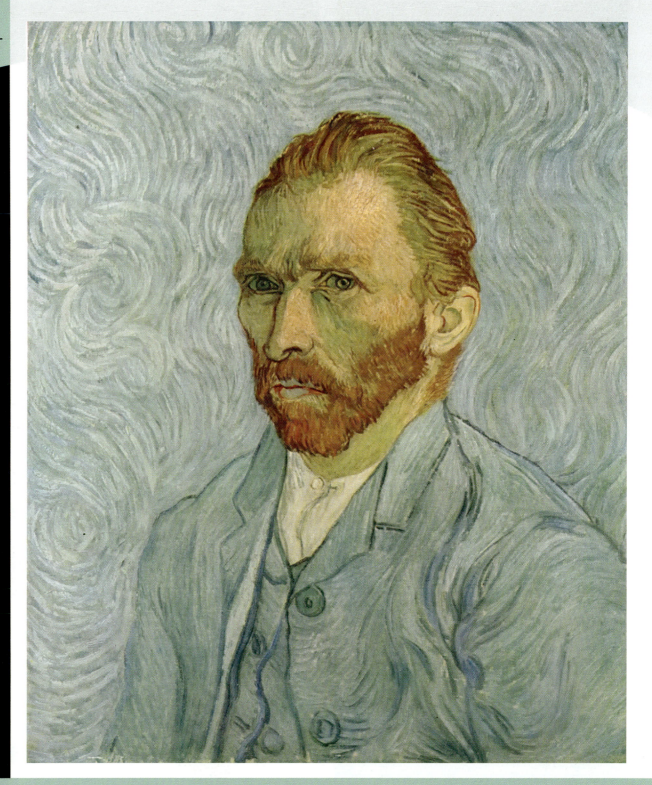

Amedeo Modigliani, *Ritratto di Jeanne Hébuterne*, 1918

Olio su tela. Pasadena, Fondazione Norton.

> **SOGGETTO** Amedeo Modigliani dipinge questa ragazza, che poi diventerà la sua compagna, colpito dalla forma ovale del volto, dai lunghi capelli, dal collo e soprattutto dallo sguardo. Il volume praticamente scompare ed è come se il soggetto fosse, più che il volto della ragazza, la sua interiorità o la sua anima.

> **COMPOSIZIONE** La composizione è semplicissima. Il volto è visto frontalmente, incorniciato dai capelli castani che ne mettono in evidenza il colore luminoso e la forma. È posto decentrato rispetto alla linea mediana, così che la parete color ocra rossa richiami il colore del volto, posto su uno sfondo di colore freddo.

> **STILE** Modigliani allunga i volti e il collo per rendere il soggetto estremamente elegante e spirituale, quasi staccato dalle cose terrene. Le forme sono dolci e la pennellata è piuttosto visibile; egli abbandona la ricerca dei particolari per strutturare una superficie di forme e colori.

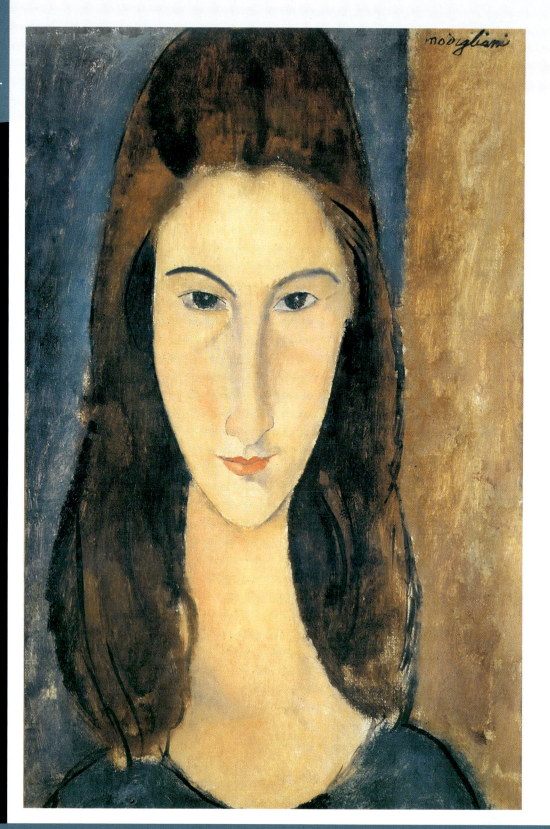

Egon Schiele, *Autoritratto con camicia a righe*, 1910

Carboncino e tempera su carta,
44 x 30 cm. Vienna, Leopold Museum.

> **SOGGETTO** Si tratta di un auto-ritratto giovanile del pittore. La posizione è dinamica: il giovane si gira quasi di scatto verso l'osservatore e lo guarda intensamente. La visione è leggermente dal basso.

> **COMPOSIZIONE** La testa del ragazzo è decentrata, suggerendo una diagonale rispetto alla spalla, e presenta grandi dimensioni rispetto all'esile corpo e sproporzioni evidenti.
> I due elementi che si richiamano sono i colori caldi del volto, in alto a sinistra, e la manica, in basso a destra, in contrasto con i bianchi del foglio e della casacca. Il volto è visto di tre quarti, quasi di profilo.

> **STILE** Contrariamente a Modigliani che cerca l'eleganza e la serenità, Schiele, con una linea nervosa e marcata, forza e quasi deforma il volto per sottolineare, invece, la problematicità e spesso la drammaticità dell'esistenza.
> La linea è molto visibile e i colori stesi a macchie costruiscono il volume del volto pieno di sfaccettature.

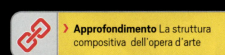

> **Approfondimento** La struttura compositiva dell'opera d'arte

LE COMPETENZE ESPRESSIVE

1. Ricostruisci fotograficamente "La colazione dei canottieri" di Renoir, mettendo in posa i tuoi compagni, possibilmente all'aperto, nel giardino della scuola. Cerca un'ambientazione simile, in cui la luce naturale investa le figure. Poi scegli uno dei volti del ritratto di gruppo, ingrandiscilo e studiane tre interpretazioni: utilizzando il chiaroscuro a matita realizza una prima interpretazione realistica; con gessetti o pastelli a olio crea una tua opera che rispecchi la visione impressionista; usando gli acrilici su tela, infine, scegli tra la pennellata dinamica di Vincent Van Gogh, la semplificazione elegante di Amedeo Modigliani, il tratto nervoso di Egon Schiele (confronta le immagini alle pagine 159, 160, 161) oppure effettua una ricerca sul web.

2. Molto belli e interessanti sono i ritratti di Arcimboldi. Ispirandoti al suo esempio realizza un volto, di fronte o di profilo, costruito con oggetti suggeriti dal personaggio da rappresentare: la fioraia, il cartolaio, l'ortolano, il meccanico, il calciatore, ecc. Oppure, facendo un lavoro di gruppo, realizza la galleria dei ritratti dei professori della tua classe. Scegli una tecnica che ti permetta di rappresentare facilmente i dettagli.

3. Osserva con attenzione i due drammatici ritratti realizzati da Picasso e Bacon. Scegline uno da riprodurre. Nel caso della "Donna che piange" utilizza colori acrilici o pastelli a olio, nel caso dello "Studio per autoritratto" puoi anche utilizzare gessetti o crete colorate su carta scura. Poi prova a studiare una libera interpretazione cambiando i colori o il tipo di andamento delle linee che li caratterizzano. Puoi anche realizzare un ritratto, a partire da una fotografia, ispirato a questi stili; se scegli l'interpretazione di Bacon immagina di vedere il volto attraverso una lente deformante (oppure usa una griglia deformante come suggerito nel paragrafo sul Disegno a pag. 67).

4. Partendo dalla fotografia di un personaggio famoso realizza un'interpretazione grafica ispirandoti a questo esempio che ritrae il presidente Obama.

Giuseppe Arcimboldi, *Vertunno*, 1590, olio su tavola, 68 x 56 cm. Balsta, Svezia, Skokloster Slort.

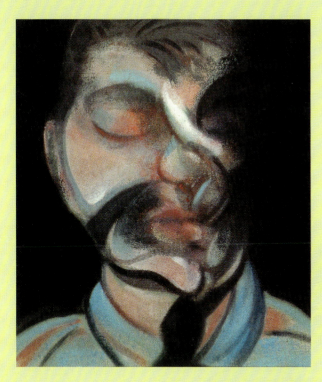

Francis Bacon, *Studio per un autoritratto*, 1972, olio su tela, 35,5 x 30,5 cm. Collezione privata.

LE CONOSCENZE

> Verifica autocorrettiva

Evidenzia la risposta esatta (anche più di una)

1. La visione di un volto di profilo mette in evidenza
- A   i colori
- B   la linea che collega fronte, naso e mento
- C   la larghezza delle spalle
- D   l'inclinazione del collo

2. Il volto, visto di profilo, si inserisce in
- A   un rettangolo e l'occhio sta nel quadrante in basso a destra
- A   un triangolo e l'occhio sta sull'altezza
- A   un quadrato e l'occhio sta sulla mediana orizzontale

3. Il volto visto frontalmente è
- A   iscrivibile in un ovale, un cerchio, un rettangolo
- B   iscrivibile in un trapezio o in un triangolo irregolari
- C   sostanzialmente simmetrico rispetto a un asse verticale
- D   sostanzialmente simmetrico rispetto a un asse orizzontale

4. Il volto visto di tre quarti
- A   appare simmetrico
- B   appare asimmetrico
- C   si può ritrarre utilizzando linee rette
- D   si può ritrarre utilizzando linee curve e ovali

5. Le proporzioni e le caratteristiche dei volti variano secondo
- A   il tipo di pelle
- B   l'età
- C   la fisionomia
- D   il trucco
- E   la capigliatura

Rifletti e completa o rispondi

1. Descrivendo le proporzioni del volto indica la posizione di occhi, orecchie, narici, bocca, attaccatura dei capelli (anche a schizzo).
2. Se un volto visto frontalmente si inclina, come si devono tracciare l'asse di simmetria e le linee proporzionali?
3. Le ombre di un volto sono particolarmente marcate nei pressi…
4. Prova a descrivere tre posizioni della figura in cui il volto si mostra di tre quarti, tenendo presente anche il rapporto tra testa e torso.
5. Le espressioni del volto sono determinate da… E i particolari più espressivi sono…
6. Descrivi il procedimento che si utilizza per creare una caricatura.

Pablo Picasso, *Donna che piange*, 1937, olio su tela, 61 x 50 cm. Londra, Galleria Tate Modern.

La figura

Una forma articolata

Il corpo umano è **l'organismo più articolato e complesso** che esista e può assolvere a funzioni diversissime. Inoltre è una **forma "bella"**, in grado di comunicare estrema **dolcezza** nel caso del corpo femminile o **forza** in quello maschile; in ogni caso in grado di esprimere "armonia".

La figura umana è anche il soggetto più rappresentato dagli artisti di tutti i tempi e in certi periodi della storia dell'arte è stato studiato soprattutto nelle sua **struttura**, nelle **proporzioni** e nei **movimenti**, alla ricerca della perfezione, come nell'arte greca.
Nel Rinascimento si iniziò a studiare l'**anatomia**, soprattutto l'apparato scheletrico e quello muscolare che danno forma al corpo, in modo da rendere espressive e naturali le rappresentazioni grafiche, pittoriche o scultoree.

Il lavoro che proponiamo sulla figura avrà come scopo la scoperta della **struttura** e delle **proporzioni**, sia come disegno che come volume, considerando anche **età** e **tipi** diversi di corporatura.
Inoltre affronteremo alcune **posizioni** e **movimenti**, soprattutto nello sport e nella danza, cercando di valorizzare la costruzione grafica, rispetto alle diverse angolature da cui la figura può essere vista, e la rappresentazione dei **particolari**.
Infine presenteremo un approfondimento riguardante la **scultura**, che da sempre ha come soggetto sovrano la figura umana.

LESSICO

Armonia: equilibrio e proporzione tra le parti

> **Galleria** Linee di costruzione del Laooconte

Laocoonte, I secolo a.C., marmo bianco, altezza 242 cm. Città del Vaticano, Museo Pio-Clementino.

Lo studio dell'anatomia e delle possibilità di movimento ha raggiunto livelli altissimi nella scultura greca, che ha fatto da modello non solo per i Romani ma per tutti gli artisti fino ad oggi.

Michelangelo Buonarroti, *Studio di nudo maschile*, 1510 circa, matita. Haarlem, Collezione privata.

Le figure maschili di Michelangelo esprimono forza e potenza.

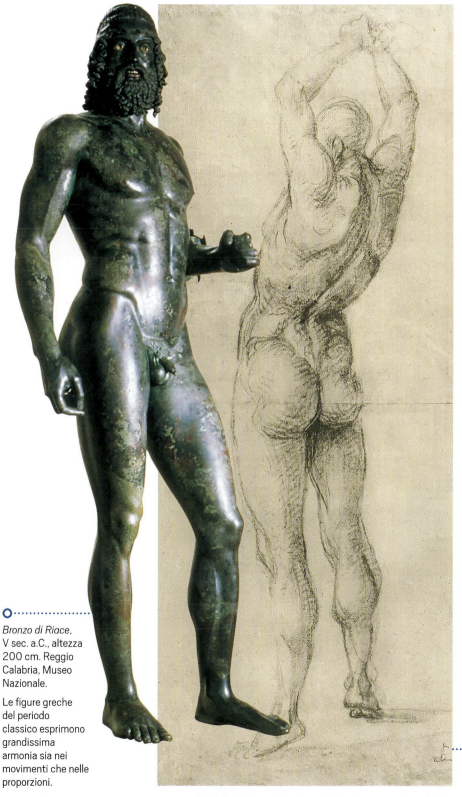

Bronzo di Riace,
V sec. a.C., altezza
200 cm. Reggio
Calabria, Museo
Nazionale.

Le figure greche
del periodo
classico esprimono
grandissima
armonia sia nei
movimenti che nelle
proporzioni.

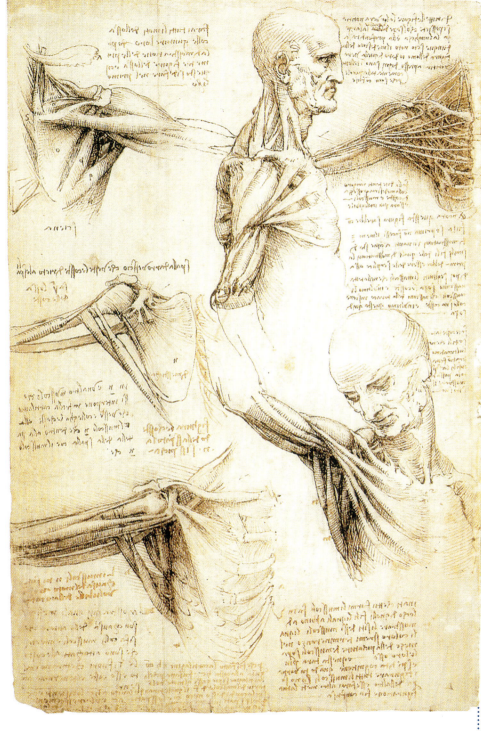

Luca Signorelli, *Studio di uomo*, 1495
circa, carboncino. Parigi, Louvre.

Leonardo da Vinci, *Studi di anatomia*, 1511, penna e gessetto.
Royal Library Windsor.

Leonardo ha dedicato parecchio tempo allo studio dell'anatomia.

1 Struttura e proporzioni

> Esistono molti studi sulle proporzioni e la struttura della **figura**, tutti miranti alla ricerca della "**geometria segreta**" che la **regola** e le conferisce **armonia**, anche se, riferendosi in particolare alla figura femminile, ogni periodo storico ha espresso un proprio concetto di armonia e bellezza.

> I Greci per primi scoprirono che la figura adulta ben proporzionata è caratterizzata dal fatto che **la testa rappresenta un ottavo dell'intero corpo**. Leonardo, osservando la realtà e studiando il trattato dell'architetto romano Vitruvio, ha inserito la figura a braccia aperte in un quadrato con un cerchio circoscritto.

> Disegnare la figura umana in modo che sembri viva e naturale è molto difficile, ma ci può aiutare la **schematizzazione** delle sue parti. Il modo più semplice, riferendosi alla figura vista frontalmente, è partire dalla linea mediana e suddividere un immaginario rettangolo in otto parti e poi tracciare sinteticamente i contorni tenendo conto delle articolazioni. Lo schema frontale è caratterizzato dalla simmetria, mentre in quello di profilo l'asse verticale collega il collo alla caviglia. Tradizionalmente la schematizzazione più semplice dei volumi è data dal manichino di legno.

Andrea Mantegna, *San Sebastiano*, particolare, 1482, tempera su tela, 257 x 142 cm. Parigi, Louvre.

Sandro Botticelli, *Nascita di Venere*, particolare, 1484 circa, tempera su tavola, 172,5 x 287,5 cm. Firenze, Uffizi.

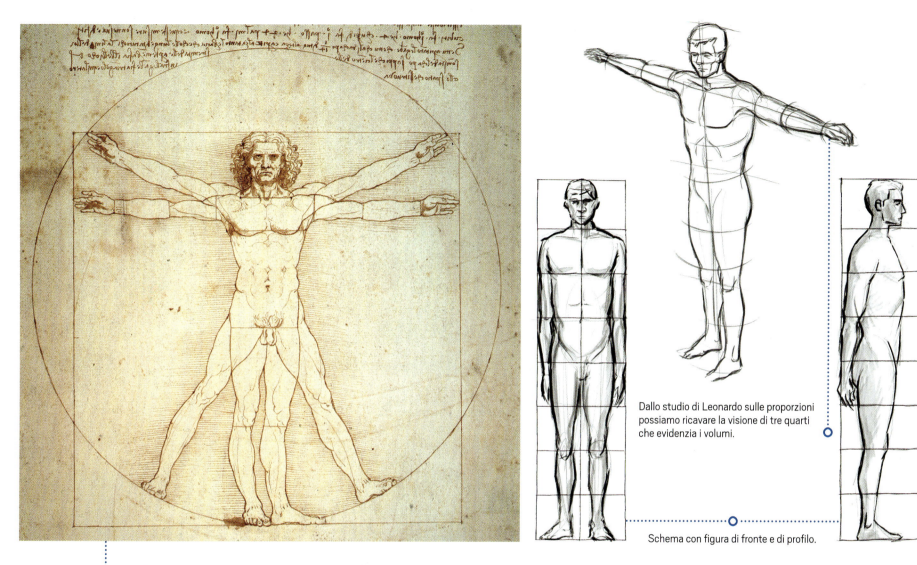

Dallo studio di Leonardo sulle proporzioni possiamo ricavare la visione di tre quarti che evidenzia i volumi.

Schema con figura di fronte e di profilo.

Leonardo da Vinci, *Proporzioni dell'uomo secondo il trattato di Vitruvio*, 1490, disegno, 34 x 24 cm. Venezia, Galleria dell'Accademia.

All'opera

RICONOSCERE REGOLE E STRUTTURE

1 Copia lo schema proporzionale proposto (sia frontale che di profilo), ripassa le costruzioni con una linea leggera a china e le forme con una linea più grossa.

2 Fotocopia o sovrapponi una carta da lucido al San Sebastiano di Mantegna o al bronzo di Riace della pagina precedente e cerca le proporzioni applicando lo schema proposto.

3 Cerca delle fotografie che ritraggano la figura intera - come quelle che vedi qui a fianco - e prova a ricavarne lo schema proporzionale.

Età e tipi

2

❯ La figura umana non sempre rispetta le proporzioni ideali! Già il corpo del **bambino** ha proporzioni differenti a seconda dell'età: fino a circa due anni la testa è un quarto dell'intera lunghezza; poi, verso i 4 anni, diventa un quinto e nel tempo riduce la sua predominanza. Verso i 17 anni rappresenta un ottavo della figura.

Nella **persona anziana** il corpo tende ad allargarsi o ad assottigliarsi e cambia la forma del profilo, che si incurva.

❯ Riferendoci all'uomo e alla donna adulti, esistono, considerando la norma delle proporzioni (larghezza del corpo partendo dalle spalle), diversi **tipi** fisici, come il **longilineo** e il **tarchiato**.

Vi sono poi degli estremi che sono le figure **allampanate**, magre e alte, e gli **obesi**. In queste situazioni lo schema di riferimento cambia come struttura e come proporzioni e va quindi ripensato di volta in volta.

LESSICO

Longilineo: alto, snello, con arti inferiori lunghi rispetto al tronco

Tarchiato: di corporatura solida e massiccia

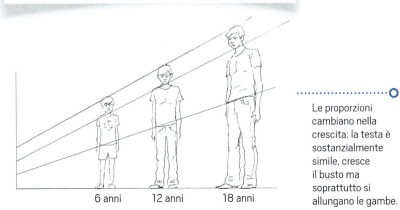

6 anni   12 anni   18 anni

Joseph Anton Merz, *Due Putti con fiori*, 1727, affresco. Baviera, Monastero di Oberalteich.

Nella storia dell'arte sono stati sempre dipinti i Putti, cioè immagini di angioletti a rappresentare i bambini saliti in cielo in tenera età.

Nella fotografia di queste due sorelle le differenze di proporzioni e di struttura fisica sono molto evidenti.

Le proporzioni cambiano nella crescita: la testa è sostanzialmente simile, cresce il busto ma soprattutto si allungano le gambe.

Carl Larsson, *Brita e io!*, 1895, acquerello. Göteborgs Konstmuseum.

Interessante notare le proporzioni diverse tra papà e figlia.

Umberto Boccioni, *Tre donne*, 1909, olio su tela, 170 x 124 cm. Collezione privata.

Sono evidenti le differenze di proporzioni tra la giovane, la mamma e la nonna.

› **Galleria** Età e tipi in celebri quadri

All'opera

VEDERE E RAPPRESENTARE

1 Cerca delle tue fotografie a figura intera di quando eri piccolo (ad esempio 2 anni e 6 anni) e copiale considerando le giuste proporzioni. Utilizza la matita o le matite colorate.

UTILIZZARE REGOLE E STRUTTURE

2 Inventa i personaggi di un fumetto che abbia come protagonisti un bambino della scuola dell'infanzia, il nonno magro e molto alto, la nonna piccola e grassa.

3 Immagina i personaggi di uno dei racconti letti durante le ore di italiano e disegnali.

Posizioni

3

La figura umana si organizza attorno a un elemento mobile, la **colonna vertebrale**, su cui si innestano la testa, le spalle con le braccia, il bacino con le gambe.

> Le posizioni che l'uomo assume dipendono dalle **articolazioni**, che hanno diverse strutture e quindi **funzioni**: possono essere di **tipo mobile**, come la spalla, **semimobile**, come le vertebre, o che consentono **un solo movimento** come il gomito e il ginocchio (per poter mantenere l'equilibrio e il peso della figura). Le mani hanno moltissime articolazioni per consentire tutti i possibili movimenti delle dita.

> Di tutte queste cose bisogna tener conto per **osservare** e poi **disegnare** le varie posizioni della figura, non dimenticando quanto detto precedentemente sulle **proporzioni**.
Gli **schemi** che proponiamo devono diventare sempre più un patrimonio personale per permettere di disegnare le varie posizioni a memoria.

> Uno strumento utile, anche per osservare le posizioni che può assumere la figura, è il manichino di legno che le semplifica molto e aiuta a vedere i volumi.

 Galleria La posizione del corpo nei disegni degli artisti

Michelangelo Buonarroti, *La creazione di Adamo*, 1541, volta della Cappella Sistina. Città del Vaticano.

Prendiamo questa posizione di Adamo per osservare come le proporzioni tra le parti del corpo e le articolazioni siano messe in gioco dall'artista per raffigurare una posizione realistica.

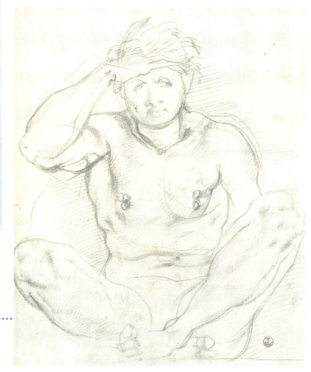

Jacopo Pontormo, *Uomo seduto*, 1520 circa, matita. Firenze, Uffizi.

Nella figura seduta a terra, vista frontalmente, gambe e cosce si sovrappongono.

Maso Finiguerra, *Apprendista pittore*, 1620 circa, penna e acquerello. Firenze, Uffizi.

Schemi per tre
posizioni diverse.

Pompeo Batoni, *Uomo seduto a terra*, 1720 circa, punta metallica su carta colorata. Firenze, Uffizi.

 Galleria La posizione del corpo in fotografia

All'opera

RICONOSCERE REGOLE E STRUTTURE

1 Le posizioni che l'uomo assume dipendono dalle articolazioni. Procurati dei fiammiferi e, usandoli come fossero elementi di un manichino, realizza varie posizioni. Ricalca le più convincenti su un foglio di carta nera e con matita bianca evidenziale.

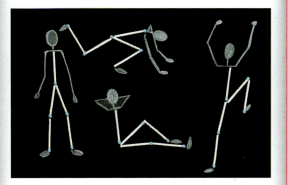

UTILIZZARE REGOLE E STRUTTURE

2 Disegna la silhouette di due semplici figure facendo attenzione alla posizione e sovrapponile a uno sfondo adeguato. L'esempio proposto è il particolare di un murale.

Movimento

4

❯ La rappresentazione del **movimento** ha sempre interessato gli artisti che lo hanno **osservato e studiato**.

❯ Prima di realizzare l'opera definitiva in generale l'artista realizza una serie di schizzi, servendosi di modelli o del manichino, alla **ricerca della posizione più adeguata**.
L'avvento della fotografia ha permesso di affrontare **scientificamente** il movimento "fermandolo" in ogni passaggio, come ad esempio nella camminata o nella corsa, per studiarne meglio le posizioni.

❯ Affrontiamo alcuni movimenti di base, come **la camminata** o **la corsa**, e alcuni movimenti legati al **mondo del lavoro**. Osserviamo bene tutte le articolazioni e, a partire da esse, le posizioni dei segmenti del corpo, come ben evidenziato dagli schemi.
Il movimento può essere **rappresentato** con una **singola posizione**, con la **ripetizione** del movimento (è il caso degli artisti futuristi o del fumetto), con la realizzazione di una **sequenza** nella stessa opera.

Etienne-Jules Marey, *Studio della corsa*, 1880 circa, cronofotografia. ©Jacques Boyer/Roger Viollet.

Il dottor Marey, medico fisiologo, mise a punto un sistema per registrare su un'unica immagine e su un'unica lastra le varie posizioni del soggetto in movimento.

Paul Signac, *I demolitori*, 1896, litografia da un originale a carboncino, 50 x 31 cm. Milano, Collezione privata.

L'artista fissa due movimenti realizzando come delle sagome in controluce.

Lorenzo Ghiberti, *Cinque studi per i flagellatori di Cristo*, 1400 circa. Vienna, Pinacoteca Albertina.

L'artista studia la figura da diverse angolazioni per cercare la forma che meglio esprime la violenza del gesto.

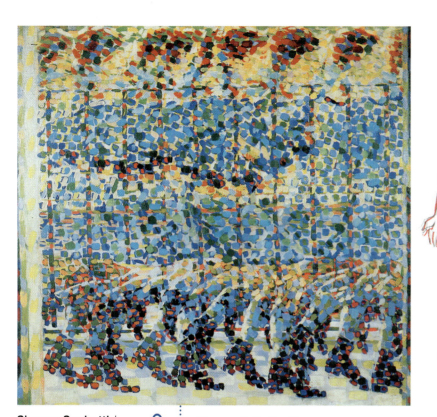

Giacomo Balla, *Bambina sul balcone*, 1912, olio su tela, 125 x 125 cm. Milano, Galleria d'Arte Moderna.

L'artista futurista dipinge la ripetizione della camminata della bambina.

Giuseppe Cominetti, *I conquistatori del sole*, 1907, olio su tela, 291 x 290 cm. Collezione privata.

L'artista rappresenta il movimento in sequenza quasi cinematografica.

Spostamento dei vari segmenti del corpo iniziando un movimento.

Galleria Il movimento dei corpi in fotografia

Schemi di corsa da due diverse posizioni.

All'opera

RICONOSCERE REGOLE E STRUTTURE

1 Prova a disegnare con attenzione lo schema riportato a sinistra con la figura che inizia a muoversi. Evidenzia liberamente le posizioni con due colori.

2 Cerca delle immagini fotografiche e ricava lo schema del movimento evidenziando i volumi come nei due esempi.

UTILIZZARE REGOLE E STRUTTURE

3 Inventa un pannello decorativo che abbia a tema la danza (o il calcio o il pattinaggio...) e come protagonista la figura umana. Puoi anche creare una modalità di stilizzazione della figura.

5 Movimento: la danza e lo sport

> Vi sono movimenti del corpo umano più complessi, rispetto a quelli già studiati, e sono legati al mondo dello sport e della danza.

Quest'ultima merita un'attenzione particolare perché le posizioni che il corpo assume hanno un valore **espressivo**: sono un **linguaggio** vero e proprio.

Esiste la **danza classica**, in cui i **movimenti** sono molto studiati, **dolci e continui** (la linea di riferimento, per intenderci, è quella **curva**) e la **danza moderna**, i cui **movimenti** sono più **rapidi e acrobatici** (la linea di riferimento è quella **spezzata**).

> Nello **sport** i movimenti sono determinati dal tipo di attività che viene svolta e quindi, in un certo senso, ogni sport ha alcuni movimenti che lo caratterizzano. Possiamo pensare alla rovesciata nel calcio, alla battuta della pallavolo, alla volée del tennista, alla bracciata dello stile libero nel nuoto ecc.

Le varie parti del corpo sono diversamente sollecitate in questi **movimenti** che sono normalmente molto **forzati**.

Questa sequenza di fotografie mostra le differenti posizioni e la gestualità diversa dei ballerini classici o dei pattinatori rispetto a chi fa *break dance*.

Henri de Toulouse-Lautrec, *"Chocolat", danza nel bar di Achille*, 1896, inchiostro di china e tempera bianca. Albi, Museo Toulouse–Lautrec.

Edgard Degas, *Ballerina in posa*, 1875, olio su tela, 65 x 50 cm. Mosca, Museo Puškin.

La posizione assunta dai calciatori ha come riferimento la linea spezzata.

Il pugile e il ginnasta.

> **Galleria** La danza e lo sport nella fotografia

Schema di due posizioni di danza.

All'opera

RICONOSCERE REGOLE E STRUTTURE

1 Sovrapponi la carta da lucido a foto di atleti e ricava lo schema seguendo gli esempi. Riporta poi su foglio e rifinisci liberamente.

UTILIZZARE REGOLE E STRUTTURE

2 Ricava dalle immagini proposte dei controluce realizzando dei marchi per una locandina o altro.

3 Disegna la sequenza della corsa o del salto in alto o di altre specialità atletiche affrontate durante le ore di Scienze motorie. Puoi farlo schematicamente o aiutandoti con un personaggio in cartoncino ritagliato sulle articolazioni.

Particolari

6

› La figura umana non è interessante solo nel suo insieme, ma anche nei **particolari**, soprattutto degli arti.

› Gli artisti hanno sempre dedicato grande attenzione allo studio delle **mani**, cercando un proprio stile personale nella rappresentazione, che può essere più o meno realistica, dei **movimenti** e delle "**prese**".

› La **mano** è collegata al braccio dal polso ed è formata dal palmo e dalle dita articolate in tre parti (due per il pollice): le falangi e le falangette. Essa è il primo strumento che consente all'uomo **movimenti complessi**, sia molto precisi che molto potenti.
La mano, inoltre, ha un proprio linguaggio: pensiamo alla stretta di mano o al pugno chiuso!

› Il **piede** è un "ammortizzatore" del corpo poiché su di esso agiscono tutti i carichi generati dal movimento (correre, saltare...). Ha una forma semplice ma difficile da rappresentare.

› Le mani e i piedi vanno studiati per le **posizioni** che possono assumere considerando sia la **forma** che il **volume** rispetto al punto di vista che se ne ha.

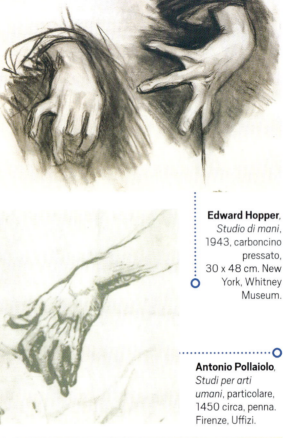

Edward Hopper, *Studio di mani*, 1943, carboncino pressato, 30 x 48 cm. New York, Whitney Museum.

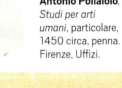

Antonio Pollaiolo, *Studi per arti umani*, particolare, 1450 circa, penna. Firenze, Uffizi.

Maurits Cornelis Escher, *Mano con sfera riflettente*, 1935, litografia, 32 x 21 cm.

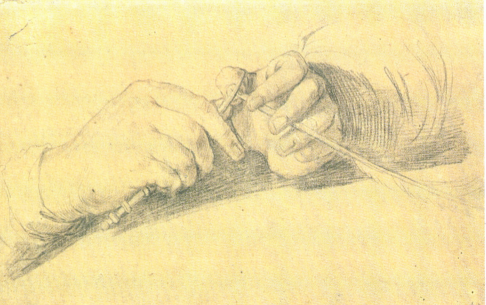

Guido Reni, *Due mani che temperano una penna*, matita nera e rossa su carta colorata. Firenze, Uffizi.

Pablo Picasso, *Studi di mani che reggono la brocca*, studio per l'opera "*Tre donne alla fontana*", 1921, carboncino. Parigi, Museo Picasso.

Sia Pollaiolo che Hopper che Picasso studiano le mani non solo per capirne i movimenti, ma per cercare una espressività del gesto, che rappresentano con stile diverso.

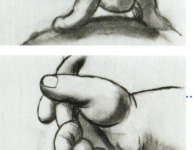

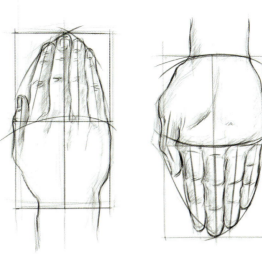

Schemi della mano e del piede in varie posizioni.

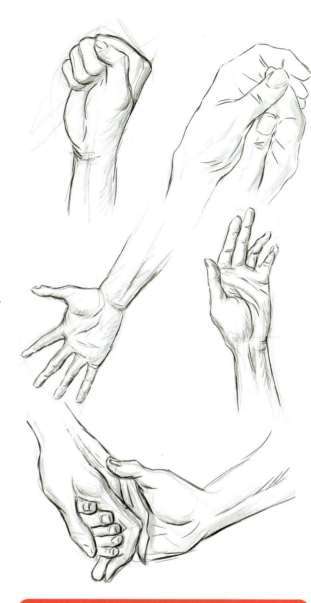

Raffaello Sanzio, *Studio per Diogene in "La Scuola di Atene"*, 1508, matita. Francoforte, Collezione Ottley.

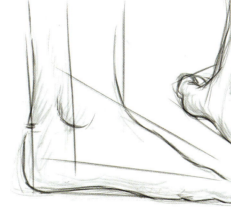

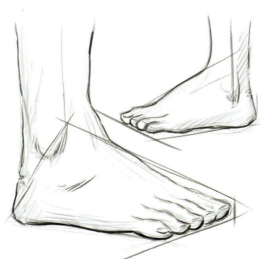

All'opera

VEDERE E RAPPRESENTARE

1 Disegna le mani prima seguendo gli schemi qui proposti poi inserendo il chiaroscuro alla ricerca di un tuo stile personale. Poi prova a disegnarle dal vero.

2 Disegna i tuoi piedi secondo lo schema proposto e poi rappresentali visti dall'alto.

Il manichino

7

> Il **manichino di legno**, con le sfere come articolazioni e tutte la parti essenziali del corpo semplificate, è tradizionalmente un **aiuto** agli studenti di materie artistiche per **approfondire l'osservazione della figura**.

Il vantaggio del manichino di legno è che rappresenta le forme nella loro **essenzialità** come **figure solide**.

> La testa corrisponde all'ottava parte dell'altezza del corpo e tutte le 14 **articolazioni principali** realizzate (collo, spalle, gomiti, polsi, bacino, cosce, ginocchia, caviglie) sono a forma sferica per permettere la rotazione degli arti, o delle altre parti del corpo, e studiare la logicità delle posizioni che la figura può assumere.

Il manichino può essere visto di profilo e di ¾ con varie angolature facilitando così l'osservazione anche di posizioni complesse con le possibili varianti.

Anche con il cartoncino si possono realizzare manichini che, però, possono essere solo frontali o di profilo.

> Il manichino, inoltre, diviene a sua volta un soggetto vero e proprio dell'opera d'arte.

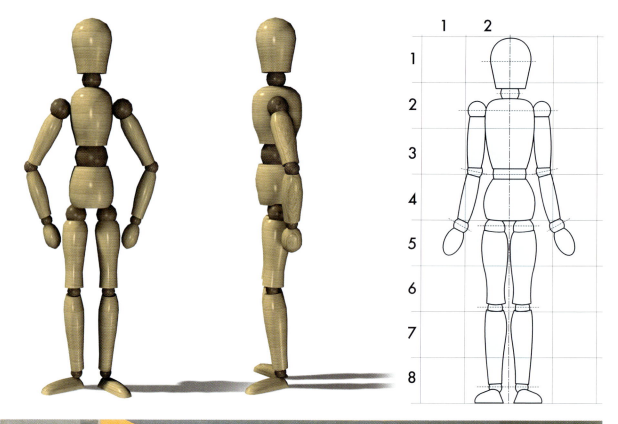

Fortunato Depero, *La casa del mago*, 1920, olio su tela, 150 x 260 cm. Collezione privata.

L'artista utilizza i manichini come personaggi di questa sua rappresentazione dedicata alla creatività.

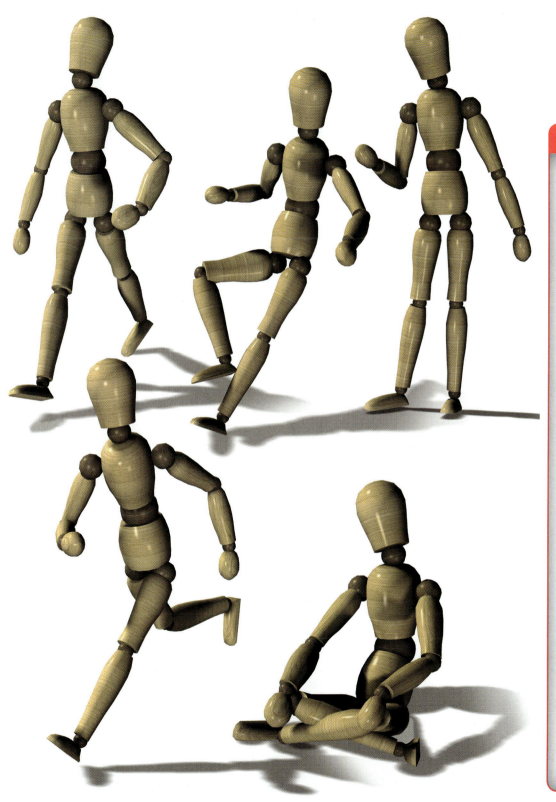

› **Approfondimento** Schema per manichini di cartone

All'opera

UTILIZZARE REGOLE E STRUTTURE

1 Disegna un manichino seguendo lo schema proposto nella pagina a fianco e aggiungi il chiaroscuro per dare volume. Poi, ispirandoti anche ai manichini qui fotografati, disegnane alcuni osservando bene le posizioni.

2 Realizza due manichini di cartone come vedi nell'esempio. Puoi trovare nei materiali digitali lo schema delle varie parti. Con lo stesso schema puoi anche costruire manichini di grandi dimensioni per personalizzare uno spazio della scuola.

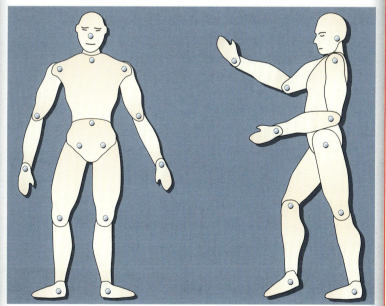

INTERPRETARE

3 Realizza una libera interpretazione partendo dalla forma dei manichini, evidenziandone ad esempio la linea o i volumi o altro.

La figura nella scultura classica

8

❯ La scultura è un linguaggio artistico che si fonda sull'**espressività del volume**. Fin dalla preistoria ha avuto come soggetto la forma più articolata ed armonica che esista: la **figura umana**.

A differenza della pittura, che rappresenta il volume, **la scultura**, quella a tutto tondo soprattutto, **costruisce le forme** come **volume** ed è **visibile da vari punti di vista**.

❯ Gli antichi Greci hanno raggiunto i vertici nello studio delle **proporzioni e dell'armonia** proprio nella scultura. Nel periodo classico le forme sono più **composte e misurate** mentre in quello ellenistico sono più **articolate** e **complesse**.

La rappresentazione della figura può essere anche una **interpretazione**, come nel Medioevo, dove le forme e le proporzioni sono funzionali a un racconto simbolico.

Nel Rinascimento italiano abbiamo una particolare attenzione per la figura umana e le sue **posizioni**.

Nel Barocco l'interesse dello scultore è per **l'azione** ed il movimento.

Nel Neoclassicismo (XVII secolo) si riprende il gusto classico per la **compostezza** nella posizione delle figure.

Cariatide, particolare dell'Eretteo, V secolo a.C. Atene, Acropoli.

Si tratta di una delle sei statue con funzione di sostegno del tempietto dell'Eretteo sull'Acropoli di Atene. La figura è rappresentata frontalmente con una gamba leggermente avanzata che muove le pieghe profonde del peplo.

Venere di Milo, 130 a.C., marmo, 203 cm circa. Parigi, Louvre

Questa statua famosissima è diventata il simbolo della bellezza femminile. La forma è complessa: il peso della figura è tutto sostenuto dalla gamba destra e il corpo ha una leggera torsione che si nota soprattutto osservandola da un secondo punto di vista. Notiamo la dolce rappresentazione delle forme del corpo in contrasto con il continuo cambiamento luce/ombra del panneggio.

Benedetto Antelami, *Il segno dell'Acquario*, particolare, 1216 circa, altorilievo policromo. Parma, Battistero.

Allo scultore medioevale non interessano tanto le proporzioni reali della figura quanto raccontare un fatto, rendere visibile un'idea. Qui Antelami rappresenta il lavoro agricolo che si svolge dal 23 gennaio al 19 febbraio sotto la costellazione dell'Acquario. I gesti degli uomini sono rappresentati con grande semplicità e forza.

Lorenzo Bartolini, *La fiducia in Dio*, 1835, marmo, 93 x 43 x 62 cm. Milano, Museo Poldi Pezzoli.

La posizione della giovane e la sua nudità esprimono l'abbandono di chi poggia tutta la propria speranza in un Altro. L'artista ritrae la giovane donna in modo molto verosimile, ma rifacendosi all'ideale greco di perfezione: le forme hanno tutta la bellezza della gioventù e la morbidezza del corpo femminile anche grazie a una sapientissima lavorazione del marmo bianco.

Donatello, *David*, 1444, bronzo, altezza 158 cm. Firenze, Museo del Bargello.

Il confronto tra la rappresentazione del David di questi due grandi scultori italiani ci aiuta a vedere come si modifica la visione della figura umana nel Rinascimento e nel Barocco. Donatello lo propone come un giovane che ha appena svolto il suo compito di lottare per il suo popolo e ha tagliato la testa a Golia.
Bernini, con una torsione della figura, lo propone in azione, mentre lancia la pietra con la fionda.

Gian Lorenzo Bernini, *David*, 1623, marmo, altezza 243 cm. Roma, Galleria Borghese.

La figura nella scultura moderna

9

> La scultura di questi ultimi due secoli ci presenta una serie di **ricerche sulla figura** umana che non si occupano tanto di rappresentare le proporzioni ed i movimenti naturali quanto di **interpretarli in modo espressivo**.

> Se ogni opera è comunque una proposta che l'artista fa del suo modo di osservare la realtà, nella scultura moderna il **soggetto diventa proprio l'originalità interpretativa di ciascuno**.
La prima possibilità è quella di uno **studio dei volumi oltre il realismo** nella direzione dell'**allungamento** o della **deformazione**: non valgono più i canoni greci, ma si cercano nuovi rapporti tra le parti.
La seconda possibilità è la **semplificazione dei volumi**: vengono tolti i particolari alla ricerca di **una forma sintetica**, essenziale.

> Grande importanza assumono le possibilità offerte dai **materiali**: si utilizzano quelli classici come terracotta, marmo, pietra, bronzo, legno cercandone tutte le **potenzialità espressive** e aggiungendo quelli più moderni come acciaio, resine varie ecc.
Il materiale, ad esempio il **marmo**, può essere **scolpito e levigato** creando superfici lucide, oppure lavorato lasciando vedere la **forza dei colpi dello scalpello** che crea le forme.

Arturo Martini, *Il bevitore*, 1935, pietra. Roma, Galleria Nazionale d'Arte Moderna.

Osservando questa scultura sentiamo quasi fisicamente l'arsura che ha spinto la figura ritratta a dissetarsi alla sorgente.
Lo scultore rappresenta la persona carponi, con forme molto semplificate e lavora la pietra rendendola ruvida e spiacevole, come la secchezza della gola che accompagna la sete di chi si è perso nel deserto.

Arturo Martini, *Dormiente*, 1921, gesso. Roma, Galleria Nazionale d'Arte Moderna.

Sempre dello stesso grande scultore abbiamo un'altra rappresentazione in cui il personaggio è interpretato con forme tondeggianti e una superficie levigata quasi a darci l'idea del gusto del riposo.

Alexander Archipenko, *Danzatrice blu*, 1913, bronzo, altezza 106 cm. Collezione privata.

Lo scultore sintetizza molto la figura togliendo ogni dettaglio e cercando il ritmo creato dal movimento.

Henry Moore, *Gruppo di famiglia*, 1945, bronzo. Londra, Tate Gallerie.

L'artista semplifica le forme togliendo ogni particolare e crea una alternanza tra pieni e vuoti, un incrocio tra le figure e le loro braccia dando l'idea dell'unità della famiglia e del ruolo dei genitori che accolgono e guidano.

Alberto Giacometti, *Uomo che attraversa una piazza*, 1949, bronzo, 68 x 80 x 52 cm. AGS, Zurich.

Nella scultura di Giacometti la figura appare quasi dissolta nella sua magrezza: le forme molto allungate, i volumi filiformi, la testa esageratamente piccola ci parlano di un uomo quasi annientato ma ancora presente nella sua essenza.

Pablo Picasso, *Buon Pastore*, 1961, acciaio e grafite. Collezione Julie ed Edward Minskoff.

Protagonista di questa scultura è la lastra d'acciaio che viene piegata e tagliata, come fosse un cartoncino, creando un'immagine dalla forte espressività.

Luca Signorelli, *Il finimondo*, particolare dell'arcone d'ingresso, 1499, affresco. Orvieto, Duomo, Cappella di San Brizio.

› **SOGGETTO** Luca Signorelli, artista toscano del Rinascimento, ha come interesse principale della sua ricerca la rappresentazione della figura umana, di cui studia i movimenti e gli scorci. Qui un particolare della Fine del mondo: le madri stringono a sé i figli nel tentativo di proteggerli e sette soldati fuggono rovinosamente di fronte ad alcuni angeli che lanciano lingue di fuoco.

› **COMPOSIZIONE** La scena fa parte di un ampio affresco inserito in un grande ciclo dedicato all'Apocalisse e al Giudizio. Sin dai tempi di Signorelli, l'opera è stata meta di tanti artisti, ammirati dalla maestria con cui il pittore ha saputo rappresentare le più svariate posizioni delle persone. I raggruppamenti delle figure sono determinati dalla forma architettonica nella quale è inserito l'affresco e sono come spostati in avanti dall'onda d'urto del rumore che produce il finimondo.

› **STILE** I personaggi, colpiti e coinvolti nello straordinario evento, assumono posizioni che indicano stupore, sgomento, dolore. L'artista li disegna dando grande risalto al volume. Il colore delle casacche dei soldati è molto squillante e favorisce l'identificazione dei movimenti e degli scorci.

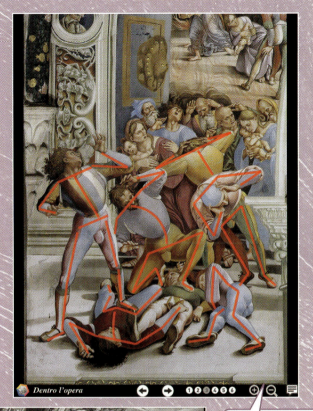

3. Il colore squillante delle casacche favorisce l'identificazione degli scorci e dei movimenti; le tre figure centrali mostrano, come in sequenza, la perdita d'equilibrio fino alla caduta.

2. L'artista disegna i personaggi dando grande risalto alla struttura e al volume dei corpi.

 › **Animazione** La lettura dell'opera

1. I protagonisti della scena sembrano catapultati in avanti, fuori dal dipinto, dall'onda d'urto che produce il finimondo.

Pablo Picasso,
Il flauto di Pan, 1923

Olio su tela, 205 x 174 cm. Parigi, Museo Picasso.

❭ **SOGGETTO** Due giovani sono in riva al mare, sotto il sole pieno di mezzogiorno. In questo dipinto l'artista recupera un'antica leggenda: si narra che la ninfa Siringa, per sfuggire alle brame del dio Pan, si trasformò in canne palustri. Pan, affascinato dal suono delle canne, le tagliò per farne un flauto, che porta il nome della ninfa. Picasso non vendette mai quest'opera e la tenne sempre nel suo studio.

❭ **COMPOSIZIONE** Semplicità, grandezza ed equilibrio caratterizzano quest'opera strana ed enigmatica. La struttura del quadro è impostata sulle linee verticali dei muri e dell'asse delle figure, che contrastano con le linee spezzate delle gambe e delle braccia del musicista. Le figure sono rappresentate con una grande monumentalità mediante ombre molto forti e nitide.

❭ **STILE** Nella ricerca di un personale modo di rappresentare la realtà, che Picasso portò avanti per tutta la vita, quest'opera viene considerata "del periodo classico", realizzata dopo un viaggio in Italia durante il quale ebbe modo di vedere la statuaria greca, le pitture romane di Pompei, i maestri del Rinascimento. Tutto è ordinato ed equilibrato.

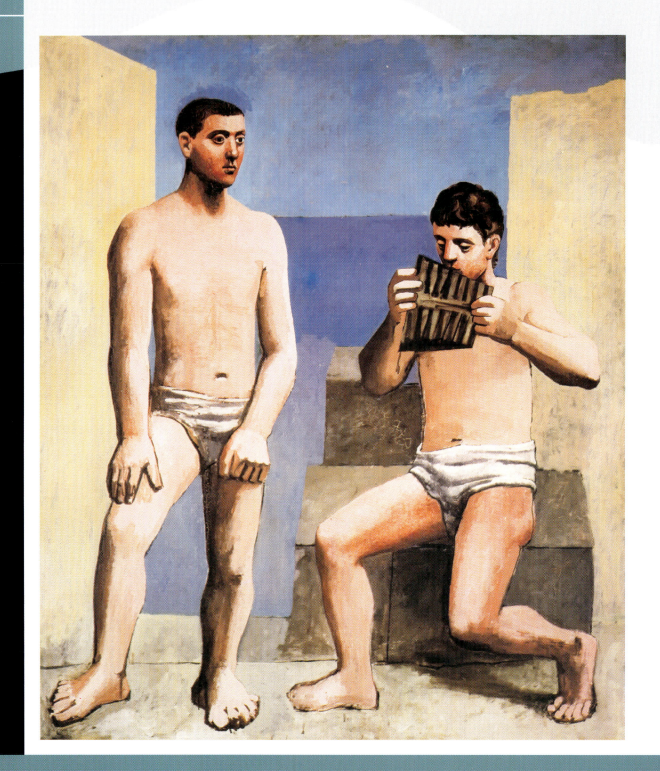

Jean-François Millet,
Le spigolatrici, 1857

Olio su tela, 85 x 111 cm. Parigi, Museo d'Orsay.

> **SOGGETTO** Millet è un artista appartenente alla corrente del Realismo francese che fa della rappresentazione del lavoro contadino il suo soggetto principale. Le contadine ritratte svolgevano l'umile e faticoso lavoro di spigolatrici per la loro famiglia, cercando i chicchi di grano caduti dopo la mietitura. Millet le rappresenta con una monumentalità solenne e il gesto compiuto diventa come un gesto sacro.

> **COMPOSIZIONE** Le tre contadine sono in primo piano su una linea prospettica di profondità. Quella al centro della composizione compie una sorta di arco appoggiando la mano per terra, la seconda è in una posizione simile ma con la mano staccata da terra, quella in primo piano si sta piegando ed è vista da dietro.

> **STILE** La pittura di Millet è molto calda e pastosa, la luce è quella di un tardo pomeriggio con il sole basso all'orizzonte. I volumi delle tre contadine sono molto marcati e assumono nell'opera un forte rilievo. Il colore in lontananza è più sfumato.

> **ARTISTA** Pontormo (Pontorme 1494 - Firenze 1557) è uno degli artisti della seconda metà del 1500 (i Manieristi) che vengono dopo Michelangelo, di cui interpreta lo spirito sia rispetto alla forma delle figure che rispetto alla libertà nell'uso dei colori.

> **SOGGETTO** Si tratta della Madonna a cui l'angelo ha annunciato che sarà la madre del Salvatore. Tutta la figura è costruita con linee tonde che, creando un movimento sinuoso, una figura aperta, indicano sorpresa e stupore.

> **STILE** I colori dell'artista sono molto squillanti e notiamo subito il forte contrasto tra l'arancione della tunica e l'azzurro del mantello (caldo/freddo e complementari).
Una luce mattutina illumina dolcemente la donna dandole volume (il chiaroscuro è ottenuto senza l'uso del nero) e il volto si volge verso la luce con una espressione piena di attesa.

Jacopo Pontormo, *Vergine annunciata*, 1540 circa, affresco. Firenze, Santa Felicita.

Egon Schiele,
*Donna
inginocchiata
con abito
rosso-arancione*,
1910, tempera
e carboncino
su carta,
30 x 45 cm,
Vienna, Leopold
Museum.

> **ARTISTA** Schiele (Tulln 1890 - Vienna 1918) è un artista degli inizi del 1900, vive a Vienna ed è uno dei grandi disegnatori del secolo scorso. Ci offre una visione problematica di se stesso e degli uomini del suo tempo.

> **SOGGETTO** Per questo dipinto ha posato la sorella Gertrude. La contorsione del corpo, con le mani che si uniscono coprendo una parte del volto, rendono l'immagine enigmatica. La ragazza, decentrata nel foglio, è chiusa in se stessa e sembra volersi nascondere agli occhi dell'osservatore. La sua posizione è precaria e quasi innaturale.

> **STILE** Una linea di costruzione che collega la gonna alla mano è appositamente lasciata quasi a indicare lo studio compositivo fatto dall'artista. Una linea a carboncino, molto incisiva e nervosa, contorna gli spazi colorati a tempera spezzando le forme, costruendo un certo volume delle mani e dando forza allo sguardo. Il corpo non ha volume, è formato da una serie di piani che si accostano o si intersecano.

Kazimir Malevic,
Il taglialegna, 1912.

Olio su tela, 94 x 71 cm.
Amsterdam, Stedpelijk
Museum.

> **SOGGETTO** Malevic, importante pittore russo del '900, dipinge un taglialegna nel bosco mentre svolge il suo lavoro. La voluta semplificazione delle forme e dei volumi è fortissima.

> **COMPOSIZIONE** La figura e lo sfondo assumono la stessa importanza in questo insieme di forme piane e solide. Il taglialegna compie un gesto che ha il sapore di un rituale ed è circondato dai tronchi che deve tagliare e che ha già tagliato.

> **STILE** L'artista dipinge in maniera estremamente precisa sia le forme solide sia quelle piane con forti variazioni di tinte e di toni. Il colore non è naturalistico. La ricerca della forma tende a una semplificazione geometrica che negli anni successivi diventerà totalmente astratta.

Giorgio De Chirico, *Ettore e Andromaca*, 1917

Olio su tela, 60 x 90 cm. Milano, Collezione Mattioli.

> **SOGGETTO** Ettore e Andromaca si danno l'ultimo abbraccio prima del duello finale che vedrà Achille vincitore sotto le mura di Troia. L'artista rappresenta i due personaggi dell'antichità come due manichini non tradizionali ma realizzati con varie forme piane e solide. Giorgio De Chirico è l'ideatore della pittura Metafisica. Non dipinge la realtà, ma la ripropone come un'apparizione misteriosa e piena di attesa in uno spazio al di là del tempo. Una forte luce sullo sfondo mette in evidenza la linea di orizzonte suggerendo la profondità.

> **COMPOSIZIONE** La struttura del quadro è molto equilibrata. I manichini sono al centro dello spazio del quadro, con elementi architettonici che fanno da quinta e richiamano le porte della città assediata. Sulla destra si vede solo l'ombra portata di un altro elemento che ricorda i merli delle mura.

> **STILE** Una forte luce laterale da destra illumina le forme e crea volumi con ombre proprie e portate. Osserviamo in particolare l'ovale delle teste con linee di costruzione che richiamano i lineamenti dei personaggi. Il colore è steso con grande precisione, secondo le regole della pittura classica, e il disegno è evidente e preciso.

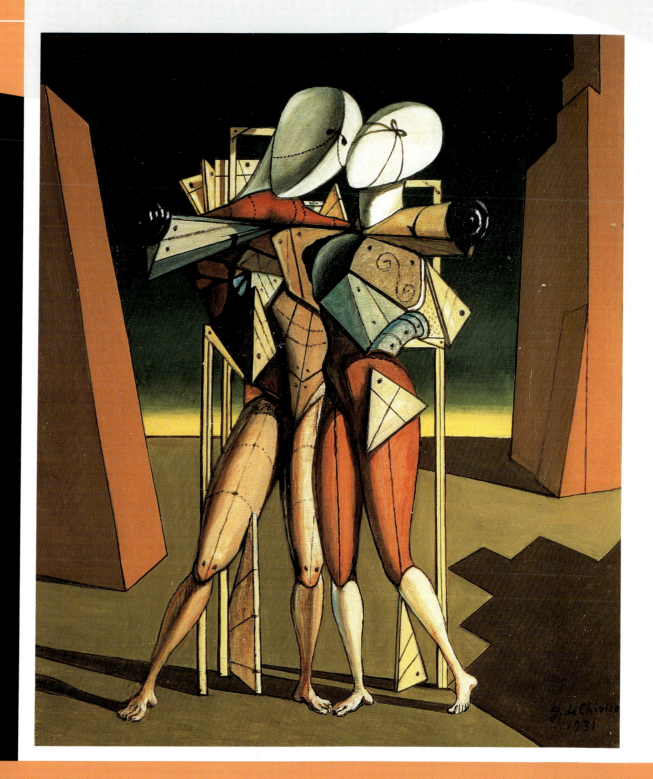

LE COMPETENZE ESPRESSIVE

1. Ricalca o ricopia le figure di Signorelli di pag. 184, scegliendone una sola o più di una. Cerca innanzitutto di darne un'interpretazione realistica utilizzando matita, sanguigna o penna, poi realizza un'ambientazione drammatica adatta, immaginata da te.

2. Partendo da una figura riprodotta su una rivista, realizza un elaborato ispirandoti allo stile delle opere di Picasso, De Chirico e Schiele proposte a pag. 188, 189 e 191.

3. Copia dal vero un tuo compagno in una posa semplice, ispirandoti all'opera di Modigliani che vedi qui accanto e alla sua ricerca di armonia attraverso una linea sempre tondeggiante e con colori in accordo tra loro.

4. Scegli la fotografia di un gruppo di persone, riportala su un foglio e poi cerca una semplificazione delle forme. Puoi ispirarti ai Tre musicisti di Picasso valorizzando i piani con i colori, oppure alla semplificazione delle forme mostrata da Sironi o alla grafica allegra di Haring.

5. Scegli un tema (paternità, amore, dolore...), magari in relazione ad argomenti che stai studiando in altre materie, e sviluppalo utilizzando la rappresentazione della figura umana. Linguaggio, interpretazione e tecnica a piacere.

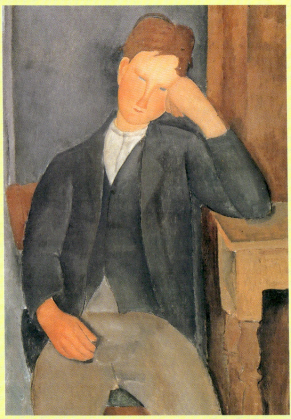

Amedeo Modigliani, *Giovane apprendista*, 1918, olio su tela, 100 x 65 cm. Parigi, Museo dell'Orangerie.

Mario Sironi, *Figure*, 1918, tecnica mista, 24 x 30 cm. Collezione privata.

Pablo Picasso, *Tre musicisti in maschera*, 1921, olio su tela, 200,7 x 222,9 cm. New York, MoMA.

Keith Haring, *Monkey Puzzle*, 1988, acrilico su tela, diametro 120 cm.

› Verifica autocorrettiva

LE CONOSCENZE

Evidenzia la risposta esatta (anche più di una)

1. La testa rappresenta

- A un decimo dell'intero corpo
- B un ottavo dell'intero corpo
- C un sesto dell'intero corpo

2. Gli schemi proporzionali famosi sono quelli di

- A Leonardo
- B Wiligelmo
- C Le Corbusier
- D Dürer

3. Nel bambino la testa

- A è ¼ dell'intera lunghezza nei primi mesi
- B sta addirittura 15 volte nell'altezza totale
- C rispetto all'altezza del corpo, appare più piccola crescendo
- D rispetto all'altezza del corpo, appare più grossa crescendo

4. La parola "allampanato" indica una persona

- A molto piccola
- B molto alta e magrissima
- C molto grassa e alta

5. Le articolazioni sono punti del corpo

- A che consentono i movimenti
- B rigidi
- C molto belli

Rifletti e completa o rispondi

1 Elenca e descrivi i tipi fisici

2 Nel disegno delle varie posizioni è importante individuare ...

3 I movimenti, come la camminata e la corsa, possono essere rappresentati con tre diversi metodi: elencali e descrivili

4 Gli scultori greci hanno raggiunto i vertici nello studio delle ...

5 Agli scultori medievali non interessavano molto le ...

6 Descrivi sinteticamente cosa volevano ottenere, rappresentando la figura umana, gli scultori del Rinascimento, quelli che si sono espressi all'interno del Barocco, i neoclassici

7 Prova a descrivere quali aspetti del volume sono stati più utilizzati, ai fini espressivi, dagli scultori moderni.

6. Realizza l'illustrazione per la locandina pubblicitaria di un avvenimento sportivo del tuo paese o della tua scuola. Puoi scegliere di interpretare i diversi movimenti con figure semplicemente schizzate, con l'immagine dei manichini, oppure ispirandoti a questa immagine della Lacoste.

Gli animali

Forme arrotondate e colori mimetici contraddistinguono il polpo.

> Varietà di forme

Come quasi tutti gli organismi viventi, anche gli animali sono caratterizzati da forme **molto articolate e poco "geometriche"**, in cui prevalgono le **linee curve** e **spezzate**.
Ne analizzeremo la **struttura** complessa e i **movimenti** approfondendo l'aspetto dei **manti**.

Per cominciare possiamo affrontare le forme **morbide e sinuose** degli **esseri sottomarini** applicando il metodo del disegno di **pura linea** (vedi pag. 12).

Gli esseri marini, affascinanti già per gli artisti delle prime civiltà mediterranee, furono fonte di ispirazione per **decorare** vasellame e pareti dei palazzi.
Le prime rappresentazioni realistiche di questi animali risalgono a metà del 1500: sono **immagini di tipo scientifico** con lo scopo di catalogare le conoscenze.

Studio della struttura e delle linee sinuose di un polpo.
Sotto, rappresentazione del medesimo polpo evidenziando linee e volume.

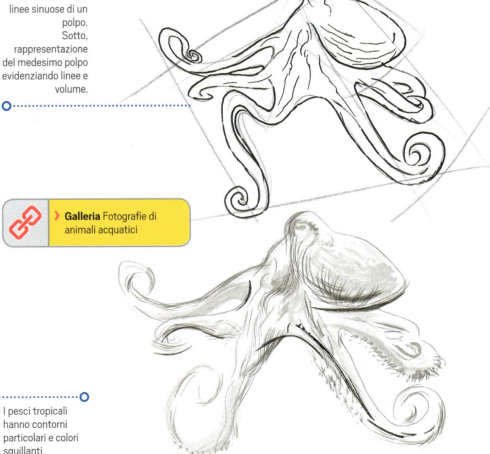

> **Galleria** Fotografie di animali acquatici

I pesci tropicali hanno contorni particolari e colori squillanti.

Giorgio Liberale (attribuzione), *Aragosta e Piovra*, 1558 circa, pergamena. Vienna, Österreichische Nationalbibliothek.

Queste raffinate pitture su pergamena hanno carattere scientifico e analizzano in modo dettagliato colori e particolari.

Utagawa Hiroshige, *Calamari e sgombri*, 1823, stampa, Higland Park, Illinois, The Mann Collection.

Il disegno molto realistico è marcato da una linea nera. Il colore è utilizzato con forza, in modo sintetico.

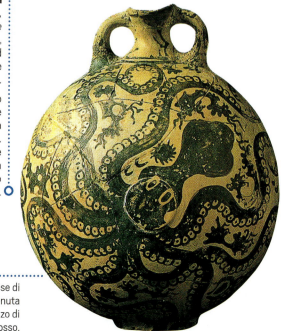

Brocca cretese di Gurnià, rinvenuta nel Palazzo di Cnosso.

Animali con struttura complessa

1

> Moltissimi animali hanno una **struttura** costituita da uno **scheletro articolato** secondo diversi **schemi** e **proporzioni** (pensiamo alla differenza tra un cavallo e un cane!).
>
> Questa struttura è particolarmente evidente nella **visione di profilo** che facilita il riconoscimento della forma **geometrica esterna** che la contiene e delle **linee costruttive**.
>
> La visione di profilo evidenzia inoltre la forma del muso.

> La maggior parte degli animali ha una **forma simmetrica** (a parte alcuni molluschi il cui guscio risponde a un altro schema come quello spiraliforme). Essa si rivela nella visione dall'alto di insetti, di farfalle, di volatili ad ali aperte e nella visione frontale dei musi.

> È di particolare interesse osservare la struttura degli uccelli nelle varie posizioni sia di riposo che in volo.

Leonardo da Vinci, *Studi di cavallo*, 1490 circa, punta d'argento su carta preparata. Firenze, Uffizi.

> **Galleria** Schemi costruttivi di altri animali

Interessante osservare la forma simmetrica che caratterizza molti animali.

Studio della struttura e poi della forma di un elefante e di una giraffa.

Domenico Ghirlandaio, *Adorazione dei pastori*, particolare, 1485, olio su tavola, 167 x 167 cm. Firenze, Santa Trinita.

Osserviamo la precisione e la delicatezza con cui sono rappresentati i musi dell'asino e del bue che sembrano partecipi della scena che accade davanti a loro.

❯ **Galleria** Animali con struttura complessa. Fotografie

All'opera

VEDERE E RAPPRESENTARE

1 Seguendo il metodo proposto prova a copiare uno degli animali della pagina precedente o che trovi nei materiali digitali.

2 Disegna un uccello in volo cercando delle immagini o partendo da quello qui proposto.

3 Copia il muso di asino o di bue di Domenico Ghirlandaio e colora con matite colorate acquerellabili. Cerca poi l'immagine del muso di un altro animale, studiane la forma e dipingilo con tecnica a piacere.

Animali in movimento

2

❯ La visione più interessante degli animali è quella che li coglie nelle **posizioni naturali** e in **movimento**.

Copiandoli da foto basterà applicare i metodi imparati nel capitolo sul disegno considerando ciò che si vede come pura forma (cercando quindi di riprodurre andamenti lineari dei contorni, inclinazioni delle linee sintetiche di costruzione, forma degli spazi negativi, oppure utilizzando la griglia di riferimento) e cercandone la "**geometria nascosta**" soprattutto nelle **proporzioni**.

❯ È interessante, però, cercare di capire come si "modifica" la struttura scheletrica all'interno della figura che si vede, perché essa può piegarsi in vari modi o essere percepita diversamente nelle sue proporzioni a causa dello scorcio: ciò permetterà, nel tempo, di inventare animali in movimento.

Eugène Delacroix, *Un cavaliere*, 1848, acquerello. Parigi, Louvre.

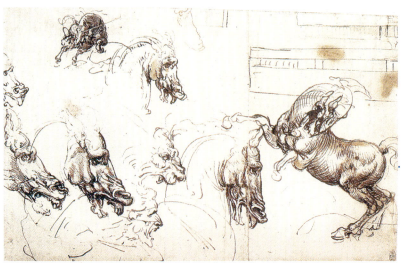

Leonardo da Vinci, *Studi per la battaglia di Anghiari*, 1504, inchiostro e sanguigna. Firenze, Uffizi.

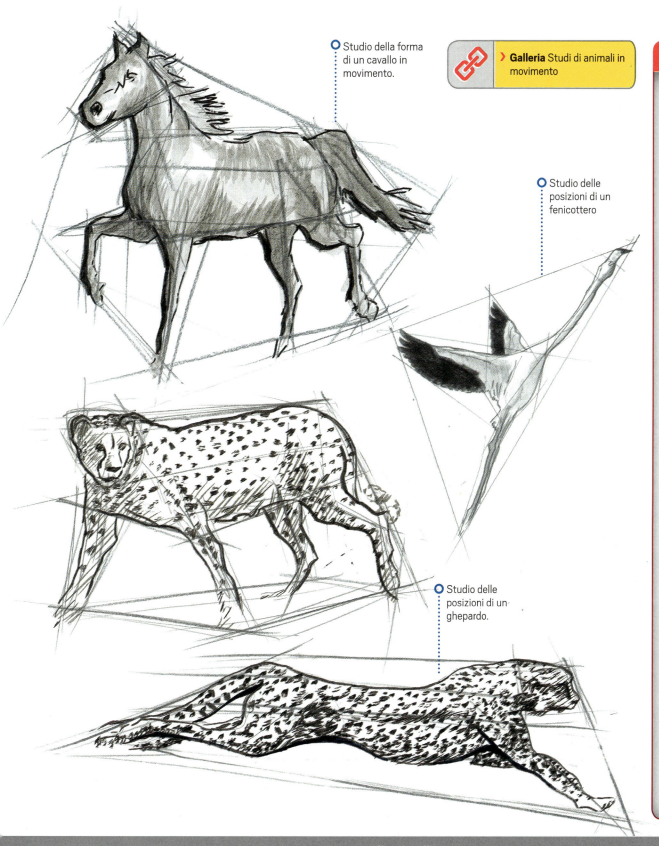

Studio della forma di un cavallo in movimento.

Studio delle posizioni di un fenicottero

Studio delle posizioni di un ghepardo.

› **Galleria** Studi di animali in movimento

All'opera

VEDERE E RAPPRESENTARE

1 Prova a disegnare il cavallo o il ghepardo qui proposti. Potrebbe essere utile utilizzare il carboncino. Trova poi la foto di un animale in movimento e prova a disegnarlo rifinendolo con tecnica a piacere.

2 Partendo dall'immagine di un animale in movimento realizza la sua silhouette e poi inseriscila su uno sfondo a colori.

3 Fotografa il tuo gatto o il tuo cane (o di un amico) in almeno tre posizioni diverse o da diverse angolazioni e poi copialo. Puoi anche lavorare con gli schizzi veloci o rifinire a penna. L'esempio è con china bianca su carta nera.

Manti e superfici

3

› Gli animali presentano "superfici esterne" molto diverse. Sappiamo che sono funzionali alla sopravvivenza ma le ammiriamo per la loro bellezza. **Pellicce**, **piumaggi**, **placche**, **squame**... il loro ordine, la loro forma e soprattutto i loro colori ci colpiscono.

› Le "superfici" possono essere studiate "scientificamente" cercando una **rappresentazione di tipo realistico**, che riprende la pelliccia o le piume con la loro ricca varietà di colori, oppure interpretando con stile personale ciò che la natura propone, per realizzare **decorazioni originali**.

› È possibile scegliere tra varie tecniche per valorizzare questo aspetto: tratteggi diversi per rappresentare le pellicce e i piumaggi, segni ripetuti per rappresentare la texture formata dalle squame ecc.

Albrecht Dürer, *Ala di uccello*, 1530 circa, acquerello. New York, Collezione privata.

L'artista studia in modo approfondito la forma delle piume, la loro posizione e soprattutto le loro variazioni di colore.

Partendo da una fotografia studiamo prima la forma e poi realizziamo la decorazione del piumaggio.

 **Galleria** Manti e superfici nell'opera d'arte

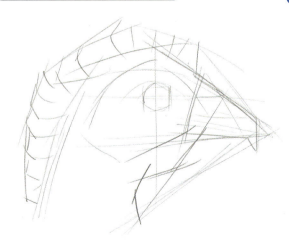

Albrecht Dürer, *Leprotto*, 1502, acquerello. Vienna, Pinacoteca Albertina.

Con molta cura l'artista dipinge la pelliccia di un leprotto ponendo un'attenzione molto precisa ai dettagli e al volume.

Ugo Sterpini, *Tucano*, 1971, matita bianca su carta nera. Collezione privata.

Utagawa Hiroshige, *Uccellino giallo e nero su fiore di ibisco giallo*, 1830 circa, stampa, 17 x 12 cm.

L'artista giapponese ci propone con immediatezza il piumaggio di questo uccello valorizzando il colore e le forme.

All'opera

VEDERE E RAPPRESENTARE

1 Realizza con una stampa adigraf (vedi pag. 52) la copia di un volatile facendo particolare attenzione a trattare il piumaggio. Ricorda che tutto si gioca sul contrasto bianco/nero.

RICONOSCERE REGOLE E STRUTTURE

2 Copia l'immagine di un pesce studiando in modo particolare le squame. Interpreta colorando a pennarello con diverse tonalità

ISPIRARSI A OPERE D'ARTE

3 Ispirandoti a questo *Uccello esotico* (J. Nash, 1815, acquerello e inchiostro su carta, 27 x 21. Brighton, Royal Pavilion) realizza un piumaggio fantasioso con attenzione ai particolari. Scegli la tecnica più adeguata, ad esempio la china nera e le chine colorate.

Franz Marc, *Mucche giallo-rosso-verde*, 1912, olio su tela. Monaco, Städtische Galerie im Lenbachhaus.

❭ **SOGGETTO** L'artista rappresenta tre bovini in posizioni diverse, interpretati liberamente dando grande importanza alle forme tondeggianti, riprese anche sullo sfondo, e al colore.

❭ **COMPOSIZIONE** La mucca gialla crea una sorta di diagonale molto luminosa a cui si collegano il vitello rosso e il bue verde. La forma tondeggiante degli animali è ripresa dalle linee del paesaggio: si crea così un ritmo unitario che indica la completa armonia tra gli animali e la natura. Forti contrasti tra i colori complementari (rosso e verde) e tra i primari (giallo e rosso) caratterizzano l'opera.

❭ **STILE** Franz Marc, con Kandinskij, fa parte di un gruppo di artisti raccolti attorno alla rivista "Cavaliere Azzurro", che cercano la massima espressività della linea e del colore. Il colore, assolutamente non naturalistico e squillante, e la linea curva sono, infatti, gli assoluti protagonisti di quest'opera che affascina l'osservatore per la sua forza comunicativa.

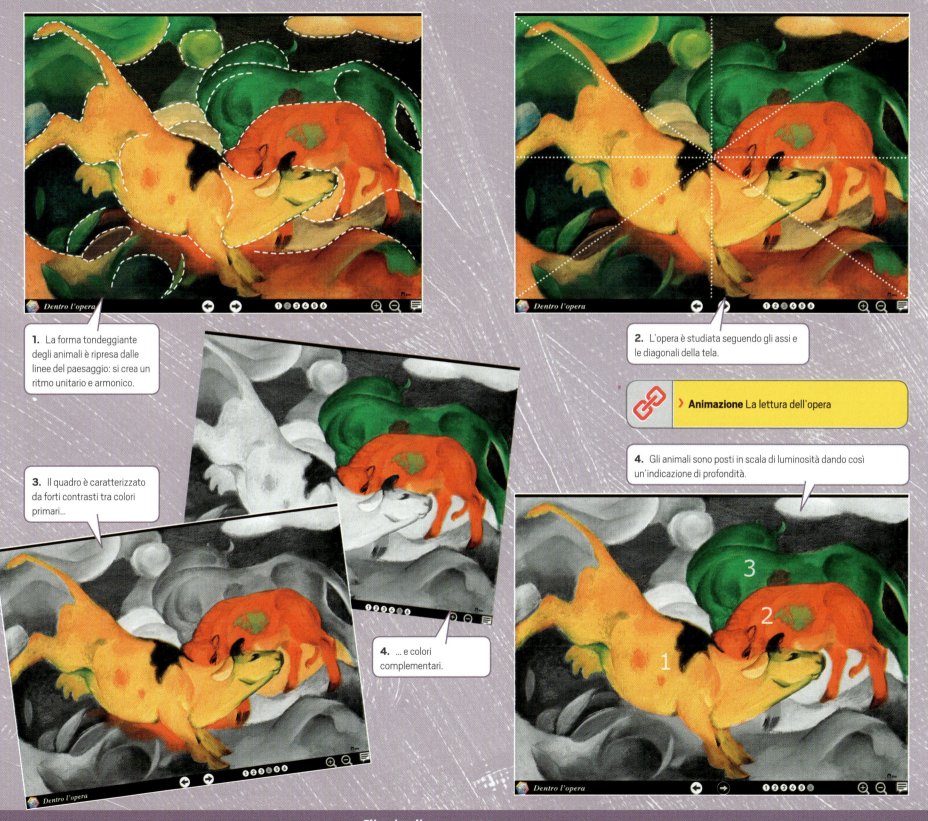

1. La forma tondeggiante degli animali è ripresa dalle linee del paesaggio: si crea un ritmo unitario e armonico.

2. L'opera è studiata seguendo gli assi e le diagonali della tela.

› **Animazione** La lettura dell'opera

4. Gli animali sono posti in scala di luminosità dando così un'indicazione di profondità.

3. Il quadro è caratterizzato da forti contrasti tra colori primari...

4. ... e colori complementari.

Giovanni Boldini, Cavallo bianco, 1883.

Olio su tela 27 x 18 cm. Pistoia, Collezione Boldini.

> **SOGGETTO** L'artista ferma su questa piccola tela il movimento di un cavallo bianco. Nella seconda opera realizza invece un primissimo piano di un cavallo bianco che sembra prendere fiato dopo una lunga galoppata.

> **COMPOSIZIONE** Originale è l'inquadratura che valorizza il movimento dell'animale – guidato da un cavaliere appena accennato con una linea bruna –, con la zampa anteriore destra piegata con la medesima inclinazione del muso.
> Nella seconda opera il primo piano dell'animale occupa praticamente tutto lo spazio della tela.

> **STILE** Bodini dipinge con una pennellata energica e un colore molto denso, steso anche a spatola, che esalta la vitalità e l'eleganza dell'animale. Nella seconda opera la pennellata si fa più analitica e valorizza i dettagli del muso del cavallo con cambiamenti di tono che sottolineano i volumi.

Giovanni Boldini, *Testa di cavallo bianco*, 1885, olio su tela, 70 x 72 cm. Collezione privata.

René Magritte, *La primavera*, 1965.
Collezione privata.

> **SOGGETTO**
Magritte, pittore surrealista, rappresenta un nido di uccello con tre uova poggiante su un parapetto in primo piano. La sagoma di un uccello in volo campeggia nel cielo oltre la vegetazione.

> **COMPOSIZIONE**
La composizione è semplice e lineare. L'immagine è costruita per piani. Solo il primo piano è realistico e segue le regole tradizionali (chiaroscuro, prospettiva...).

> **STILE** Magritte rappresenta in modo molto analitico gli oggetti, ma li accosta in modo inusuale a parti trattate in modo fantastico, come il corpo dell'uccello. Spetta a noi dare una personale ipotesi interpretativa a questa immagine che certo incuriosisce. Il titolo ci aiuta?

> **Galleria** L'animale nell'opera d'arte

LE COMPETENZE ESPRESSIVE

1. Scegli un animale e studialo attraverso una serie di schizzi e disegni: la struttura, la forma della testa di fronte e di profilo, posizioni e movimenti. Poi, ispirandoti all'opera di Marc analizzata alle pagine 202 e 203, che presenta colori e andamenti lineari vivaci e dinamici utilizzati in modo arbitrario ed espressivo, realizza un dipinto che valorizzi alcune caratteristiche dell'animale scelto (velocità, ferocia, eleganza...).

2. Disegna la silhouette di alcuni animali e poi, ispirandoti all'opera di Matisse qui riprodotta o all'opera di Magritte a pag. 205, realizza un pannello a tema.

3. Osserva con attenzione l'opera di Arcimboldi qui riprodotta: raccoglie una grande quantità di animali marini dipinti con grande realismo per creare la personificazione del mare. Prova a realizzare, scegliendo tra altri ambienti (aria, giungla, montagna ...), un'altra personificazione. Lavorando in gruppo si può creare un'intera serie legata a scienze.

4. Ispirandoti a quest'opera di Laurel Burch, "Blue cats with butterfly", disegna un animale a piacere e poi colorato a tinte brillanti.

Henri Matisse, *Polinesia, il mare*, 1946, tempera ritagliata. Parigi, Centro Pompidou.

Giuseppe Arcimboldi, *Acqua*, 1566, olio su legno, 66 x 50 cm. Vienna, Kunsthistorisches Museum.

NB. Un interessante percorso interpretativo di Pablo Picasso riferito agli animali si trova alle pagine 44-53 del Tomo C.

5. L'opera di Escher mostra un interessante gioco, quasi geometrico, di trasformazione delle forme. Scegli una coppia di animali, magari in opposizione come gatto-topo, e prova a creare una composizione modulare giocando con linee e colori.

6. Interpreta con questo stile scherzoso un animale a piacere e rifiniscilo con pennarelli o matite.

LE CONOSCENZE

Evidenzia la risposta esatta (anche più di una)

1. Gli animali marini sono caratterizzati da
- A forme rigide e pesanti
- B linee morbide e sinuose
- C linee rette

2. Moltissimi animali presentano
- A forme semplici e molto simili tra loro
- B forme senza struttura riconoscibile
- C uno scheletro articolato secondo diversi schemi e proporzioni

3. In un animale visto di profilo
- A è più facile riconoscere la forma geometrica che lo contiene
- B è molto difficile riconoscere la forma
- C evidenzia la forma del muso
- D suggerisce linee costruttive

4. La simmetria negli animali si rivela nella visione
- A dall'alto di insetti e uccelli
- B di profilo di insetti e uccelli
- C frontale

5. Per copiare gli animali nelle diverse posizioni è sufficiente
- A Utilizzare i metodi imparati nel capitolo sul disegno
- B Cercare la geometria nascosta
- C Imparare a memoria tutti i movimenti

Rifletti e completa o rispondi

1. Gli animali marini affascinarono …
2. … che si ispirarono ad essi per creare ….
3. Cita due artisti che si sono cimentati nello studio del movimento del cavallo e spiega quali caratteristiche presentano i loro studi.
4. Gli animali sono caratterizzati quasi sempre da "superfici" molto interessanti; definisci le tipologie.
5. Osservando le immagini del paragrafo dedicato ai manti e alle superfici prova a descrivere con quali tecniche gli artisti sono riusciti a rendere l'aspetto più interessante dei manti degli animali rappresentati.
6. Fai esempi di opere in cui l'artista ha rappresentato gli animali in modo realistico, sintetico, fantastico, simbolico, decorativo…

I codici

CONOSCENZE

La linea [▼]

- Valore espressivo della linea ■ Direzione e andamento
- Linea come segno ■ Convenzioni nell'ambito della progettazione

Il punto [▼]

- Valore espressivo del punto
- Dimensioni e addensamenti
- Pixel e retini

La superficie [▶]

- Valore espressivo della superficie
- Figura e sfondo
- Valori tattili e texture
- Superficie come decorazione
- Superficie come fondo

Il colore [▶]

- Valore espressivo del colore
- Valore simbolico del colore
- Colore come luce: leggi di base
- Colore come pigmento
- Colori primari e complementari
- Colori caldi e colori freddi
- Bianco/nero e accordi monocromatici

La composizione [▼]

- Valore espressivo della composizione: peso visivo
- Varietà di formati
- Simmetria e asimmetria
- Composizione modulare
- Equilibrio, ritmo, linee-forza
- *Lettura dell'opera*: il linguaggio pittorico
- Confronto tra opere d'arte

Osservare e leggere le immagini e le opere d'arte

- Individuare la funzione dei codici e delle regole compositive che caratterizzano un'immagine

Esprimersi e comunicare con le immagini

- Ideare creativamente elaborati ispirati allo studio della comunicazione visiva e dell'arte

Competenze trasversali

- **Lessico:** terminologia specifica e complementare spiegate nel testo o al piede delle pagine:
- **Digitale:** ricerca e confronto di immagini fotografiche e di opere d'arte
- **Imparare a imparare:** analizzare prendendo in esame diversi elementi; costruire schemi
- **Esperienza:** scoprire, verificare e affinare capacità creative e senso estetico

La linea

È importante **saper riconoscere nella natura** e nell'ambiente in cui siamo **la linea con le sue caratteristiche**, anche se **è necessario un certo sforzo di astrazione**. Questo permette di conoscere meglio e più profondamente ciò che vediamo nei suoi diversi aspetti. Consente inoltre di arricchire le nostre capacità espressive.

La **linea**, nella realtà che osserviamo, coincide con il **contorno delle cose**, evidenziato dal rapporto luce-ombra e dal contrasto tra i colori. Pensiamo all'andamento tondeggiante di un paesaggio collinare o al profilo spigoloso di una città o alla linea frastagliata della chioma di un albero.

Ogni artista osserva la linea come andamento e direzione e, secondo la sua sensibilità, la **traduce in un segno** più o meno visibile tracciato con i vari materiali a sua disposizione. Egli sottolineerà gli **andamenti** della linea, **tondeggianti o retti o spezzati**, e le **direzioni** per proporre ciò che lo ha colpito guardando a fondo le cose. La sua interpretazione e il suo stile possono più o meno entusiasmare ma, in ogni caso, aiutano a osservare con più attenzione ciò che ci circonda.

Elio Ciol, *Sahara tunisino*, 1999, fotografia in b/n.

Elio Ciol è un poeta dell'immagine in b/n. I suoi reportage sono una ricerca e una testimonianza della bellezza del mondo. In questa immagine la linea frastagliata, che nasce dal contrasto luce/ombra, incontra la linea tondeggiante delle dune e conduce verso il "nero" delle linee tonde e frastagliate di cui la palma sembra essere costruita.

Egon Schiele, *Case di periferia con biancheria*, 1917. Zurigo, Collezione privata.

L'artista interpreta questo paesaggio dando grande importanza a tutte le linee rette che compongono la casa, le finestre, il tetto: inserisce qualche linea curva solo per i panni stesi.

› Galleria La linea nella realtà

Edvard Munch, *Malinconia*, 1982, olio sul tela, 64 x 96 cm. Oslo, Galleria Nazionale.

Munch privilegia la linea tonda, prevalente nell'opera. Il ragazzo in primo piano risulta totalmente immerso nella natura proprio grazie a una linea curva che disegna il suo volto come i sassi e come le anse della spiaggia.

Katsushika Hokusai, *La grande onda di Kanagawa*, 1823-29, stampa. New York, Metropolitan Museum of Art.

Il giapponese Hokusai riesce a sintetizzare in questa stampa, con una linea tonda e frastagliata di una bellezza affascinante, la forza dell'onda che travolge le barche dei pescatori.

La linea come espressione

1

> Un artista inizia un'opera tracciando una serie di linee in varie direzioni, con certi andamenti, cercando una forma e un ritmo che esprimano ciò che sente, al pari di un poeta che trova le parole giuste per la sua poesia o di un musicista che prova vari accordi per rendere in musica una determinata emozione.

> Se consideriamo la linea, al pari del colore, un **puro elemento espressivo**, vediamo come essa riesca a comunicare sentimenti ed emozioni con il solo cambiamento di **direzione** o di **andamento** o di **spessore** (vedi anche pagg. 214-217). La linea **tondeggiante** comunica pace, serenità, eleganza ed è caratteristica di artisti alla ricerca dell'armonia delle forme. La linea più **spezzata** e tagliente evidenzia forza o nervosismo ed è parte dello stile di chi cerca una forte espressività. Nella maggior parte delle opere d'arte, siano esse disegni, pitture o sculture, l'espressività delle forme è ottenuta dal **rapporto tra linee tondeggianti, spezzate e rette**.

> Come nella musica, in cui ogni strumento, pur emettendo la stessa nota, produce un particolare tipo di suono, così accade con la linea, che prende **diverso valore espressivo a seconda della tecnica scelta** dall'artista e del suo utilizzo.

Raffaello Sanzio, *Studio di Madonna con Bambino*, matita. Francoforte, Museo d'Arte Statale.

Il disegno di Raffaello mostra come l'artista stia studiando la linea delle sue figure creando un dolce andamento di linee tondeggianti che collegano ogni forma e che comunicano dolcezza, equilibrio e movimento.

Alexander Calder, *L'acrobata*, 1928, filo di ferro, altezza 15,24 cm. New York, Whitney Museum of American Art.

Calder trasforma la linea in un filo di ferro creando una scultura "vuota" che si staglia sullo sfondo. Costruisce così una serie di personaggi del circo.

Mario Sironi, *Taglialegna*, 1925, china su carta, 24 x 26 cm. Milano, Collezione privata.

Sironi sintetizza con linee prevalentemente rette, e potremmo dire taglienti (!), il taglialegna per renderlo monumentale, ovvero maestoso e solenne come un monumento, e trasmettere un'idea di forza.

Fortunato Depero, *Treno partorito dal sole*, 1924, olio su tela, 87x 64 cm. Rovereto, Mart.

L'artista si serve dei cambiamenti di direzione e di andamento per descrivere con forza e fantasia la potenza del treno che "ripete" la linea circolare del sole; il fumo crea linee tondeggianti che salgono e le fasce spezzate di sinistra sembrano indicare la distanza percorsa.

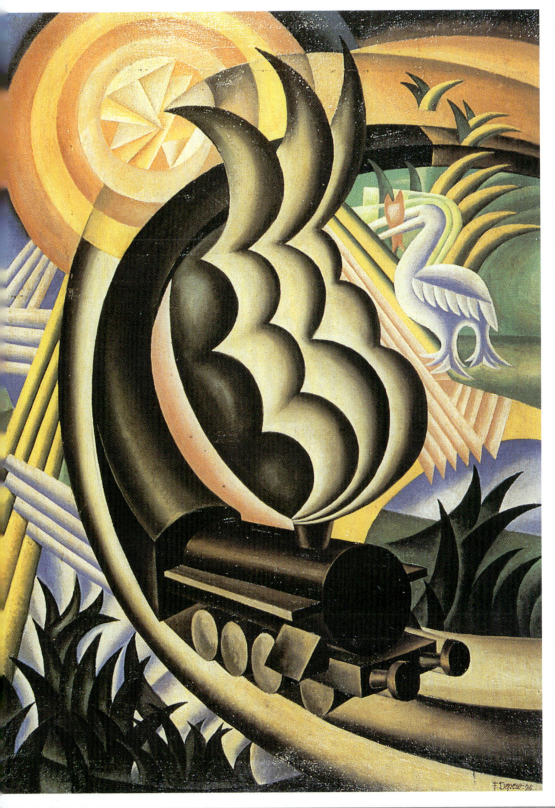

All'opera

RICONOSCERE LE CARATTERISTICHE DI UN CODICE IN UN'IMMAGINE

1 Sovrapponi una carta da lucido all'opera di Depero ed evidenzia le linee tondeggianti, spezzate e rette. Colora con tecnica a piacere e otterrai una composizione astratta che evidenzia l'espressività della linea.

UTILIZZARE I CODICI IN FUNZIONE CREATIVA

2 Prendi un elemento naturale semplice, ad esempio un rametto o una foglia, e disegnalo con varie modalità: a pura linea senza ispessimenti; a linea modulata per renderlo più vivo; utilizzando solo linee tonde o solo linee spezzate; disegnalo infine facendo vedere con una linea sottile la struttura geometrica e con una linea più marcata i contorni.

UTILIZZARE I CODICI IN FUNZIONE ESPRESSIVA

2 Il rapporto tra la linea e il ritmo musicale è estremamente utile per comprendere la ricchezza espressiva della linea.

Ascolta alcuni ritmi e traducili in andamenti lineari con rapidi disegni a pastelli a cera/olio.
L'esempio è realizzato su una mazurka, ma tu puoi scegliere la musica che preferisci.

2 Direzione, andamento

› La prima caratteristica della linea è la **direzione**. Una linea retta può avere tre direzioni base: orizzontale, verticale, obliqua.

La linea **orizzontale** come la terra, come la linea d'appoggio, indica **calma e riposo**.

La retta opposta, quella **verticale**, che va verso l'alto, verso il cielo, offre un senso di **slancio e tensione**.

Le linee **oblique** sono una via di mezzo e tendono a indicare **instabilità e movimento** nello spazio.

› La seconda caratteristica della linea, nel suo muoversi sulla superficie e nello spazio, è **l'andamento**.

L'andamento può essere **rettilineo**, **ondulato** o **spezzato**, ma altre definizioni lo specificano con maggior precisione: curvilineo, misto, zigzagato, a spirale, sinuoso, ritmico, seghettato, vorticoso, aggrovigliato, serpeggiante... Ognuno di questi andamenti crea diversi **effetti espressivi**, suscita varie sensazioni, evoca particolari ricordi.

› Alcuni artisti hanno **sintetizzato** ciò che vedevano nella realtà sottolineando la direzione o l'andamento delle linee, altri hanno usato la linea con le sue caratteristiche mettendo ad esempio in contrasto linee ondulate e spezzate per **opere astratte o simboliche**.

Edward Hopper, *Finestra sul mare*, 1951, olio su tela, 74 x 102 cm. New Haven, Yale Art Gallery.

L'artista americano Hopper, utilizzando solo il contrasto tra la direzione delle linee, trasmette un senso di pacifica e positiva attesa. La linea obliqua dell'ombra porta il nostro sguardo verso l'infinito del mare e del cielo.

Giacomo Balla, *Paesaggio: espansione di primavera*, 1918, pastelli a olio su carta, 46 x 52 cm. Collezione privata.

L'artista propone un paesaggio in cui la linea tondeggiante unisce tutte le forme (alberi, cespugli, nuvole...) in un movimento di crescita determinato dalla primavera.

Giacomo Balla, *Pessimismo e ottimismo*, 1923, olio sul tela, 80 x 105 cm. Collezione privata.

Le linee spezzate sulla sinistra contrastano con le tonde creando un contrasto che assume un valore simbolico come indicato dal titolo.

Benedetta Cappa Marinetti, *Velocità di motoscafo*, 1924, olio su tela, 70 x 100 cm. Roma, Galleria d'arte contemporanea.

 › **Galleria** Opere d'arte che illustrano gli andamenti

All'opera

RICONOSCERE I CODICI VISIVI NELLA REALTÀ

1 Osservando i nodi e le venature del legno disegna una serie di linee ad essi ispirate.

2 Partendo da questo particolare dell'opera di Klee, Acque selvagge, disegna l'andamento delle onde di un torrente prima a matita, poi a china e infine con le chine colorate. Puoi anche inserire la sagoma di un pesce o di una pietra...

Spessore

3

❯ Nel suo libro "Punto, linea e superficie" Vasilij Kandinskij, il grande artista russo vissuto agli inizi del Novecento, scrive: *"Possiamo dire che l'altezza del suono dei vari strumenti corrisponde allo spessore della linea. Una linea molto sottile è creata dal violino e dal flauto; un linea leggermente più grossa dalla viola e dal clarinetto: e si giunge così, con gli strumenti bassi, a linee sempre più larghe, fino ai suoni più profondi del contrabbasso... La diversa pressione della mano sull'archetto del violino può corrispondere alla diversa pressione della mano sulla matita".*

❯ Come nella musica, dove ogni strumento, pur emettendo la stessa nota, può produrre un suono di tipo diverso, così anche nel disegno una matita e un pennello possono creare **intensità e timbri differenti** tra loro. Vi sono anche alcuni pennarelli o penne da china che garantiscono invece uno spessore omogeneo (v. anche pagg. 28 e 38).

❯ Per utilizzare in modo cosciente la linea è fondamentale **conoscere le possibilità offerte dagli strumenti** a disposizione. Una linea dipende dal tipo di **pressione** della mano, dallo **strumento** utilizzato e dalla **superficie** su cui si lavora.

Gino Sandri, *Ex cameriere*, 1927 circa, china nera e matita, 33 x 23 cm. Collezione privata.

L'artista utilizza molte variazioni di spessore per proporre un disegno realistico molto fresco e vivo.

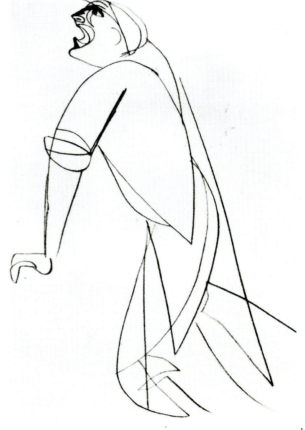

Renato Guttuso, *Carrettiere che canta*, 1946, matita su carta.

Guttuso sintetizza la forma con segni di spessore diverso che danno forte espressività alla figura.

Pablo Picasso, *Volto della pace*, 1950, matita. Collezione privata.

L'artista realizza a matita una linea sottile continua e omogenea.

Vasilij Kandinskij, *Lirica (Cavaliere Azzurro)*, 1911, olio su tela, 94 x 130 cm. Rotterdam, Museo Boymans van Beuningen.

La pennellata veloce e di vario spessore indica sinteticamente la velocità del cavallo e la leggerezza del cavaliere.

Keith Haring, *Autoritratto*, 1985.

Haring traccia con il pennarello una linea di medio spessore regolare e uniforme. Questo gli consente una grande velocità di esecuzione senza incertezze.

> 🔗 › **Galleria** Spessori omogenei e spessori differenti nelle opere d'arte

UTILIZZARE I CODICI IN FUNZIONE RAPPRESENTATIVA

1 Per mezzo del segno di una biro o di un pennarellino o anche di una matita crea sensazioni di forma, di ondulazioni, rilievi, concavità...

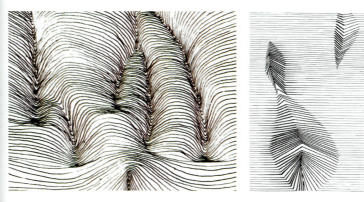

2 Con la linea si possono costruire dei volumi infittendo il tratto (linea-volume). Prova, come vedi nell'esempio, a disegnare dei solidi utilizzando una linea più o meno ripetuta.

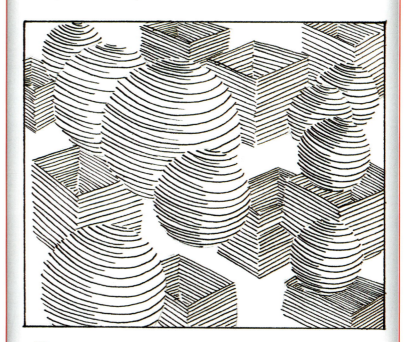

3 Prova a disegnare un semplice elemento architettonico variando lo spessore delle linee.

Linea per progettare

4

> L'uso della linea può essere di tipo espressivo, come abbiamo visto sino ad ora, o di **tipo descrittivo**, come ad esempio in un disegno di tipo **tecnico**.
Anzitutto si utilizzano generalmente riga e squadra e gli **spessori** non seguono una necessità espressiva quanto una **necessità di chiarezza comunicativa**.
La **linea pesante** evidenzierà la **forma definitiva**, quella leggera o quella tratteggiata le parti nascoste o la costruzione necessaria.

> Per **progettare** la linea viene utilizzata in modo diversificato.
Il designer parte dal semplice segno che indica l'**intuizione di partenza**, da cui si svilupperà il progetto, per arrivare allo **studio della funzione** di un oggetto e poi al **disegno costruttivo**.

> Per i disegni di tipo **architettonico** la prima esigenza è dare un'**immagine di ciò che verrà costruito**: per questo ogni architetto utilizza uno **stile personale** strettamente collegato al suo modo di pensare l'architettura.
Poi realizzerà, anche con l'aiuto del computer, i disegni costruttivi delle varie parti dell'edificio.

> **Galleria** Le 15 variazioni di Max Bill

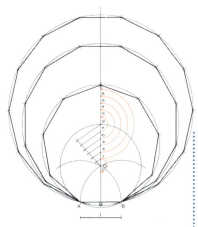

Metodo per costruire un poligono di un numero qualsiasi di lati.

Max Bill, *15 variazioni sullo stesso tema*, particolare, 1936, litografia a colori.

Utilizzo "artistico" di una costruzione geometrica.

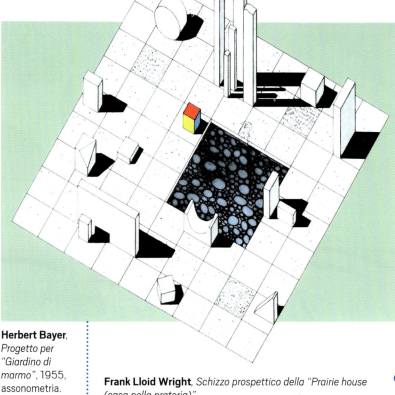

Herbert Bayer, *Progetto per "Giardino di marmo"*, 1955, assonometria.

Il progetto prevede tutte forme solide ben definite e quindi il disegno viene realizzato con riga e squadra con estrema precisione.

Frank Lloid Wright, *Schizzo prospettico della "Prairie house (casa nella prateria)"*.

Coerentemente con la sua idea di architettura cosiddetta "organica" l'architetto disegna la villa inserita nel paesaggio utilizzando linee tracciate a mano libera.

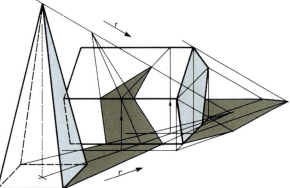

Solidi con applicazione della teoria delle ombre: è una parte della geometria descrittiva che si occupa di rappresentare le ombre proprie e portate dei solidi.

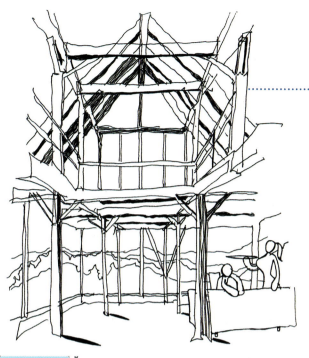

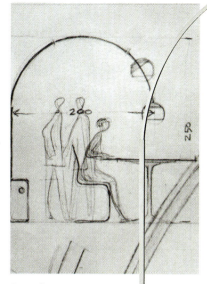

Matteo Thun, *Schizzo per il Virgilius Mountain Resort*, 2003. Merano.

Achille e Piergiacomo Castiglioni, *Progetto e immagine della lampada Arco*, 1962, disegno preparatorio e disegno esecutivo con altre lampade progettate dagli architetti per la Flos.

Interessante osservare come cambia l'uso della linea tra lo studio delle proporzioni della forma e la presentazione in un catalogo della stessa lampada. Osserviamo come nel disegno su fondo nero ci sia una parte in sezione per meglio mostrare la funzionalità della lampada.

All'opera

UTILIZZARE I CODICI IN FUNZIONE CREATIVA

1 Partendo dall'immagine di un oggetto ritagliata e incollata, inventa un personaggio studiandolo a matita e poi ripassandolo a china con un segno modulato, prendendo spunto da questo disegno di Lisa Ponti.

UTILIZZARE I CODICI IN FUNZIONE RAPPRESENTATIVA

2 Come preparazione a schizzi veloci da fare durante le gite scolastiche realizza uno schizzo partendo dall'immagine di un'architettura come quella dell'esempio. Prima traccia le linee essenziali a matita poi finisci tutto a tratto pen o a china.

Il punto

Per capire cosa sia il punto come codice visuale bisogna dimenticare per un momento la **definizione geometrica** che lo considera un'entità inestesa, perciò non materializzata, e rifarsi invece all'esperienza della **sua presenza concreta** sia come simbolo, ad esempio nella scrittura, che come "oggetto" che noi vediamo.

I **granelli di sabbia** sono dei **punti** più o meno piccoli, così come le stelle nel cielo. Sappiamo che gli uomini, osservando la volta celeste, hanno unito mentalmente dei punti/stella per costruire le **costellazioni**.
Sempre un punto sono le **gocce d'acqua** sul vetro create dalla pioggia o dalla condensazione dell'umidità. Osservando dall'alto di un edificio le persone nella piazza sottostante le vediamo come dei **puntini sparsi** che a volte si addensano, magari attorno a un venditore!

Nella realtà della comunicazione visiva sappiamo che le immagini digitali si costruiscono sia come forma che come colore tramite un grande numero di **punti luminosi**, i **pixel**. Anche nella stampa in **quadricromia** di manifesti, libri e giornali i colori si ottengono con la sovrapposizione di **retini** dei colori primari che altro non sono che una serie di punti.

LESSICO

Quadricromia: metodo di stampa che utilizza quattro passaggi di colore (i tre primari più il nero).

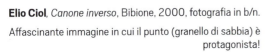

Elio Ciol, *Canone inverso*, Bibione, 2000, fotografia in b/n.
Affascinante immagine in cui il punto (granello di sabbia) è protagonista!

Mario De Biasi, *Giovedì Grasso dal Duomo*, 1951, fotografia in b/n.

Dall'alto del Duomo di Milano le persone appaiono come dei punti più o meno addensati.

Getullio Alviani, *Evaporazione/ ricondensazione*, 1967, particolare. Collezione privata.

Su una superficie di materiale sintetico sovrapposta a un contenitore con percloroetilene (sostanza sgrassante), per effetto della sua evaporazione si formano delle gocce che gradatamente si ingrossano e cadono nel contenitore rialimentando così il ciclo che è continuo. Con questa apparecchiatura che riproduce la condensazione atmosferica l'artista ci presenta il fascino delle gocce/punto che cambiano dimensione e luminosità!

Vincent Van Gogh, *Caffè di notte*, 1888, particolare, olio su tela, 70 x 89 cm. New Haven, Art Gallery dell'Università di Yale.

L'artista rappresenta le stelle come punti luminosi di diversa dimensione.

1 Il punto come espressione

› La **misura** dei vari punti e il loro **addensamento** permettono di avere a disposizione varie possibilità espressive.
In un'immagine realistica, l'addensamento o l'allargamento creano il **chiaroscuro** che suggerisce il **volume**.
L'addensarsi o il diradarsi dei punti è anche una possibilità espressiva della **grafica**.

› Il punto può comunicare sensazioni di stabilità ed equilibrio oppure di instabilità e movimento. Ciò dipende dalla sua **posizione nello spazio** del foglio. Più punti possono accentuare le sensazioni descritte.

› Con la diversa **dimensione** dei punti, considerandoli **pieni o vuoti**, si può creare una composizione astratta di superfici piane, o rompere lo spazio a due dimensioni della tela con deformazioni e addensamenti creando **illusioni di profondità** ed **effetti ottici**. Il punto come **sporgenza** può muovere la superficie attraverso il ritmo e il chiaroscuro provocato dalla luce.

› Il mosaico, pur essendo composto da tessere di varie misure, visto da lontano può apparire come un insieme di punti attraverso cui si costruisce l'immagine.

Chuck Close, *Autoritratto*, 1997, olio su tela, 259,1 x 213,4 cm. New York, MoMA.

Molto interessante notare come questo artista utilizzi piccole superfici a rombo (punti) che a loro volta sono composte da altre superfici (punti) di varia forma e colore per creare queste sue opere di grandi dimensioni che ricordano la tecnica del mosaico.

Miguel Covarrubias, *Disegno di statuetta olmeca*, 1982. Messico, Collezione privata.

Il volume della statuetta è reso attraverso l'utilizzo del punto più o meno addensato.

Disegno a puntini di una nebulosa.

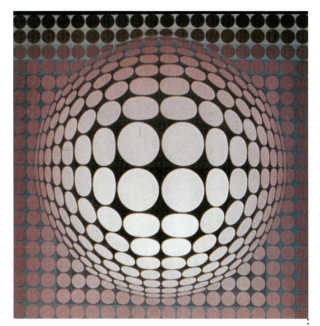

Victor Vasarely, *Vp – 108*, 1969. Collezione privata.

Le variazioni di dimensione dei punti sono funzionali alla realizzazione di un forte effetto ottico di gonfiamento della superficie.

Vasilij Kandinskij, *Alcuni cerchi*, 1926, olio su tela, 140 x 140 cm. New York, Museo Solomon R. Guggenheim.

Con la diversa dimensione dei punti che si sovrappongono e dei loro colori l'artista crea una composizione di grande forza espressiva.

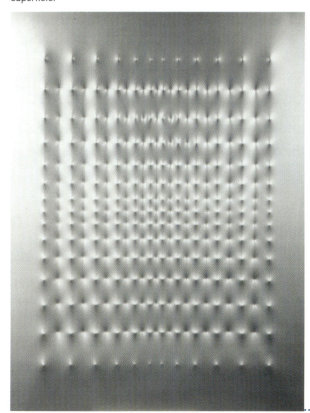

Enrico Castellani, *Superficie argento*, 1969, acrilico su tela sagomata, 130 x 100 cm. Collezione privata.

Le sporgenze dei punti creano rilievi provocando un variabile gioco di luci, ombre, riflessi.

All'opera

UTILIZZARE I CODICI IN FUNZIONE RAPPRESENTATIVA

1 Prendi come esempio il disegno della statuetta: scegli un oggetto, disegnalo a matita (che poi cancellerai) e poi utilizzando un pennarello fine rendi il volume a puntini.

2 Ricalca da un'immagine il volto di un personaggio famoso e rendilo solo a puntini come nell'esempio "Marilyn" di A . Musso.

3 Usando punti di varie dimensioni e colori immagina di rappresentare lo stadio che si svuota o una rissa in piazza o l'arrivo del gelataio in spiaggia...

2 Il punto come segno

> Nella pittura e nella grafica il punto è il **risultato del segno** che uno strumento può lasciare su una superficie: pensiamo alla matita o al pennello di vari spessori. Le **grandezze** e le **forme** del punto variano: idealmente è immaginato rotondo, ma nella realtà può assumere un numero infinito di figure: può essere dentellato, assomigliare a figure della geometria piana, avere una forma assolutamente libera...

> Nella **stampa**, come nello **schermo** del video, il punto è **all'origine** della costruzione sia **dell'immagine** che **dei colori**. Le immagini che si compongono sul televisore o sullo schermo del computer sono infatti costruite da **punti luminosi** chiamati pixel. Vi è una vera e propria **pixel art** che realizza immagini per i video giochi o per la pubblicità.
Nella stampa l'immagine colorata è ottenuta tramite la sovrapposizione di **retini** che sono un insieme di punti formati dai colori base.
Sulla medesima intuizione si basa la tecnica del **puntinismo** ideata in Francia sul finire dell'Ottocento.

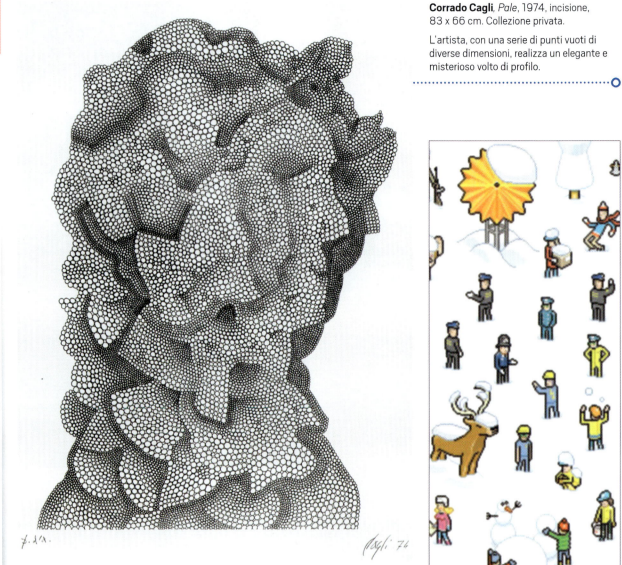

7. d'A.   Cagli '74

Corrado Cagli, *Pale*, 1974, incisione, 83 x 66 cm. Collezione privata.

L'artista, con una serie di punti vuoti di diverse dimensioni, realizza un elegante e misterioso volto di profilo.

La pixel art è una forma di arte digitale: si tratta di una tecnica per costruire immagini che segue le orme della corrente del divisionismo e che, invece di utilizzare un pennello, utilizza un software di grafica. È iniziata verso il 1980 ed è in parte superata dai progressi tecnologici ma ancora usata in internet, in quanto permette di creare belle illustrazioni con pochi colori e quindi molto veloci da caricare in una pagina web.

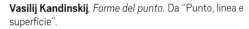

Vasilij Kandinskij, *Forme del punto*. Da "Punto, linea e superficie".

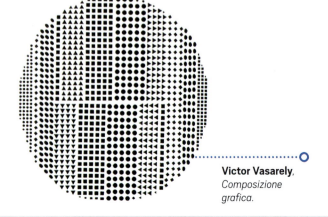

Victor Vasarely, *Composizione grafica*.

Paul Signac,
Antibes, *mattino*,
1914, olio su tela.
Varsavia, Museo
Narodwe.

La pixel art, normalmente utilizzata per la realizzazione di videogiochi per computer o palmari, in questo caso è stata utilizzata per realizzare una vista della città di Los Angeles estremamente particolareggiata.

UTILIZZARE I CODICI IN FUNZIONE CREATIVA

1 Realizza varie forme di punto con differenti pennelli.

2 Rappresenta un particolare ingrandito di un'immagine o di un oggetto servendoti di punti di varie dimensioni e colori usando strumenti diversi come pennarelli, pastelli a cera, tempere...

RICONOSCERE LE CARATTERISTICHE DI UN CODICE IN UN'IMMAGINE

3 Copia prima questo particolare già ingrandito dell'opera di Signac e poi scegline un altro a piacere. Tecnica consigliata tempera o pastelli a olio.

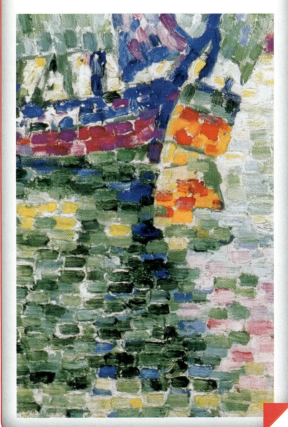

La superficie

Parliamo di **superficie** non solo come **forma geometrica** (quadrato, triangolo...) ma come piano che delimita un corpo, la **parte esterna delle cose**. La superficie è caratterizzata da due dimensioni (altezza e larghezza) e si contrappone al volume che invece ne ha tre (altezza, larghezza e profondità).

Se osserviamo con attenzione le superfici notiamo che si presentano in modo diverso alla nostra vista. Ad esempio, lo stesso color arancione della copertina lucida di un quaderno e l'arancione della buccia di un'arancia hanno un **peso visivo** diverso che noi possiamo sentire anche con il **tatto**.

Una superficie che ha sempre colpito gli artisti per la sua complessità e bellezza è **il legno**. Di varie tonalità di marrone, **le sue venature**, che indicano la crescita, lo rendono una superficie interessante e sempre diversa.
Un'altra superficie molto affascinante è la **sabbia** della spiaggia o del deserto **disegnata dal vento**, oppure la superficie increspata del mare o di un lago.
Vi sono poi superfici costruite dall'uomo che vanno dalla **varietà** delle coperture dei tetti alla **semplicità** di quelle **a specchio** ottenute lucidando i metalli.

 › **Galleria** Le diverse superfici in natura e nelle opere dell'uomo

Maurizio Bottoni, *Grande bosco*, 1991, particolare, tempera su tavola incamottata, 100 x 100 cm. Collezione privata.

L'artista rappresenta in modo molto realistico il rapporto tra la superficie del legno e quella del sottobosco.

Elio Ciol, *Sauris, abitare il legno* (F), 1998, fotografia in b/n.

In questa fotografia Elio Ciol mette in evidenza le venature del legno che prendono sempre nuove forme.

Getullio Alviani, *Disco*, 1965, acciaio tornito e lucidato, esposto alla Biennale di Venezia nel 1993.

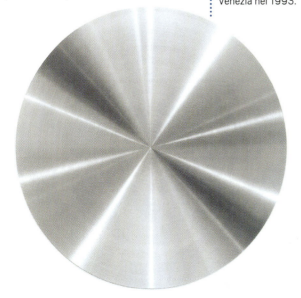

Max Ernst, *I costumi delle foglie*, 1925, frottage a matita e tempera su carta. Amburgo, Collezione privata.

Max Ernst, pittore surrealista, utilizza le linee irregolari delle venature per realizzare due quinte su cui appoggia una foglia realizzata con linee regolari, sempre tratte dal legno. Interessante è la tecnica che usa: il frottage (vedi pag. 250).

Piero Manzoni, *Achrome*, 1958, particolare, caolino su tela grinzata. 100 x 80 cm. Collezione privata.

L'opera dell'artista è ispirata dalla superficie della sabbia "disegnata" dal vento.

Lino Bottaro, *Lo sparto delle dune*, fotografia tratta dal libro "Terramare".

1 La superficie come espressione

> Molti artisti si sono ispirati alla **varietà delle superfici in natura**, riprendendone la forma e il colore con varie tecniche, da quelle più materiche a quelle più delicate e trasparenti.

Dagli inizi del 1900 in poi alcune superfici naturali sono state **utilizzate direttamente sulla tela** come elemento espressivo che propone tessiture e colori naturali accanto a colore e linea tradizionali, mediante la tecnica del **collage**.

> La stessa superficie della tela può essere considerata come uno **spazio piano** affascinante su cui lasciare **la propria traccia** utilizzando vari materiali.

> Esiste poi uno **stretto rapporto** tra la linea e la superficie: creando il contorno di un oggetto, una linea divide lo spazio **interno** da quello **esterno**. Abbiamo così una superficie come figura e una superficie come sfondo.

Nell'arte risulta molto importante il rapporto tra **figura e sfondo**, che può essere di **tipo realistico** o **fantastico**, ma anche occasione per creare **spazi ambigui** in cui viene percepito in modo alternato.

> **Galleria** La superficie nell'opera d'arte

Alberto Burri, *Sacco e rosso*, 1954, sacco e olio su tela, 86 x 100 cm. Londra, Tate Gallery.

Per Burri la tela di sacco, utilizzata come fosse un "bel colore", porta nell'opera tutta la sua storia mediante le sue trame larghe, le sue rotture/cuciture, le sue tonalità.

Paul Klee, *Partenza dei battelli*, 1927. Berna, Collezione privata.

Una semplice linea continua con i suoi andamenti spezzati costruisce l'immagine creando la figura delle barche. Il nero dello sfondo e il nero delle vele creano, intersecandosi, un'immagine ambigua e fantastica.

Piero Dorazio, *Scuole romane*, 1988, particolare, olio su tela. Collezione dell'artista.

L'artista, utilizzando una forma ispirata a quella della foglia, ricrea una cascata di colori di tonalità prevalentemente calde o fredde.

Maurits Cornelis Escher, *Lavori simmetrici n. 78*.

Qui la figura e lo sfondo diventano ambigui. Noi percepiamo alternativamente l'una o l'altro come figura o come sfondo. Prima il cavalluccio alato giallo poi nero.

Jackson Pollock, *Number 27*, 1950, smalti vari su tela, 124,5 x 269,2 cm. New York, Whitney Museum of American Art.

L'artista americano Pollock, qui al lavoro, usa la superficie della tela come uno spazio in cui lasciare una traccia del suo gesto, della sua azione, ottenendo una superficie dalla trama misteriosa. Egli lascia colare la tinta dal pennello o dal barattolo di smalto.

All'opera

UTILIZZARE I CODICI IN FUNZIONE RAPPRESENTATIVA

1 Partendo dalla fotografia di un paesaggio interpreta i piani di profondità come superfici con diverse textures.

UTILIZZARE I CODICI IN FUNZIONE CREATIVA

2 Su carta nera realizza un tratteggio prima con una sola linea, poi man mano con più linee fino a creare tre o quattro superfici di diversa intensità.

3 Su cartoncino colorato crea, con tempere o pastelli a olio, una superficie con molte variazioni di colore prendendo spunto dalle due opere di Dorazio.

Valori tattili o texture

2

> Una superficie è determinata dalla forma, dal colore e dal suo aspetto **tattile**. Vi possono essere due tipi di superfici tattili o **texture**, quelle **naturali** e quelle **artificiali**. Quelle naturali hanno una bellezza straordinaria che, nel mondo vegetale e animale, è legata a una funzione precisa e nel mondo minerale è testimonianza del risultato di un processo di sedimentazione o di metamorfismo.

> Le **texture artificiali**, cioè realizzate dall'uomo, sono frutto di **esigenze costruttive** unite alla ricerca dell'**ordine** e della **bellezza**. Un esempio sono la disposizione delle tegole, dei coppi o delle pietre per i tetti, che devono garantire l'impermeabilizzazione della costruzione, o la diversa trama dei tessuti o del giunco, che devono essere resistenti all'usura. In alcuni casi queste texture sono totalmente determinate dalla loro funzione come accade, ad esempio, con gli ingranaggi.

> Anche nella **pittura** e nella **scultura** le superfici possono essere lavorate in modo da avere un **valore tattile**, da costituire una texture. Nell'**architettura** le superfici possono variare a seconda dei **materiali utilizzati** ed essere molto valorizzate dal **gioco di luci e ombre**.

LESSICO

Tattile: intuibile grazie al tatto

Alcuni esempi di texture naturali (le variopinte ali della farfalla, una corteccia d'albero, delle pietre vulcaniche) e alcuni esempi di texture artificiali (le persiane, l'intreccio di un cesto, le tegole in ceramica di un tetto, il dettaglio di alcuni ingranaggi).

Pietro Fabri, *Prodotti della solfatara, Napoli*, particolare, 1754, gouaches. Milano, Museo di Storia naturale.

Queste immagini riproducono in modo molto dettagliato (non era stata ancora inventata la fotografia) pietre laviche del Vesuvio evidenziando la grande varietà di superfici con texture naturali.

Michelangelo Buonarroti, *Prigione detto Schiavo che si sveglia*, 1520–1523, marmo di Carrara. Firenze, Galleria dell'Accademia.

La grande forza espressiva di questa scultura, oltre che dal movimento, viene dal rapporto tra la superficie finita e levigata e quella abbozzata.

All'opera

RICONOSCERE I CODICI VISIVI NELLA REALTA

1 La tecnica che meglio permette di conoscere la tessitura delle superfici è il frottage.
Puoi realizzare un campionario delle superfici che riesci a scoprire utilizzando un foglio da stampante con matita o pastello a cera passati velocemente sul foglio. Puoi realizzare un vero e proprio lavoro come nell'esempio (matite colorate con varie foglie) o osservando l'opera di Max Ernst. a pag. 227.

2 Con i tuoi compagni, usando la macchina fotografica, puoi andare alla scoperta di un po' di superfici con valori tattili. Scelte le più belle, puoi proiettarle e poi sceglierne una da realizzare graficamente con la tecnica più adatta.

Decorazione

3

> La decorazione è un particolare tipo di **texture più elaborata e non necessariamente** funzionale, creata dal bisogno dell'uomo di **rendere più personali e belli** gli ambienti, gli oggetti d'uso, i vestiti ecc.

> La decorazione può essere di tipo **geometrico** o ispirarsi a **elementi naturali**. È realizzata attraverso la ripetizione più o meno regolare di un elemento, la semplificazione e/o la reinvenzione di una forma, l'uso non naturalistico del colore. Questi caratteri nascono dal gusto dell'artista e dalla cultura in cui è inserito.

> In **pittura** la superficie decorata può essere un **mezzo espressivo** determinante.
In **architettura**, a partire dalla squadratura dei blocchi per la costruzione delle mura delle antiche città, è tutto un susseguirsi di ricerche per **unire funzionalità e bellezza**.
Le decorazioni in marmi policromi possono sottolineare i rapporti proporzionali di una facciata o essere dei veri e propri intarsi in pietra nelle pavimentazioni medievali.
I capitelli sono un elemento strutturale che, nelle varie epoche, ha visto una grande attenzione alla decorazione, spesso ispirata alle foglie (simbolicamente la colonna è il tronco, il capitello è la chioma).

LESSICO

Funzionale: efficiente, utile, necessario

Gustav Klimt, *Ritratto di Adele Bloch–Bauer*, 1907, particolare, olio e oro su tela. Vienna, Österreichische Galerie.

Stendardi del Palio delle contrade di Siena.

Gli stendardi delle contrade di Siena (in ordine Aquila, Onda, Chiocciola, Pantera) sono tutti giocati sulla variazione di elementi geometrici evidenziati da colori sgargianti.

La facciata di Santa Maria Novella a Firenze.

Pavimentazione a mosaico del presbiterio della basilica di San Vitale, VI secolo, a Ravenna.

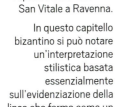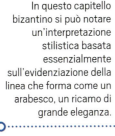

Capitello della chiesa di San Vitale a Ravenna.

In questo capitello bizantino si può notare un'interpretazione stilistica basata essenzialmente sull'evidenziazione della linea che forma come un arabesco, un ricamo di grande eleganza.

All'opera

UTILIZZARE I CODICI IN FUNZIONE CREATIVA

1 Scegli un animale e realizza la decorazione di un tessuto immaginando che possa servire per una bandiera, per la copertina di un libro di fiabe, per il salviettone del mare.

2 Sull'esempio di queste decorazioni di fine '800 (stile Decò) progettane altre. Scegli la più interessante e realizzala con la tecnica adeguata.

RICONOSCERE LE CARATTERISTICHE DI UN CODICE IN UNA IMMAGINE

3 Descrivi e copia le superfici pittoriche del dipinto di Klimt.

Superficie come fondo

4

> La superficie di fondo o **campo** è la superficie materiale destinata ad accogliere le linee, i colori, le forme con cui l'artista realizza l'opera: la carta da disegno, il cartoncino, la tela, la lastra di marmo... Questa superficie è **uno spazio piano con due dimensioni** su cui le forme e lo sfondo entrano reciprocamente in rapporto.

> Vi sono vari modi per disporre le forme, sia simmetricamente che asimmetricamente (vedi pag. 210). Possono essere **forme piane**, sia astratte che rappresentative di elementi naturali, in cui figura e sfondo, senza **alcuna illusione di profondità**, si compongono creando l'opera.
Molti artisti, come propria caratteristica stilistica, scelgono invece di creare **l'illusione della terza dimensione** e quindi utilizzano regole geometriche, come la prospettiva, o accorgimenti grafici derivati dallo studio delle **leggi dell'ottica**.
Le dimensioni piane della superficie di fondo vengono così "modificate" divenendo una delle possibilità espressive.

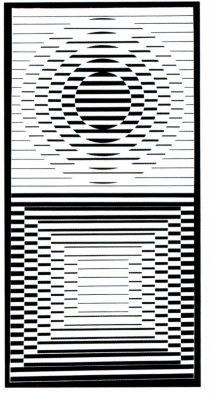

Victor Vasarely, *Opere grafiche*, 1956.

Grande studioso delle leggi dell'ottica, l'artista, con un diverso andamento e spessore delle linee, suggerisce le forme del cerchio e del quadrato, in alto, crea l'illusione della terza dimensione (concavo e convesso), in basso.

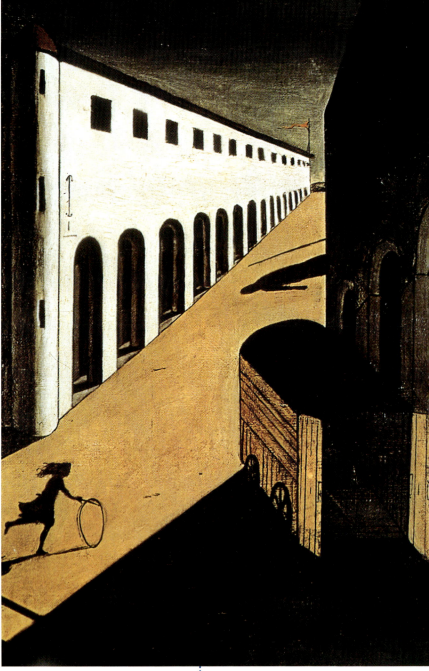

Giorgio De Chirico, *Mistero e malinconia di una strada*, 1914. New Canaan, Connecticut, Collezione privata.

L'artista, utilizzando in modo originale la prospettiva, crea sulla tela un'illusione di profondità.

Manfredo Massironi, *Cerchi + quadrati*, 1965, serigrafia su cristallo, 36 x 36 cm. Collezione privata.

L'artista, utilizzando linee di diverso andamento, muove il piano di fondo dando l'illusione della terza dimensione.

Henri Rousseau, *La cascata*, 1910, olio su tela, 116 x 150 cm. Chicago, The Art Institute.

Quest'opera mostra come si possa rappresentare un paesaggio senza l'illusione della profondità ma mantenendo tutto in superficie.

All'opera

UTILIZZARE I CODICI IN FUNZIONE CREATIVA

1 Attraverso un tratteggio di diversa forza realizza una serie di forme che muovano la superficie del foglio ispirandoti a questo disegno a china di Ugo Sterpini.

2 Partendo da una linea spezzata, ondulata, spiraliforme - come quelle che vedi nell'esempio - disegna gradinate, nastri svolazzanti, forme di ghiaccio galleggianti, tappeti che si srotolano, fogli pieghettati. Cerca poi di creare il chiaroscuro con una tecnica a piacere.

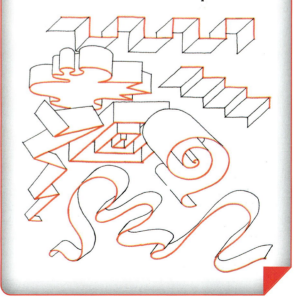

Il colore

I **colori della natura e delle cose** provocano interesse, curiosità, stupore.

L'artista che vuole riprodurli cerca di ricreare quella luce, quegli accordi, **quell'atmosfera che lo ha colpito**. Non si tratta mai di una cosa semplice, ma di un lavoro serio di approfondimento, come ci testimonia Claude Monet, grande pittore impressionista della fine dell'Ottocento con questa frase:

"Voglio dipingere l'aria nella quale si trovano gli alberi o il ponte o la casa o il battello, la bellezza dell'aria dove sono immersi, e la cosa è quasi impossibile. Oh se potessi contentarmi del possibile! Fate come me: lavorate, cercate".

Per altri artisti i colori che essi osservano sono il punto di partenza per una ricerca personale e originale. Tali pittori possono quindi non riprodurre ciò che vedono ma **forzare le tonalità**, rendere i colori più **espressivi** per comunicare **le emozioni, i sentimenti** che i colori hanno suscitato. Van Gogh, ad esempio, afferma:

"Non si conserva la bellezza dei colori della natura imitandoli, ma ricreandoli".

› **Galleria** Il colore in natura

Claude Monet, *Pioppi lungo l'Epte*, 1891, olio su tela, 82 x 81 cm. Edimburgo, Galleria Nazionale della Scozia.

Claude Monet, pittore impressionista, vuol proporre l'atmosfera che coglie osservando gli alberi lungo le sponde, il loro riflesso nell'acqua e il colore che la luce dona agli elementi della natura nelle varie ore del giorno. Per questo stende il colore a pennellate visibili e con delicate variazioni di tonalità.

Vincent Van Gogh, *Campo di grano con corvi*, 1890, olio su tela, 50,5 x 103 cm. Amsterdam, Van Gogh Museum.

Van Gogh utilizza il contrasto tra i colori primari per ottenere la forte espressività dell'opera.

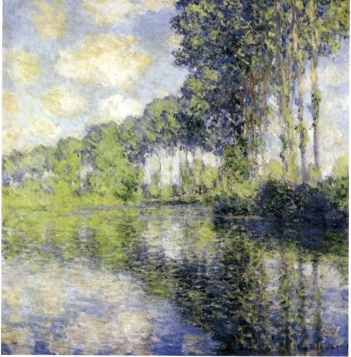

Felix Vallotton, *Paesaggio provenzale, la finestra*, 1920, olio su tela, 81 x 46 cm. Svizzera, Collezione privata.

L'artista propone un paesaggio al tramonto con tutti i colori resi "caldi" dal sole. Il panorama è visto dall'interno, da una finestra aperta sul cui vetro si riflettono i colori delle forme.

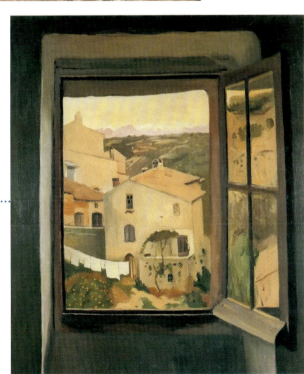

Caspar David Friedrich, *Le bianche scogliere di Rügen*, 1818. Winterthur, Collezione privata.

Friedrich sceglie per questi scogli una particolare angolatura per coinvolgere l'osservatore nel suo stupore di fronte alle bellezze della natura. Utilizza un forte contrasto di colore tra il controluce degli alberi e la scogliera e tra questa e le gradazioni di blu del cielo e del mare.

Il colore come espressione

1

> Molti artisti, sempre **partendo dall'osservazione della natura** e facendo tesoro dell'esperienza dei maestri del passato, dagli inizi del Novecento hanno **reinterpretato il colore** fino ad arrivare a utilizzarlo come pura forma di espressione della propria **sensibilità** e del proprio **stato d'animo**. La preoccupazione dell'artista non è più quella di rappresentare ciò che vede ma di esprimere ciò che sente.
Scriveva Vasilij Kandinskij: *"Il colore è il tasto, l'occhio il martelletto, l'anima è il pianoforte dalle molte corde. L'artista è la mano che, toccando questo o quel tasto, mette opportunamente in vibrazione l'anima umana. È chiaro che l'armonia dei colori deve fondarsi solo sul principio della giusta stimolazione dell'anima umana"*.

> Il colore può essere steso a **tinte piatte** o costruito con la **sovrapposizione di velature** per ottenere **grandi varietà di toni**, oppure usato **denso** per mettere in evidenza l'**espressività della materia**.

LESSICO

Velatura: strato di colore trasparente che va a sovrapporsi a un altro strato

Vasilij Kandinskij, *Inverno*, olio su tela, 70 x 97 cm. San Pietroburgo, Hermitage.

Vasilij Kandinskij, *Composizione IV*, 1911, olio su tela, 159 x 250 cm. Düsseldorf. Kunstsammulung.

Osservando la libera interpretazione del paesaggio fatta dall'artista nell'opera in alto si può notare che ha valorizzato i forti contasti di colore e ha mantenuto la fuga prospettica del viottolo con gli alberi, la forma delle case e dei monti semplificando il nero dei contorni. Nell'opera il nero disegna con un tratto molto sintetico che ricordano gli elementi naturali (si possono riconoscere profili di case, di monti a destra, di strade, di alberi...) su uno sfondo in cui il colore è libero ormai da riferimenti naturali e vibra nella sua potenza espressiva.

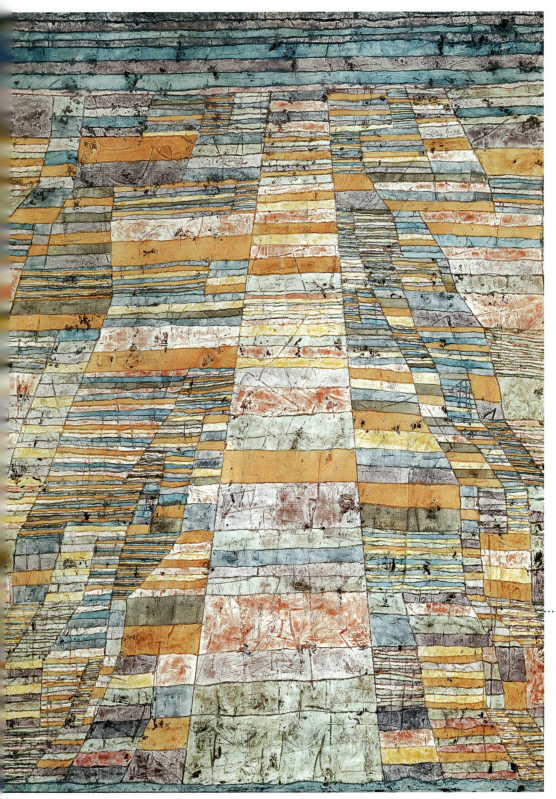

Paul Klee, *Strada principale e strade secondarie*, 1929, olio su lino, 83 x 39 cm. Colonia, Museo Ludwig.

Paul Klee, con il suo colore vibrante e le sue trasparenze, offre un'immagine del reale fantastica e piena di fascino.

William Congdon, *Cascinazza vista dal cielo*, 1998, olio su tela. Buccinasco, The William G. Congdon Foundation.

L'artista americano propone dense superfici di colore sempre vario e steso su un fondo nero che ne esalta la luminosità.

 Galleria Espressività del colore nell'opera d'arte

All'opera

UTILIZZARE I CODICI IN FUNZIONE ESPRESSIVA

1 Puoi realizzare una tavola non realistica cercando di svolgere temi come questi: le mie paure; un incubo; ricordi di infanzia; un'esperienza di aiuto tra compagni...
La tecnica consigliata è quella dei colori a tempera.

UTILIZZARE I CODICI IN FUNZIONE ESPRESSIVA

2 Prendendo spunto da una fotografia, realizza un semplice paesaggio ispirandoti all'interpretazione proposta da Kandinskij che vedi nella pagina accanto.

3 Ascoltando una musica a scelta, realizza una composizione che evidenzi il ritmo con i colori.

2 Colore come simbolo e segno

❯ Il colore, oltre a essere **naturalistico**, cioè riferito a quanto si vede in natura, può essere **simbolico**, cioè indicare un significato. Nelle **icone** bizantine o russe, così come nell'**arte medievale**, il colore assume un valore simbolico unitario che rimanda direttamente a un significato religioso. Ad esempio il color oro vuol significare il colore del paradiso, della santità, dell'infinito; il nero suggerisce il male, il vuoto; il rosso indica regalità; il verde la giovinezza, la vitalità. Nell'**arte moderna** sono molti gli artisti che usano il colore in chiave simbolica seguendo **scelte personali**.

❯ Il colore può essere utilizzato per il suo puro valore di **mezzo comunicativo** con contrasti e accordi, chiari e scuri, stesure piatte o sfumate, **senza richiami** né alla **natura** né allo **stato d'animo** dell'artista.
Nelle nostra società si usa il colore come **segno** per **comunicare in maniera volontaria**: si pensi, per esempio, alla segnaletica stradale, al colore dei mezzi pubblici, all'abbigliamento.

LESSICO

Icone: pitture su tavola che rappresentano immagini sacre rispettando regole precise.

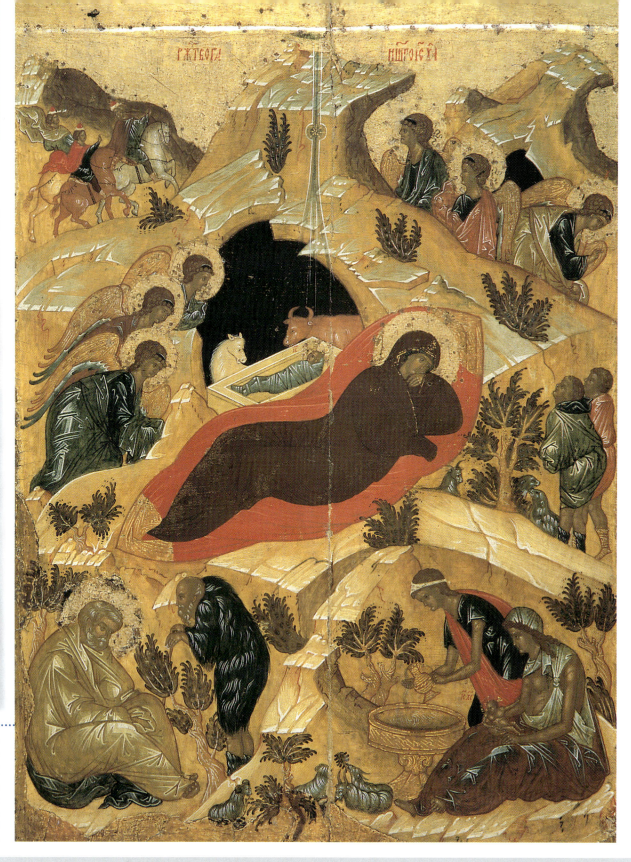

Andrej Rublëv, *Icona della Natività*, inizio XV secolo. Mosca, Galleria Tret'jakov.

Nella montagna si spalanca una voragine nera. Sono gli inferi, cioè il male, che quel Bimbo, azzurro e circondato di color oro, viene a vincere. Maria, avvolta in vesti color porpora, è adagiata su un giaciglio scarlatto. Sono i colori della regalità: Maria è regina, prescelta tra gli uomini. L'oro, che è simbolo della luce divina, contrasta fortemente con l'apertura della grotta e domina tutta la scena.

Letizia Fornasieri, *Tramino*, 1999, olio su tavola, 130 x 180 cm. Collezione privata.

L'artista è colpita dai colori del tram, del semaforo, dell'indicatore di fermata e da quelli delle insegne e sente la città come piena di vita, stimolante, andando oltre il luogo comune della città grigia e spenta.

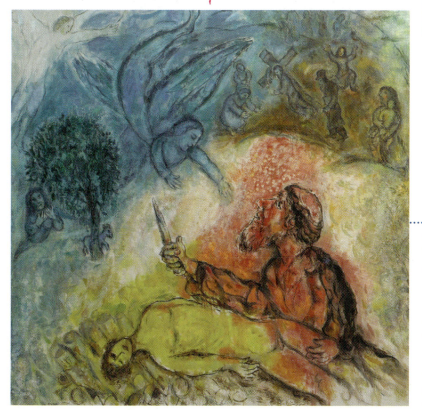

Marc Chagall, *Sacrificio di Isacco*. Nizza, Museo del Messaggio Biblico.

Molto interessante la simbologia moderna usata da Marc Chagall, pittore russo di origini ebree. La luce bianca di Dio (l'angelo a sinistra) si divide nei tre colori primari: blu per l'angelo, rosso per Abramo, giallo per Isacco. La mescolanza tra blu, rosso e giallo crea il marrone con cui è rappresentata la storia nata da questo evento che proseguirà fino alla croce. L'artista non colora i personaggi ma li dipinge con un contorno nero sopra lo sfondo già colorato.

Piet Mondrian, *Composizione con rosso, giallo, blu, nero*, 1924, olio su tela, 59,5 x 59,5 cm. L'Aia, Museo Civico.

L'artista scrive: "Dietro le mutevoli forme naturali si cela l'immutabile realtà pura. Si devono dunque ricondurre le forme naturali a rapporti puri, immutabili". Per fare questo utilizza colori puri stesi con grande precisione.

All'opera

UTILIZZARE I CODICI IN FUNZIONE SIMBOLICA

1 Scegli la strofa di una poesia che ti è piaciuta e prova a realizzarla con colori e forme simboliche.

2 Sull'esempio di Chagall stendi prima i colori base e poi disegna il soggetto a china o carboncino.

RICONOSCERE IL VALORE COMUNICATIVO DI UN CODICE IN UN'IMMAGINE

3 Realizza una serie di foto digitali per documentare il colore usato come "segno" nell'ambiente in cui abiti.

Colore come luce

3

❯ Una prima distinzione da fare è tra le **sorgenti luminose** (sole, lampade, fari...) e gli **oggetti che riflettono la luce**.

❯ La luce del Sole è **bianca** perché contiene **tutti i colori**, come sappiamo anche sperimentalmente osservando l'arcobaleno o una bolla di sapone.
Facendo passare un sottile fascio di luce bianca attraverso un prisma di cristallo osserviamo che le varie **lunghezze d'onda della luce** vengono separate e si dispiegano a ventaglio **mostrando i colori**.

❯ Perché un oggetto ci appare, ad esempio, blu? Perché, della luce del sole che lo colpisce, assorbe la luce non blu (rosso e verde) e riflette la luce blu. Diciamo quindi che è **la luce che ci mostra il colore** di un oggetto: basta pensare, infatti, come le varie illuminazioni stradali cambiano il colore delle auto, dei vestiti e dell'incarnato di una persona.

❯ L'**occhio umano** è in grado di distinguere i colori grazie ai **coni** (cellule nervose poste sulla retina) che sono di tre tipi: il primo è sensibile alla luce rossa, il secondo alla luce verde, il terzo alla luce blu. I **dispositivi digitali** per la riproduzione del colore (come telecamere, fotocamere, monitor) ricalcano la struttura dell'occhio: al posto dei coni vi sono **sensori CCD** che leggono i tre colori fondamentali e li trasformano in dati.

LESSICO

Lunghezza d'onda: distanza che un'onda percorre mentre compie un ciclo completo. Ogni colore ha un'onda diversa dall'altro.

L'arcobaleno. Le minuscole goccioline che rimangono nell'aria, ad esempio dopo un temporale, scompongono la luce del sole offrendo uno spettacolo affascinante.

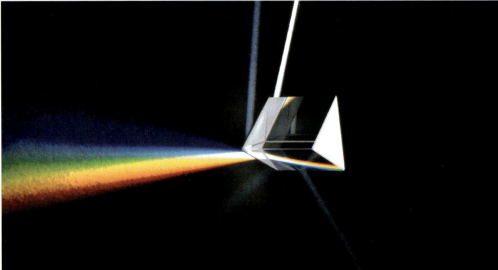

Il prisma ottico scompone la luce bianca nelle varie lunghezze d'onda mostrando tutti i colori che la compongono.

Named	Color Name	Hex RGB
	LightPink	#FFB6C1
	Pink	#FFC0CB
	Crimson	#DC143C
	LavenderBlush	#FFF0F5
	PaleVioletRed	#DB7093
	HotPink	#FF69B4
	DeepPink	#FF1493
	MediumVioletRed	#C71585
	Orchid	#DA70D6
	Thistle	#D8BFD8
	Plum	#DDA0DD
	Violet	#EE82EE
	Magenta	#FF00FF
	Fuchsia	#FF00FF
	DarkMagenta	#8B008B
	Purple	#800080
	MediumOrchid	#BA55D3
	DarkViolet	#9400D3
	DarkOrchid	#9932CC
	Indigo	#4B0082
	BlueViolet	#8A2BE2
	MediumPurple	#9370DB
	MediumSlateBlue	#7B68EE
	SlateBlue	#6A5ACD
	DarkSlateBlue	#483D8B
	Lavender	#E6E6FA
	GhostWhite	#F8F8FF
	Blue	#0000FF
	MediumBlue	#0000CD
	MidnightBlue	#191970
	DarkBlue	#00008B
	Navy	#000080
	RoyalBlue	#4169E1
	CornflowerBlue	#6495ED
	LightSteelBlue	#B0C4DE
	LightSlateGray	#778899
	SlateGray	#708090
	DodgerBlue	#1E90FF
	AliceBlue	#F0F8FF
	SteelBlue	#4682B4
	LightSkyBlue	#87CEFA
	SkyBlue	#87CEEB
	DeepSkyBlue	#00BFFF
	LightBlue	#ADD8E6
	PowderBlue	#B0E0E6
	CadetBlue	#5F9EA0
	Azure	#F0FFFF
	LightCyan	#E0FFFF
	PaleTurquoise	#AFEEEE
	Cyan	#00FFFF
	Aqua	#00FFFF
	DarkTurquoise	#00CED1
	DarkSlateGray	#2F4F4F
	DarkCyan	#008B8B
	Teal	#008080
	MediumTurquoise	#48D1CC
	LightSeaGreen	#20B2AA
	Turquoise	#40E0D0
	Aquamarine	#7FFFD4
	MediumAquamarine	#66CDAA
	MediumSpringGreen	#00FA9A
	MintCream	#F5FFFA
	SpringGreen	#00FF7F
	MediumSeaGreen	#3CB371
	SeaGreen	#2E8B57
	Honeydew	#F0FFF0
	LightGreen	#90EE90
	PaleGreen	#98FB98
	DarkSeaGreen	#8FBC8F
	LimeGreen	#32CD32

Named	Color Name	Hex RGB
	Lime	#00FF00
	ForestGreen	#228B22
	Green	#008000
	DarkGreen	#006400
	Chartreuse**	#7FFF00
	LawnGreen	#7CFC00
	GreenYellow	#ADFF2F
	DarkOliveGreen	#556B2F
	YellowGreen	#9ACD32
	OliveDrab	#6B8E23
	Beige	#F5F5DC
	LightGoldenrodYellow	#FAFAD2
	Ivory	#FFFFF0
	LightYellow	#FFFFE0
	Yellow	#FFFF00
	Olive	#808000
	DarkKhaki	#BDB76B
	LemonChiffon	#FFFACD
	PaleGoldenrod	#EEE8AA
	Khaki	#F0E68C
	Gold	#FFD700
	Cornsilk	#FFF8DC
	Goldenrod	#DAA520
	DarkGoldenrod	#B8860B
	FloralWhite	#FFFAF0
	OldLace	#FDF5E6
	Wheat	#F5DEB3
	Moccasin	#FFE4B5
	Orange	#FFA500
	PapayaWhip	#FFEFD5
	BlanchedAlmond	#FFEBCD
	NavajoWhite	#FFDEAD
	AntiqueWhite	#FAEBD7
	Tan	#D2B48C
	BurlyWood	#DEB887
	Bisque	#FFE4C4
	DarkOrange	#FF8C00
	Linen	#FAF0E6
	Peru	#CD853F
	PeachPuff	#FFDAB9
	SandyBrown	#F4A460
	Chocolate	#D2691E
	SaddleBrown	#8B4513
	Seashell	#FFF5EE
	Sienna	#A0522D
	LightSalmon	#FFA07A
	Coral	#FF7F50
	OrangeRed	#FF4500
	DarkSalmon	#E9967A
	Tomato	#FF6347
	MistyRose	#FFE4E1
	Salmon	#FA8072
	Snow	#FFFAFA
	LightCoral	#F08080
	RosyBrown	#BC8F8F
	IndianRed	#CD5C5C
	Red	#FF0000
	Brown	#A52A2A
	FireBrick	#B22222
	DarkRed	#8B0000
	Maroon	#800000
	White	#FFFFFF
	WhiteSmoke	#F5F5F5
	Gainsboro	#DCDCDC
	LightGrey	#D3D3D3
	Silver	#C0C0C0
	DarkGray	#A9A9A9
	Gray	#808080
	DimGray	#696969
	Black	#000000

Il modello di visualizzazione dei colori per il mondo informatico si chiama RGB e sta per "Red (rosso), Green (verde), Blue (blu)". Dato che il computer forma i colori di visualizzazione utilizzando pixel dei tre colori RGB, possiamo ottenere ciascun colore come sommatoria di parti di rosso, verde e blu. Il sistema funziona quindi in modalità additiva: aggiungendo i colori l'uno all'altro si ottengono milioni di altri colori diversi.
Il bianco è la somma di parti identiche di rosso, verde e blu.

Bianco = Rosso + Verde + Blu = Colori Additivi

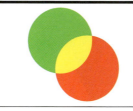

Rosso + Verde = Giallo

Rosso + Blu = Magenta

Blu + Verde = Cyan

Davide Frisoni, *Rossi di sera*, 2002, olio su tela, 180 x 150 cm. Collezione privata.

All'opera

RICONOSCERE I CODICI VISIVI NELLA REALTÀ

1 Cerca alcune immagini in cui le luci artificiali modifichino i colori così come li conosciamo, cioè illuminati dalla luce solare. Scegline una e danne due interpretazioni: una fedele alla fotografia stessa e una, invece, come se tutto fosse illuminato dal sole.

2 Dipingi un raggio di sole che squarcia il buio e illumina gli oggetti.

Colore come pigmento

4

> Consideriamo ora il colore come **pigmento**, cioè come **materia colorante**. Tre sono i colori **base o primari**: Giallo, Rosso Magenta, Blu Cyan; sono **primari** perché **assoluti**, cioè non si possono formare con altri pigmenti. Mescolati tra loro si annullano creando un grigio. **Sommandoli a due a due in proporzioni diverse** si creano i **secondari**: gli arancioni, i verdi, i violetti.

> Tra i vari sistemi proposti dagli studiosi della "Teoria del colore" il **cerchio cromatico** di Johannes Itten, pubblicato nel 1921, risulta particolarmente semplice ed utile. Si tratta di un **anello diviso in dodici parti** uguali in cui i colori occupano posti precisi seguendo l'ordine dello spettro e dell'arcobaleno. Questi **toni cromatici vanno memorizzati** e riconosciuti, così come il musicista riconosce le note della scala musicale.

> La **quadricromia** è la tecnica di stampa che si basa sul principio della mescolanza dei tre colori primari con il nero e lasciando il bianco come trasparenza della carta di fondo. La sigla che indica la quadricromia è CMYK che sta per Cyan, Magenta, Yellow, Black.

> Esiste un sistema internazionale di riconoscimento dei colori che si chiama "**Pantone**". Si tratta di una mazzetta di 2058 colori in cui ciascuno è indicato con una sigla di riferimento. Serve soprattutto ai grafici per indicare allo stampatore l'esatto colore scelto.

LESSICO

Pigmento: materia prima (naturale o artificiale) per la fabbricazione dei colori

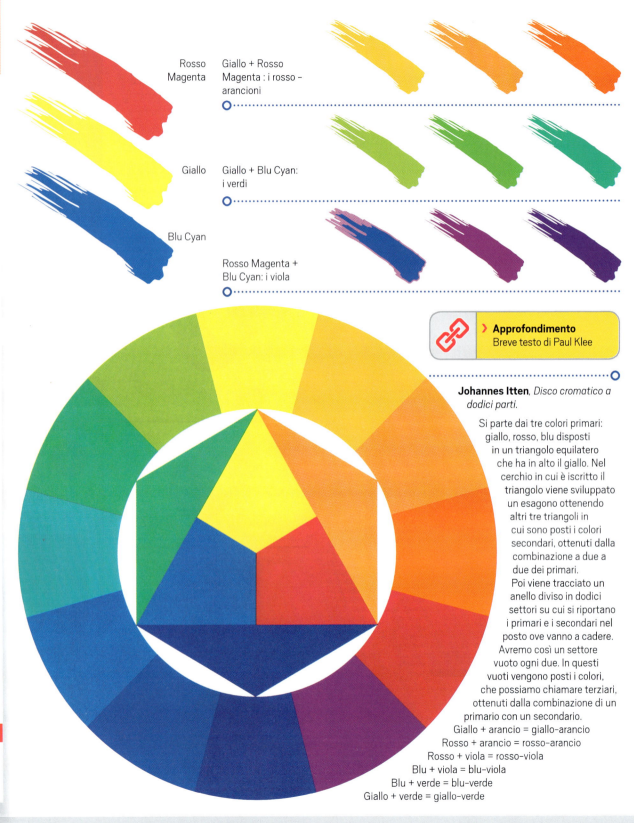

Rosso Magenta

Giallo + Rosso Magenta : i rosso - arancioni

Giallo

Giallo + Blu Cyan: i verdi

Blu Cyan

Rosso Magenta + Blu Cyan: i viola

> **Approfondimento**
> Breve testo di Paul Klee

Johannes Itten, *Disco cromatico a dodici parti.*

Si parte dai tre colori primari: giallo, rosso, blu disposti in un triangolo equilatero che ha in alto il giallo. Nel cerchio in cui è iscritto il triangolo viene sviluppato un esagono ottenendo altri tre triangoli in cui sono posti i colori secondari, ottenuti dalla combinazione a due a due dei primari.
Poi viene tracciato un anello diviso in dodici settori su cui si riportano i primari e i secondari nel posto ove vanno a cadere. Avremo così un settore vuoto ogni due. In questi vuoti vengono posti i colori, che possiamo chiamare terziari, ottenuti dalla combinazione di un primario con un secondario.
Giallo + arancio = giallo-arancio
Rosso + arancio = rosso-arancio
Rosso + viola = rosso-viola
Blu + viola = blu-viola
Blu + verde = blu-verde
Giallo + verde = giallo-verde

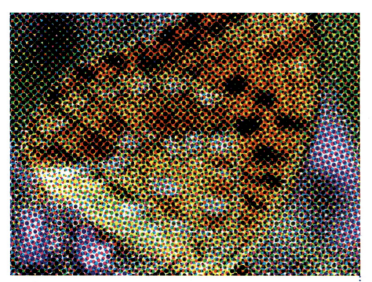

Johannes Itten, *Stella cromatica.*

Per evidenziare i rapporti che intercorrono tra i colori puri e il bianco e il nero, Itten propone uno schema a stella, semplificazione della più complessa sfera cromatica. Nella Stella cromatica ogni punta presenta sei tonalità dello stesso colore, dallo scuro al chiaro. Ogni cerchio concentrico presenta dodici diversi colori ma con la stessa luminosità. La quarta fascia presenta i 12 colori saturi, cioè senza né bianco né nero.

Retino ingrandito. Per schiarire il colore si utilizzano dei retini tipografici che permettono di utilizzare il bianco di fondo per graduare i colori. Con una lente di ingrandimento puoi ritrovare il retino nelle immagini di questo libro.

> **Approfondimento** Schema di Itten
> **Approfondimento** Combinazioni cromatiche

Campionario di colori "Pantone".

All'opera

RICONOSCERE/DESCRIVERE LE CARATTERISTICHE DI UN CODICE IN UN'IMMAGINE

1 Costruisci il cerchio cromatico di Itten traendo lo schema da uno di quelli proposti. Riempi i dodici settori stendendo con cura i colori. Puoi utilizzare le tempere o le matite acquerellabili.

UTILIZZARE I CODICI IN FUNZIONE CREATIVA

2 Dipingi un semplice paesaggio utilizzando le gradazioni di colore.

3 Disegna una figura geometrica sul modello dell'esempio e inserisci almeno 18 tonalità di verdi o di rossi o di blu...

5 Colori primari e complementari

> I **colori primari**, cioè giallo (primario), rosso (Magenta), blu (Cyan) **contrastano molto tra loro**. Il **contrasto tra i secondari** (arancio, verde, viola) appare più debole pur essendo consistente.
Le **linee bianche o nere** poste tra un colore e l'altro fanno risaltare il contrasto poiché bloccano la capacità di irradiazione di ogni colore e quindi di reciproca influenza. Molte opere di arte moderna trovano la loro **forza espressiva** proprio in questo contrasto tra colori primari e secondari.

> La **coppia dei complementari principali** è formata da un primario e dal secondario ottenuto con la mescolanza degli altri due primari: **giallo/viola** (rosso+blu); **rosso/verde** (giallo+blu); **blu/arancio** (giallo+rosso), cioè coppie di colori che ricostituiscono la terna dei primari. Altre coppie di complementari sono: giallo/arancio con blu/viola; rosso/arancio con blu/verde; rosso/viola con giallo/verde.

> Il **contrasto** tra i colori puri e tra complementari è molto utilizzato nell'arte popolare, nella miniatura medievale, nella pubblicità ed è molto presente anche in natura, soprattutto quello verde/giallo (colori base) o verde/rosso ((colori complementari).

> Nel **disco cromatico** di Itten **i complementari risultano diametralmente opposti**. Due colori complementari si **esaltano** e si **rafforzano** a vicenda.

Franz Marc, *Volpe*, 1911, olio su tela. Hannover, Sprengel Museum.

L'artista utilizza i colori primari e i secondari creando anche contrasti tra i complementari (viola con giallo e verde con rosso).

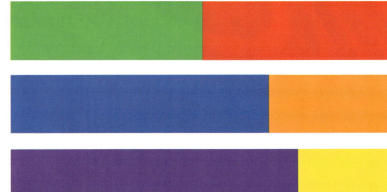

Johannes Itten, *Luminosità dei complementari.*

Queste sono le coppie di complementari principali stesi in proporzione alla loro luminosità.

 Galleria Contrasti di colore nell'opera d'arte

Joan Miró, *Galatea IV*, acquaforte a colori.

I colori primari e secondari, se sono contornati dal nero, acquistano forza.

André Derain, *Ponte di Charing Cross*, 1906, olio su tela, 81 x 100 cm. Parigi, Museo d'Orsay.

All'opera

UTILIZZARE I CODICI IN FUNZIONE DESCRITTIVA

1 Dividi il foglio in due parti poi copia due volte la scritta che vedi qui sotto. La prima volta imita questa intonazione cromatica; la seconda volta crea dei forti contrasti utilizzando primari e/o complementari.

2 Realizza una fascia con i tre colori puri accostati. Poi altre due fasce in cui i colori sono distanziati prima da uno spazio bianco e poi da uno nero. Commenta il risultato.

Colori caldi e freddi

6

> Percepiamo come **caldi** i colori che rimandano al sole e al fuoco e **freddi** quelli che ricordano l'acqua, il gelo, il cielo invernale.

Il **rosso/arancio** è il colore più **caldo** mentre il **verde/blu** è quello più **freddo**; il violetto è un colore intermedio ottenuto dalla combinazione di blu (freddo) e rosso (caldo). Un colore può sembrare più caldo o più freddo a seconda del **contesto** in cui è posto.

> L'**accostamento** di toni caldi e di toni freddi permette di ottenere un **effetto di profondità** senza alcuna regola prospettica, infatti i colori caldi avanzano e i freddi retrocedono. Questo coincide con l'osservazione che in natura gli strati atmosferici interposti raffreddano i colori lontani.

> I colori caldi e freddi acquistano anche un **significato espressivo e comunicativo**: i colori freddi indicano **abbandono**, **solitudine**; quelli caldi **accoglienza**, **amicizia**.

Nella comunicazione pubblicitaria i freddi indicano qualcosa di **razionale**, **preciso**, **scientifico**; i caldi qualcosa di **famigliare**, **fragrante**, **appetitoso**.

Fillia, *Autoritratto*, 1925, olio su tela, 54 x 44 cm. Collezione privata.

Interessante osservare quanto sia forte il contrasto tra colori caldi e colori freddi.

Patrick **Caulfield**, *Oggetti colorati*, 1967, smalti. Collezione privata.

Il contrasto tra i colori stesi piatti è valorizzato dal contorno nero.

Gerardo Dottori, *Incendio-città*, 1926, olio su tela, 210 x 190 cm. Perugia, Museo Civico.

L'artista, per rappresentare l'incendio, dipinge il movimento dirompente delle fiamme. Utilizza solo colori caldi variandone fortemente la luminosità.

All'opera

UTILIZZARE I CODICI IN FUNZIONE CREATIVA

1 Utilizzando la tecnica del collage (puoi usare qualche rivista) realizza una composizione basata sul contrasto tra forme con colori caldi e forme con colori freddi. Si possono realizzare animali fantastici, oggetti, fiori ecc.

2 Realizza un paesaggio il cui primo piano abbia colori caldi e lo sfondo colori freddi.

3 Realizza a tempera uno sfondo a colori freddi poi disegna un animale ed evidenzialo con colori caldi.

7 Bianco/nero e accordi monocromatici

> Il **massimo contrasto** che noi osserviamo in natura è quello tra il **giorno** e la **notte**; nel colore equivale al contrasto tra il bianco e il nero.
Ci sono un solo **bianco** e un solo **nero assoluti**, ma esiste una straordinaria quantità di **gradi chiaroscurali del grigio**. Le **gradazioni di luminosità** del grigio suggeriscono la **profondità** e la distanza tra le cose.

> I grigi possono essere ottenuti con la mescolanza di bianco e di nero, ma anche con la **mescolanza dei tre colori primari** in proporzioni esatte, oppure di due **colori complementari**. L'aggiunta di bianco o di nero permette poi di ottenere tutte le possibili variazioni di intensità creando **accordi o contrasti acromatici o colori neutri**.

> Gli **accordi monocromatici** si ottengono componendo alcune tonalità scelte sulla scala di un solo colore. Questi accordi possono anche essere utilizzati per rappresentare **particolari condizioni atmosferiche** o di illuminazione.

> **Galleria** Accordi monocromatici nell'opera d'arte

Giova, *Illustrazione per una rivista*, 2001, tempera.

Pablo Picasso, *Las Meninas da Velasquez*, particolare, 1957, olio su tela, 194 x 260 cm. Barcellona, Museo Picasso.

Fortunato Depero, *Prismi lunari*, 1931, olio su tela, 60 x 90 cm. Roma, Galleria Nazionale.

Partendo dal freddo colore dei raggi lunari che entrano dalle finestra, l'artista realizza una grande variazione di blu e azzurri che danno i volumi all'arredamento di questa casa.

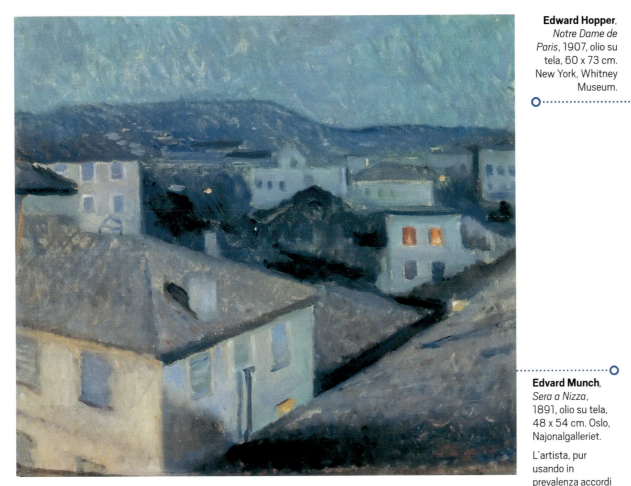

Edward Hopper, *Notre Dame de Paris*, 1907, olio su tela, 60 x 73 cm. New York, Whitney Museum.

Edvard Munch, *Sera a Nizza*, 1891, olio su tela, 48 x 54 cm. Oslo, Najonalgalleriet.

L'artista, pur usando in prevalenza accordi monocromatici del blu, riprende uno studio fatto in una precisa ora del giorno.

Lyonel Feininger, *Torre di polvere*, 1923, olio su tela, 48 x 89 cm. Collezione privata.

Possiamo vedere in quest'opera una serie di accordi e contrasti monocromatici.

All'opera

UTILIZZARE I CODICI IN FUNZIONE CREATIVA

1 Realizza un semplice paesaggio o un gruppo di oggetti con gradazioni di grigi. Lo stesso paesaggio o gruppo di oggetti può essere anche colorato a tinte monocrome.

UTILIZZARE I CODICI IN FUNZIONE RAPPRESENTATIVA

2 Utilizzando una tecnica adatta (nell'esempio gessetti) realizza un paesaggio in cui la luce naturale sia monocromatica (alba, tramonto, temporale...).

La composizione

Nella realtà

Comporre una poesia, comporre una musica, comporre un mazzo di fiori...
Comporre significa **mettere in un certo ordine** secondo le necessità espressive e il gusto dell'autore.

Immaginiamo di comporre gli oggetti nella vetrina di un negozio. Se si tratta di una boutique di moda metteremo in risalto uno solo o pochi dei preziosi abiti ben sistemati e illuminati. Se si tratta di un negozio di sport metteremo con un certo ordine tutti i possibili tipi di scarpe da tennis perché si possa già scegliere a colpo d'occhio che cosa interessa.
Anche **comporre su una tela** può significare inserire un solo semplice oggetto, posto con cura, o molti elementi disposti con un certo **criterio**, ad esempio di tipo simmetrico o asimmetrico.

Un artista, osservando la realtà, viene colpito da una determinata posizione degli oggetti e quindi può **comporre le forme sul quadro cercando di proporre la stessa esperienza visiva**, ad esempio con una posizione del soggetto insolita.

Quanto detto risulta particolarmente valido nel campo della **fotografia**, perché il fotografo può scegliere, per la ripresa, **un'angolatura** che renda l'osservatore partecipe del suo **modo di guardare la realtà** (v. anche pag. 260).

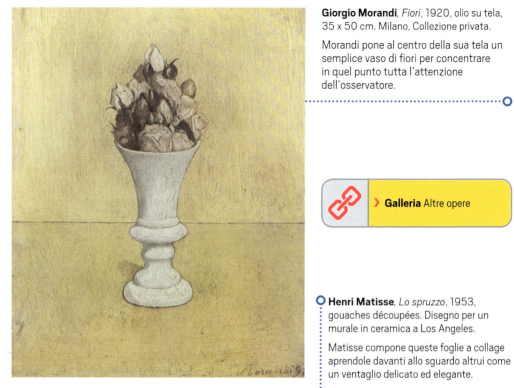

Giorgio Morandi, *Fiori*, 1920, olio su tela, 35 x 50 cm. Milano, Collezione privata.

Morandi pone al centro della sua tela un semplice vaso di fiori per concentrare in quel punto tutta l'attenzione dell'osservatore.

> **Galleria** Altre opere

Henri Matisse, *Lo spruzzo*, 1953, gouaches découpées. Disegno per un murale in ceramica a Los Angeles.

Matisse compone queste foglie a collage aprendole davanti allo sguardo altrui come un ventaglio delicato ed elegante.

Vasilij Kandinskij, *Vuoto verde*, 1930, olio su cartone, 35 x 49 cm. Parigi, Centre Pompidou.

Composizione essenziale con un elemento (una porta?) asimmetrico il cui peso visivo è bilanciato dalle linee spezzate di sinistra.

Elio Ciol, *Sogni di prosperità*, 2000, fotografia in b/n. San Vito al Tagliamento.

La composizione di questa foto porta l'occhio dell'osservatore, guidato dalle linee prospettiche del campo, a osservare il cielo nuvoloso che incombe sulla campagna.

Katsushika Hokusai, *Musashi*, Koganei. Serie: trentasei vedute del Fuji, 1858.

Hokusai, ripetendo una sua osservazione di viaggio, invita a cercare il soggetto dell'opera, cioè il vulcano Fujiama, ponendo la sua cima non al centro ma in un'apertura del tronco di un vecchio ciliegio posto asimmetricamente in primo piano.

1 La composizione come espressione

❯ Il valore di un'opera e il suo **messaggio visivo** sono dati sia dal **tema** rappresentato che dalla **collocazione di ogni elemento** nel quadro.

Si può comprendere meglio questo concetto osservando il dipinto di Caravaggio *Deposizione nel sepolcro*.

❯ La sua **forza principale** sta nel tipo di **composizione** elaborata.

Il **peso visivo** si colloca prevalentemente nella parte destra lasciando vuota la zona sinistra in cui è disposta la figura di Cristo che si stacca da tutto il resto per colore (è la figura più illuminata) e per posizione: **l'intera struttura orienta e conduce verso la sua testa**.

❯ **L'equilibrio e l'armonia** dell'opera sono il risultato di una **distribuzione degli elementi** e di un **ritmo** molto complessi: la figura di Giuseppe d'Arimatea, che regge le gambe del Signore, è l'asse-perno di un "ventaglio umano" da cui partono varie diagonali che tendono verso Cristo.

Rileviamo poi **due linee-forza** nelle curve disegnate dalla schiena di Giuseppe e dal panneggio che scende dal corpo esanime di Cristo: esse hanno lo stesso **andamento** anche se **contrapposto**.

❯ Nella **pittura astratta** molti quadri prendono il nome di *Composizione* a indicare appunto che la disposizione degli elementi fatti di forme e colori è il **soggetto** dell'opera.

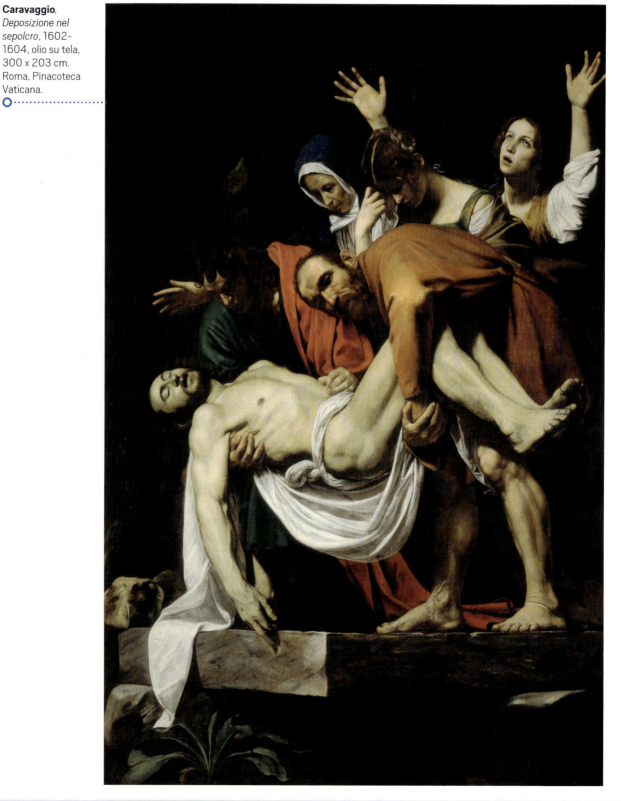

Caravaggio, *Deposizione nel sepolcro*, 1602-1604, olio su tela, 300 x 203 cm. Roma, Pinacoteca Vaticana.

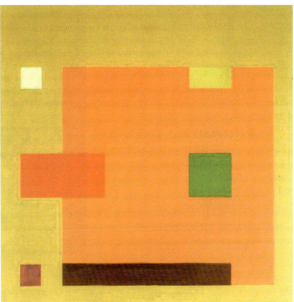

Antonio Calderara, *Composizione Z + L*, 1960, olio su tavola, 43 x 43 cm. Rovereto, Mart.

Luigi Veronesi, *Composizione n. 16*, 1940, olio e fotogramma su tela, 58 x 83 cm. Torino, Galleria Martano.

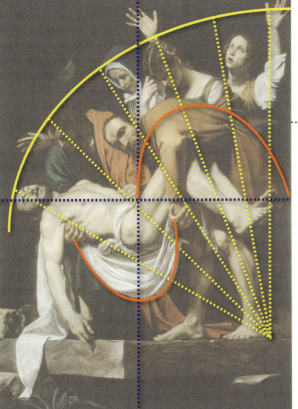

Schema compositivo della *Deposizione* di Caravaggio.

La disposizione degli elementi in queste due opere differisce molto. Nella *Composizione* di Veronesi la suddivisione del piano del quadro è per diagonali e ci dà una sensazione dinamica con un equilibrio trovato tra forze in tensione sulla tela da cui sembra uscire il cubetto sulla destra. La *Composizione* di Calderara, impostata sempre sui rapporti tra quadrati e multipli, è costruita con un reticolo di ortogonali che creano un equilibrio pacificante. I colori sono caldi e sono realizzati con i tre primari. Il blu non c'è ma ci sono le sue mescolanze (verde, marrone, violetto).

> **Galleria** Equilibrio, armonia, composizione nell'opera d'arte

All'opera

RICONOSCERE IL VALORE COMUNICATIVO DI UN CODICE IN UN'IMMAGINE

1 Scegli un'opera d'arte e prova, con l'aiuto di una carta da lucido, a cercare la composizione, sull'esempio della Deposizione di Caravaggio. Parti sempre dal tracciare gli assi ortogonali.

2 Cerca il reticolo di riferimento delle due composizioni di Veronesi e Calderara (osserva che il modulo è il quadrato nero per la prima e quello bianco per la seconda). Prepara alcuni bozzetti a matite e poi scegline uno da realizzare in modo definito con tempere o acrilici. Puoi anche utilizzare il nastro di carta per tirare con precisione le varie linee.

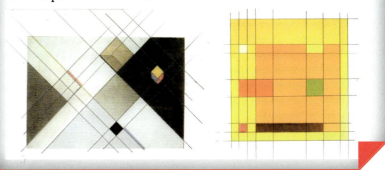

2 Formato

❯ Le immagini, costituite da forme, linee, colori, si sviluppano su una **superficie** che può avere **vari formati**. Noi siamo abituati a disegnare nello spazio di un foglio rettangolare che possiamo utilizzare **orizzontale**, ad esempio per i paesaggi, o **verticale**, ad esempio per un ritratto. Se ci troviamo di fronte a un formato molto grande o molto piccolo siamo stimolati a creare immagini differenti.

❯ Chi crea immagini, infatti, tiene conto del formato su cui deve lavorare, che può essere **scelto** per comunicare sensazioni differenti.

Se il supporto è la tela, questa può essere realizzata secondo il formato che sceglie l'artista e così è anche per la matrice dei vari tipi di stampa.

In alcuni casi, però, il formato può essere **condizionato dallo spazio** a disposizione, ad esempio una "vela" tra due archi in una chiesa, che determina le scelte compositive coerenti con la forma a disposizione.

Anche nella **grafica** la scelta del **formato** è molto importante dal punto di vista espressivo.

Raimund von Stillfried-Rathenitz, *Ponte delle scimmie*, 1874, stampa fotografica ritoccata all'anilina, 90 x 141 cm. Tokjo, JCII.

Molto interessante osservare la serie di stampe che il pittore Hokusai realizza ispirandosi al Ponte delle scimmie a Kai in Giappone, che qui si vede in una foto dell'epoca.

Katsushika Hokusai, *Luna crescente*, 1832, stampa, 38 x 170 cm.

Katsushika Hokusai, *Kai. Il Ponte delle scimmie*, 1853, stampa, 35 x 24 cm.

Nella stampa a sinistra il ponte quasi si confonde con la fioritura degli aceri rossi che risaltano vigorosamente sul verde (contrasto di colori complementari) e sul blu (contrasto di colori primari). Il ponte è parte di un paesaggio sereno ed è attraversato da vari personaggi tra cui una donna col bimbo in spalla.

Nella stampa in alto, cambiando il formato, l'artista cambia anche il punto di vista che diventa più basso: in tal modo riesce a rendere la pericolosità di quell'unica arcata di 32 metri di corde e tronchi sospesi nel vuoto. Gli alberi non nascondono nulla della distanza di vuoto tra le due rocce e la luna aiuta ulteriormente a rendere l'altezza vertiginosa del ponte.

Nell'immagine a destra tutto è coperto di neve. Il formato molto verticale invita all'essenziale sia nelle forme che nel colore: l'intenso azzurro del fiume, il rosso delle pigne degli alberi, il giallo del personaggio contrastano con il bianco dominante. Abbiamo un'immagine che sottolinea la pace del rapporto uomo-natura.

Katsushika Hokusai, *Il Ponte delle scimmie sotto la neve*, 1845, stampa, 34 x74 cm.

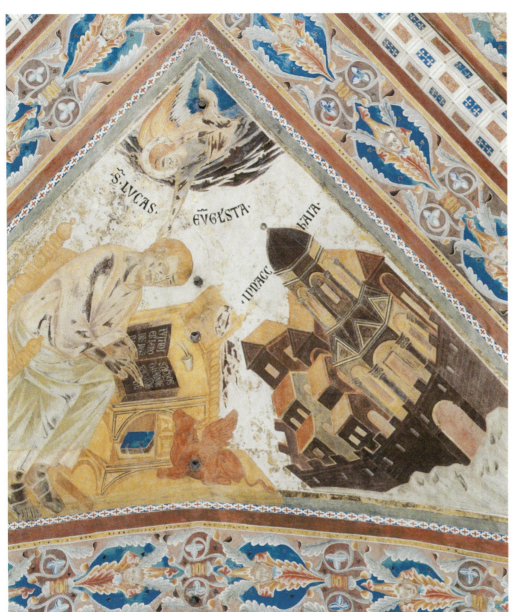

Cimabue, *San Luca*, 1280 circa, affresco,
vela ovest. Assisi, Basilica superiore
di San Francesco.

Nel San Luca di Cimabue, affrescato
sulla volta degli Evangelisti nella
Basilica Superiore di San Francesco, la
composizione è totalmente determinata
dal formato. Sia il Santo con il trono che
gli edifici si "piegano" per poter "vivere"
nel formato triangolare. La composizione
risulta perfettamente equilibrata.

Pierre Bonnard,
Donne e fiori,
1891, bozzetto
per ventaglio,
acquerello e china.

La composizione è
equilibrata da una
"falsa simmetria"
(figure e fiori)
e il peso visivo
è decisamente
portato dalla
brillantezza
dei colori e dai
particolari verso
sinistra.

All'opera

UTILIZZARE IL CODICE IN FUNZIONE CREATIVA

1 Prepara un foglio dal formato
particolare (rotondo, ovale, quadrato, lungo ...) e inserisci una
composizione o un paesaggio che lo ri-
spetti e lo valorizzi.

2 Prepara alcuni bozzetti per la decorazione di un ventaglio o di una
"vela" (come quella di Cimabue).
Tecnica consigliata: china e chine colorate o matite.

3 Inserisci in un formato tagliato ca-
sualmente una figura o un animale.

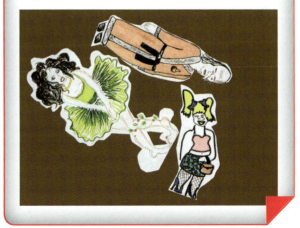

> **Galleria** L'importanza del
> formato nell'opera d'arte

3

Simmetria e asimmetria

> La **simmetria** è la forma più semplice di **composizione equilibrata** presente in natura. Se osserviamo una foglia o una farfalla scopriamo che la loro struttura principale è una **simmetria bilaterale**. Molte delle decorazioni degli oggetti o delle strutture architettoniche, che nei secoli l'uomo ha realizzato per rendere più "bella" la sua vita, sono **composizioni simmetriche**.

> Un secondo tipo di simmetria è quella **radiale**, quando vi sono degli elementi che ruotano attorno a un **centro** (ad esempio gli spicchi di un limone sezionato).
> L'elemento architettonico più noto costruito con una **simmetria radiale** è il "rosone", ispirato alla forma del sole, con le sue innumerevoli variazioni.
> La simmetria quindi è **la forma più naturale ed equilibrata di composizione** che il nostro occhio facilmente riconosce.

> Di segno contrario è l'**asimmetria**, che potremmo definire, con un gioco di parole, un **ordine compositivo "disordinato"** poiché tende a disorientare e a "disturbare" lo sguardo. In realtà quando un creatore di immagini **utilizza composizioni asimmetriche** lo fa soprattutto **per creare dinamismi e tensioni** all'interno dell'opera.

Una farfalla, tipico esempio di elegante simmetria della natura.

Fortunato Depero, *Pellicani*, 1924, tappeto in tarsia di panno, 173 x 130 cm. Collezione privata.

Composizione semplice con un elemento simmetrico che si ripete.

Jacopo Barozzi da Vignola, *Fontana con divinità fluviali*, 1560. Caprarola, Villa Farnese.

La struttura di questa fontana è perfettamente simmetrica e ciò contribuisce a renderla imponente, maestosa.

Alexandre Poiteau, *Limone*, particolare, 1817, tempera su pergamena.

Simmetria radiale

Utagawa Hiroshige, *Traghetto di Haneda e santuario di Benten*, 1858, stampa, 35 x 24 cm.

Utagawa Hiroshige, *Aceri a Mama*, 1857, stampa, 36 x 25 cm.

In questa stampa è evidente il primo piano, sostanzialmente simmetrico, di tronchi e foglie; in quella sopra invece il primissimo piano asimmetrico del barcaiolo incuriosisce l'osservatore e rende dinamica la composizione.

All'opera

UTILIZZARE I CODICI IN FUNZIONE RAPPRESENTATIVA/ CREATIVA

1 Crea una composizione simmetrica rispetto all'asse verticale del foglio utilizzando oggetti da ricalcare o le tue mani. Valorizza il disegno con un'adeguata colorazione.

2 Ispirandoti a quest'opera di Giacomo Balla realizza un mazzo di fiori fantastici simmetrici o asimmetrici

3 Utilizzando la tecnica del collage realizza una composizione asimmetrica.

4 Forme base: struttura e modulo

> Ciascuna **forma base** (quadrato, triangolo, cerchio) ha una sua **struttura**, legata alle **caratteristiche geometriche** della forma, data da assi e diagonali. A partire dalla struttura si possono progettare serie di composizioni nell'ambito della pittura, della grafica, dell'architettura. Per le altre forme come **il rettangolo o l'ovale** la struttura portante è simile e ogni artista, nel progettare la composizione della sua opera, parte da questa struttura.

> Le forme base hanno **anche** una **struttura modulare** che si ottiene suddividendo la figura in **tante parti uguali**. Il modulo ottenuto si può **comporre** sia con forme della stessa misura sia con multipli o sottomultipli. Questo è di particolare interesse per l'architettura, per gli imballaggi, per la decorazione ecc.

> Una suddivisione della figura in parti uguali dà origine al **reticolo modulare**, cioè a una ripartizione dello spazio che diviene la base per la costruzione di possibili variazioni. A un'osservazione attenta molte strutture complesse presenti in natura sono costituite **da semplici forme simili**. Pensiamo ad esempio all'alveare o a una pannocchia di grano. Anche molte realizzazioni dell'uomo nel campo dell'architettura, del design, delle arti figurative, del gioco si basano sulla **ripetizione di moduli**.

Il quadrato

La struttura.

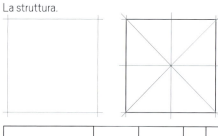 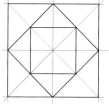 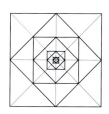

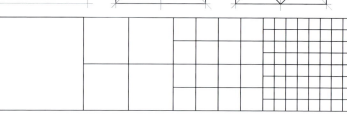

La suddivisione modulare che crea il reticolo.

Il triangolo

La struttura.

 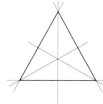 

La suddivisione modulare che crea il reticolo.

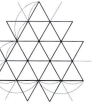

Il reticolo di riferimento che ne risulta è un reticolo che si può estendere oltre la forma del triangolo e che permette la costruzione di vari moduli di forma diversa da quello di base (il triangolo equilatero): rombo, trapezio isoscele, esagono regolare.

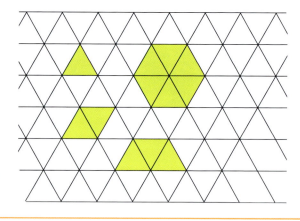

Il cerchio

La struttura.

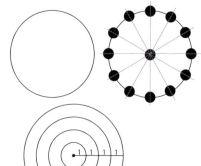

La suddivisione modulare che crea il reticolo.

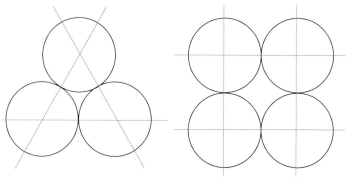

Si ottiene una ordinata distribuzione dei moduli circolari ponendo il centro di ogni cerchio sul vertice dei triangoli del reticolo o sul vertice dei quadrati del reticolo.

Piet Mondrian, *Composizione con superfici colorate chiare e con linee grigie*, 1919, olio su tela diagonale, 67 cm. Otterlo, Rijksmuseum Kroller-Muller.

Il modulo e il reticolo di riferimento sono complementari tra loro come ben si evidenzia in quest'opera di Mondrian dove, al di sotto dello strato di colore, si vedono ancora distintamente le linee di un reticolo che ripartisce il piano su cui l'artista ha realizzato la sua composizione modulare.

Franco Grignani, *Dissociazione dal campo reticolare*, 1969.

L'artista rompe, con questo intervento grafico, la continuità di un reticolo modulare.

Soffitto a capriate. Il modulo triangolare è la base della più semplice delle coperture.

Massimiliano Fuksas, Struttura portante all'ingresso della nuova Fiera di Milano, Rho.

Il reticolo diviene struttura portante in questa estesissima copertura che unisce l'ingresso ai padiglioni della fiera di Milano-Rho.

R. & E. Bouroullec, *Libreria Cloud*, produzione Cappellini.

Arredamento moderno con libreria ottenuta con moduli circolari componibili.

All'opera

UTILIZZARE I CODICI IN FUNZIONE DECORATIVA

1 Partendo da un foglio a quadretti inventa una composizione avente come modulo il quadrato o il triangolo. Valorizza il lavoro con diverse tonalità di colore.

2 Realizza il bozzetto di una o più mattonelle quadrate ispirandoti a quelle qui riportate realizzate dall'architetto Giò Ponti. Proponi moduli di 4 mattonelle che si combinano come in questo esempio.

5 Linee-forza, peso visivo, ritmo

› Se la struttura sta alla base della creazione di una composizione, le **linee-forza** hanno il compito di **"muovere" l'opera**, di renderla dinamica e allo stesso tempo di farla "stare in piedi", cioè di **darle equilibrio**.
Dal punto di vista del fruitore le linee-forza sono come una "segnaletica" che lo orienta nel percorso di osservazione dell'opera.

› Parliamo di **peso visivo** quando, guardando una composizione, il nostro **sguardo viene attratto da un punto focale** che può essere o non essere al centro. Questo potere di attrazione è dovuto al tipo di colore o di forma, alla luminosità, alla posizione dell'oggetto rispetto al tutto.

› Il **ritmo** è riconoscibile nelle strutture **architettoniche** – come una facciata o un porticato –, in una **pittura**, in un'opera **grafica** e anche nelle **riprese fotografiche**.
Si intende per **ritmo** il **ripetersi regolare di un elemento visivo** che ha la forza di suddividere e quindi **arricchire armonicamente** qualsiasi composizione con una cadenza che può essere regolare, crescente, lenta, oppure impetuosa.

LESSICO

Linee-forza: linee immaginarie, suggerite dalla sequenza di colori o forme o da contorni di forme particolarmente evidenti, che rendono espressiva una composizione.

Tiziano Vecellio, *Pala di Ca' Pesaro*, 1526, olio su tela, 478 x 268 cm. Venezia, Santa Maria Gloriosa dei Frari.

Lo sguardo dell'osservatore è attratto dal peso visivo del mantello giallo di San Pietro, la cui luminosità è sostenuta dal contrasto con il blu, e viene condotto, attraverso la forza del terzo primario (il rosso mantello della Vergine che contrasta con il blu e il bianco), fino al Bambino Gesù. Questo percorso è sostenuto anche dalle linee-forza e indica all'osservatore il significato religioso profondo dell'opera e cioè che solo attraverso la Chiesa, nella figura di San Pietro, si arriva alla salvezza portata da quel Bambino.

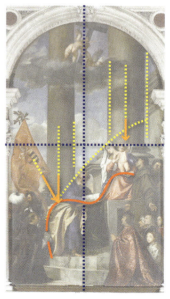

Facciata del Duomo di Pisa, 1120.
Il ripetersi ritmico delle loggette rende leggera e preziosa la facciata.

Mosaico della volta del mausoleo di Galla Placidia, particolare, V secolo d.C., Ravenna.

Interessante questo particolare di mosaico con le fantasiose stelle collocate nel grande spazio con un ritmo ben preciso.

> **Approfondimento**
> Un'opera di Borromini

All'opera

UTILIZZARE CODICI IN FUNZIONE ESPRESSIVA

1 Attraverso la distribuzione di un modulo più volte ricalcato visualizza alcune idee come: ordine, disordine, staticità, dinamismo, equilibrio, squilibrio.

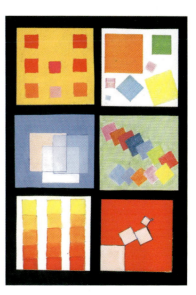

2 Realizza una composizione statica o dinamica con moduli tratti dalla semplificazione di forme reali.

NAVE NAVE MOE

Paul Gauguin, *Nave Nave Moe (Fonte deliziosa o dolci sogni)*, 1894, olio su tela, 74 x 100 cm. Leningrado, Hermitage.

❭ **SOGGETTO** La scena allude simbolicamente alla redenzione. Delle due donne thaitiane in primo piano una simboleggia Eva, che mangia la mela e introduce il peccato nella storia umana, e l'altra, con una piccola aureola, Maria, che apre la possibilità della redenzione. Il giglio sulla destra simboleggia la verginità di Maria. L'artista esprime la religiosità dell'uomo collocando sullo sfondo due divinità thaitiane con alcuni danzatori.

❭ **COMPOSIZIONE** La composizione è particolare: alle due donne nella metà sinistra del quadro fa da contrappeso, sulla metà destra, in primo piano, l'originale ed elegante giglio – che assume così grande rilievo – e, in secondo piano, una parte più scura in corrispondenza degli idoli.

❭ **STILE** La linea prevalente è di tipo tondeggiante e disegna elegantemente sia le figure che le forme del paesaggio. Il rosso è il colore che emerge contrastando con la vasta gamma dei verdi.

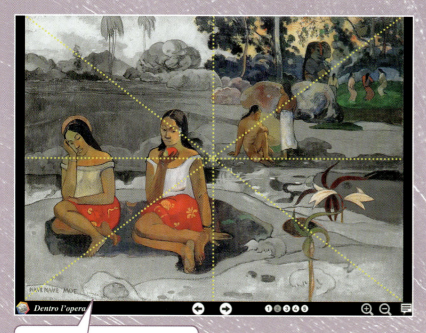

1. Alle due donne nella metà sinistra del quadro fa da contrappeso, sulla metà destra, in primo piano, l'elegante giglio, che assume così grande rilievo.

3. Il rosso è il colore che emerge contrastando con la vasta gamma dei verdi.

2. Le linee sinuose delle figure corrispondono alle linee curve del paesaggio.

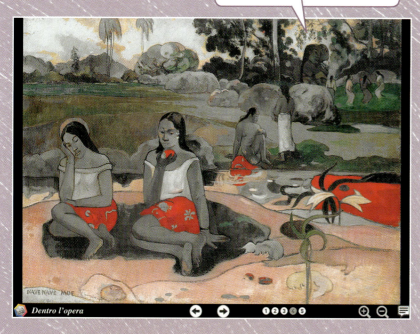

> **Animazione** La lettura dell'opera

5. Nel volto di Eva si nota il contrasto di complementari nel frutto, nel volto di Maria si ammira la delicatezza dei toni nella carnagione.

Maurice de Vlaminck,
Veduta della Senna, 1906

Olio su tela, 54 x 65 cm.
Leningrado, Hermitage.

> **SOGGETTO** Sulle rive della Senna l'artista pone in secondo piano una barca a vela con lo sfondo delle case lungo la riva. I riflessi nell'acqua accendono la tela di molti colori.

> **COMPOSIZIONE** Maurice de Vlaminck, che fa parte con Matisse e Derain del gruppo dei Fauve, dà grande importanza al colore più che alla composizione, che quindi risulta molto semplice: è asimmetrica per sottolineare la forza del contrasto fra il bianco della vela da una parte e le variazioni di colore dei riflessi dall'altra. Nel paesaggio si può osservare il prevalente contrasto fra i tre colori base: giallo (ocra), rosso, blu.

> **STILE** Diversamente da Monet, l'artista non riproduce l'atmosfera di ciò che vede ma l'emozione che in lui provocano forme e tonalità. Per questo utilizza colori non realistici ma liberamente forzati. Li utilizza densi, affascinato dalla loro consistenza e forza espressiva, e inserisce, come ulteriore rafforzamento dei contrasti, il contorno nero.

Claude Monet, *In riva al fiume a Bennencourt*, 1868

Olio su tela, 81 x 100 cm. Chicago, The Art Institute.

› **SOGGETTO** Si tratta di un paesaggio con un primo piano ben evidente. La ragazza è seduta sulla sponda, sotto un gruppo di alberi, e guarda ammirata il paesaggio. L'artista conferisce grande rilievo al riflesso nell'acqua del fiume che occupa la parte centrale dell'opera.

› **COMPOSIZIONE** La composizione è asimmetrica. Gli alberi in ombra occupano buona parte della tela creando una quinta che fa risaltare la luminosità della donna e del paesaggio col suo riflesso.

› **STILE** La pittura di Monet è naturalistica e ci ripropone l'atmosfera di questo giorno d'estate in riva al fiume. Con una pennellata veloce stende i colori con le loro variazioni e i contrasti luce/ombra, senza usare la linea. Notiamo come il verde del prato e la barca in primo piano siano dipinti con colori più forti rispetto al paesaggio oltre il fiume.

Vasilij Kandinskij, *Rosso, giallo, blu*, 1925, olio su tela. Parigi, Centre Pompidou.

> **ARTISTA** Vasilij Kandinskij (Mosca 1866 - Neuilly-sur-Seine 1944) è il primo artista astratto, che centra cioè la sua ricerca sul valore espressivo dei codici visuali, in particolare della linea e del colore.

> **SOGGETTO** Siamo di fronte a un'opera in cui i colori hanno una loro vita autonoma e sono paragonabili agli strumenti musicali che, suonati insieme, creano accordi e contrasti.
> La parte sinistra, più luminosa, si equilibra con la parte destra dai colori più forti ma meno luminosi.

> **STILE** Alle forme molto definite corrisponde, opponendosi, una pittura piena di tensioni interne nelle mescolanze e nelle variazioni di colore. Vi sono forti contrasti tra caldi e freddi e tra colori chiari e scuri.

Wasilij Kandinskij, *Strada a Murnau*, 1908

Olio su tela, 70 x 95 cm. Parigi, Centre Pompidou.

› **SOGGETTO** Si tratta di una strada, rappresentata ancora tenendo conto della prospettiva, su cui si affacciano diverse case in una giornata molto assolata. Ciò che l'artista sottolinea sono i forti contrasti di colore tra le parti in luce e quelle in ombra. Tre figure in primo piano sono solo accennate.

› **COMPOSIZIONE** Due quinte di verdi evidenziano l'elemento centrale giallo della strada e della casa. Gli spazi della tela sono suddivisi in campiture di colore molto contrastante che non tiene volutamente conto delle variazioni di tono dovute alla profondità.

› **STILE** L'artista utilizza i colori con tutta la loro forza espressiva staccandosi liberamente dalla somiglianza con il vero. Sceglie contrasti di primari e di complementari. Il colore non è mai piatto ma sempre ricco di variazioni di luminosità e di tonalità ottenute con una pennellata piatta ben visibile.

Mauro Reggiani, *Composizione n. 7*, 1937, olio su tela, 54 x 66 cm. Milano, Collezione privata.

> **ARTISTA** Reggiani (Nonantola 1897 – Milano 1980) è uno dei più importanti astrattisti italiani del secolo scorso. Dopo aver osservato e studiato sia Kandinskij che Mondrian – i due maestri dell'Astrattismo degli inizi del Novecento – intraprende un suo originale percorso di ricerca.

> **SOGGETTO** La forma centrale è un quadrato che si sovrappone a una serie di rettangoli, uno dei quali ricorda uno spartito musicale. Questo ci guida nella lettura dell'opera, che appare, appunto, una ricerca di armonia di forme e colori.

> **STILE** I contorni sono tracciati con grande precisione e il colore è steso in modo uniforme ma molto pastoso: ricorda la luce degli artisti del primo Rinascimento e in particolare di Piero della Francesca.

Verifiche

LE COMPETENZE ESPRESSIVE

1. Scegli un particolare dell'opera di Kandinskij "Rosso, giallo, blu" a pag. 218 oppure "Composizione n. 7" di Reggiani a pag. 223 e copiane il disegno. Poi prova a studiare delle modifiche riguardanti i colori (trasforma un colore nel suo complementare oppure utilizza scale monocromatiche, colori caldi o freddi...), le superfici (utilizza texture grafiche come i puntini più o meno addensati, utilizza materiali diversi a collage...), le linee, il segno e le forme (linee curve che divengono rette, contorni netti che divengono meno definiti...). Infine scegli lo studio più interessante e realizza un'immagine definitiva su carta o cartoncino con tecnica adeguata.

2. Osserva l'opera di Monet a pag. 219 e quella di de Vlaminck a pag. 220, poi scegline una da copiare come forme utilizzando, però, lo stile dell'altra. Tecnica: pastelli a olio o tempera su carta oppure colori acrilici su tela.

3. Riferendoti ancora a "Rosso, gia[...] composizioni inquadrando particolari [...] tangoli stretti e alti, rettangoli larghi [...] andone di almeno quattro tipi (ad es[...] peso visivo al centro, peso visivo a lat[...]

4. Osserva l'opera di Lichtenstein [...] damento duro e spezzato, colori acc[...] Partendo da un tipo di figura a piace[...] oggetto, elemento del paesaggio, an[...] tre immagini lavorando su composiz[...] linee-forza), andamenti lineari e fo[...] marcati o non definiti...), colori (caldi[...] Realizza l'immagine definitiva con t[...]

Fortunato Depero, *Marinaio ubriaco*, 1924, olio su tela, 90 x 60 cm. Rovereto, Fondo Val di Non.

Roy Lichtenstein, *Blue Head*, 1979, olio e acrilico su tela, 122 x 91 cm. St. Louis, Collezione privata.

Pablo Picasso, *Natura morta su tavolo a piede*, 1931, olio su tela, 194 x 130 cm. Parigi, Museo Picasso.

LE CONOSCENZE

> Verifica autocorrettiva

Evidenzia la risposta esatta (anche più di una)

1. Fattori importanti che rendono espressiva la linea sono

- A superficie
- B andamento
- C spessore
- D volume
- E direzione

2. I pixel sono

- A cartoni animati
- B colori molto vivaci
- C punti luminosi

3. La tecnica del frottage valorizza

- A il volume di un oggetto
- B la superficie di un oggetto
- C i colori di un oggetto

4. Con la parola "texture" si intende

- A la caratteristica tattile e visiva di una superficie
- B la caratteristica visiva di una linea
- C una stoffa utilizzata nei collage

5. Due colori complementari

- A sono uno secondario, l'altro primario
- B stanno all'opposto nel "Disco cromatico" di Itten
- C stanno affiancati nel "Disco cromatico" di Itten

Rifletti e completa o rispondi

1. Descrivi la differenza tra colore come luce e colore come pigmento.
2. Spiega le parole: peso visivo, formato, linea forza.
3. Cita esempi di composizioni modulari e composizioni simmetriche trovati nel capitolo.
4. Dopo aver brevemente descritto l'opera di Picasso e quella di Depero dal punto di vista del soggetto, confrontale e spiega il senso delle scelte in merito a:
   - uso della linea
   - forme
   - colori
   - caratteristiche visive delle superfici
   - composizione (peso visivo, linee forza …)

Forme della comunicazione

- Descrivere una fotografia nei suoi elementi costitutivi
- Realizzare una fotografia con intenzione comunicativa precisa
- Realizzare un reportage
- Realizzare un fotomontaggio
- Descrivere un film dal punto di vista tecnico seguendo una traccia di lettura
- Realizzare la sequenza cinematografica di un'azione
- Realizzare un trailer
- Descrivere un fumetto
- Creare un personaggio
- Realizzare un breve fumetto
- Descrivere una pagina editoriale, un'immagine pubblicitaria o una pagina web seguendo una traccia di lettura
- Realizzare una presentazione digitale
- Realizzare la copertina di un libro/cd
- Realizzare un logo
- Realizzare un invito/locandina

La fotografia [▼]

- Cenni storici
- Ripresa: inquadratura, distanze, angolature, luce, profondità di campo
- Intervento sull'immagine: ritocco e fotomontaggio
- Ambiti: fotografia come documento, ritratto, fotografia di paesaggio, reportage
- *Approfondimento*: realizzare un fotomontaggio

Il cinema [▶]

- Cenni storici
- Ripresa: inquadrature e punti di vista, movimenti di macchina, luce
- Sequenza: sequenza in tempo reale, sequenze sintetiche, passaggi temporali
- Montaggio: scopo, tecniche, effetti speciali
- Fasi di produzione
- Approfondimento: realizzare un trailer

COMPETENZE

Il fumetto [▼]

- Cenni storici
- Il linguaggio: somiglianze con il cinema, specificità
- Stili
- Tecnica: fasi di realizzazione, strumenti
- *Approfondimento*: realizzare un fumetto

La grafica [▼]

- Cenni storici
- Pubblicità, creazione del logo
- La grafica oggi
- Computer grafica
- *Approfondimento*: realizzare l'impaginazione di una locandina

Esprimersi e comunicare con le immagini

- Rielaborare creativamente immagini di uso comune, immagini fotografiche, elementi iconici e visivi
- Scegliere linguaggi adeguati a una precisa finalità comunicativa
- Integrare diversi codici con riferimenti ad altre discipline

Osservare e leggere le immagini

- Riconoscere i codici e le regole compositive presenti nei mass media
- Individuare la funzione simbolica, espressiva e comunicativa nel cinema, nella televisione, nell'informazione

Competenze trasversali

- **Lessico**: terminologia specifica e complementare spiegata nel testo o al piede delle pagine
- **Digitale**: utilizzare in modo non casuale applicazioni e software per la comunicazione visiva e multimediale.
- **Imparare a imparare**: ricercare e utilizzare materiale iconografico; distinguere il materiale iconografico documentario da quello avente altre funzioni; utilizzare la fotografia e il video per documentare un'esperienza
- **Esperienza culturale**: scoprire, verificare e affinare interessi e capacità creative; incontrare l'attualità in modo critico

La fotografia

Breve storia

La fotografia è uno degli esempi più significativi del desiderio dell'uomo di conoscere, osservare e riprodurre ciò che lo circonda.

La prima fotografia della storia viene attribuita all'inventore francese **Joseph Niépce** che nel 1827 per mezzo di una **camera oscura** riesce a fissare un paesaggio su una lastra metallica sensibilizzata chimicamente.

Sul finire del XIX secolo l'industria americana **Kodak** realizza pellicole trasparenti, contenute in comodi rullini, che permettono, attraverso il negativo dell'immagine, di stampare su carta molte copie della stessa fotografia.

La realizzazione di macchine fotografiche semplici e affidabili porta a un'enorme diffusione della fotografia **analogica** nel XX secolo. Nel 1957 Russel Kirsch trasforma una fotografia del figlio in un *file* attraverso un prototipo di scanner: **da qui nasce la fotografia digitale**.

Ma è solo sul finire del secolo scorso che **la fotografia digitale si impone sostituendo la vecchia fotografia analogica, grazie ai suoi numerosi vantaggi:**

- verifica del risultato dello scatto sul display della fotocamera;
- eliminazione degli scatti imperfetti o loro perfezionamento al computer;
- grande possibilità di immagazzinare un enorme numero di fotografie con le card di memoria;
- eliminazione dei costi di pellicola, sviluppo e stampa.

Negli ultimi anni il continuo **incremento della tecnologia** ha permesso di realizzare telefonini in grado di scattare fotografie di elevata qualità.

Joseph Niépce, *I tetti a Le Gras*, 1827.

Si tratta della prima fotografia realizzata per mezzo di una camera oscura. Il fotografo riesce a fissare il paesaggio su una lastra metallica in precedenza preparata con una sostanza chimica.

Abelardo Morell, *View of the Brooklyn Bridge in Bedroom*, 2009.

Il fotografo trasforma la stanza d'albergo in una "camera oscura". creando buio totale. e lasciando entrare la luce da un solo piccolo foro. L'immagine capovolta viene raddrizzata con un semplice prisma ottico.

> **Approfondimento** Breve storia della fotografia
> **Approfondimento** La camera oscura

Per osservare a video un'immagine sono sufficienti fotografie a bassa risoluzione; per la stampa sono indispensabili immagini ad alta risoluzione.

Gli smartphone sono anche fotocamere ultracompatte che permettono inoltre di editare le immagini tranite apposite "app" e di condividerle in rete.

>Galleria Fotocontatti

Se si osserva lo schermo LCD del computer o della fotocamera con l'aiuto di una lente, si possono distinguere i singoli pixel come tanti punti colorati.
Più numerosi sono i pixel (alta risoluzione) maggiori saranno la nitidezza e la resa del dettaglio per l'immagine stampata. Per l'immagine visualizzata su uno schermo è sufficiente, invece, una risoluzione inferiore.

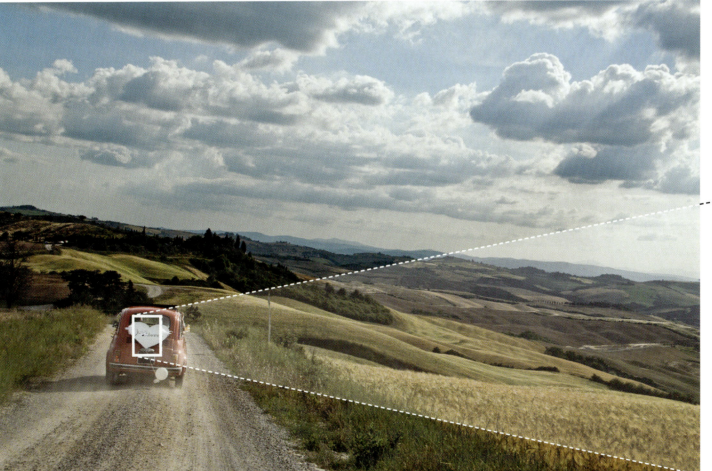

Scattare

> "*È un'illusione che le foto si facciano con la macchina... Esse si fanno con gli occhi, con il cuore, con la testa*" (Henri Cartier Bresson).

> Perché scattiamo una fotografia? Per **fissare per sempre**, in un certo senso per "rendere eterno", ciò che ci ha colpito o incuriosito. **Ma come si ottengono delle buone fotografie?** Per questo ecco alcune domande alle quali rispondere prima di scattare.

> **L'inquadratura**. Cosa voglio mostrare? Ci sono elementi che disturbano la composizione nei margini e nello sfondo? Le principali inquadrature possono riguardare ambienti interni o esterni, detti **campi** (campo lunghissimo, lungo e medio) e le persone, i **piani** (figura – o piano – intera, piano americano, piano medio, primo piano, primissimo piano e dettaglio).

> **Il punto di vista**. Occorre avvicinarsi? Ci vuole lo zoom? Cosa cambierebbe se mi spostassi di lato? A che altezza sarebbe conveniente porre la fotocamera? Le angolature possono essere: centrale, laterale, obliqua, dall'alto, dal basso....

> **Il formato.** È meglio utilizzare un formato verticale o orizzontale?

> **La luce**. Come valorizzare la luce? Occorre spostarsi? L'illuminazione naturale o artificiale può essere violenta o soffusa, dall'alto, laterale, dal basso, controluce...

> **La profondità di campo**. Cosa metto a fuoco? Tutto o solo qualcosa?

Luigi Ghirri, *Marina di Ravenna*, 1986
Come ben esemplifica questa immagine, l'inquadratura è l'elemento determinante del linguaggio fotografico ed è sempre una scelta cosciente da parte del fotografo. Letteralmente significa "mettere una cornice" a un pezzo di realtà che vogliamo rappresentare. L'inquadratura è un elemento comune anche ad altri linguaggi come il fumetto e il cinema, che tratteremo nei prossimi capitoli.

> **Approfondimento**
> Distanze e angolature
> **Approfondimento**
> Profondità di campo

Gabriele Basilico, *Le Crotoy*, Documentazione del paesaggio post industriale, fotografia in b/n, Francia 1985.

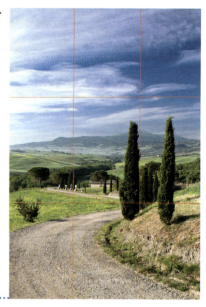

Per ottenere una fotografia correttamente bilanciata, può essere utile tenere presente la regola dei terzi. Facciamo comparire nella digitale, sullo smartphone o sul tablet la griglia come nelle due immagini qui sopra e qui accanto. Le linee del reticolo sono dette "linee forza"; lungo esse possiamo porre il soggetto invece che al centro rendendo più dinamica la composizione.

Queste foto in b/n sono parte di **una sequenza eseguita da Elio Ciol** al pittore William Congdon mentre dipinge. Si tratta di un artista gestuale e materico ed è proprio ciò che il fotografo mette in evidenza, servendosi delle inquadrature, delle angolature e della luce.

1. Campo lungo, visione frontale, controluce.
© Fondazione Congdon.

2. Campo medio, visione di tre quarti, luce laterale forte.
© Fondazione Congdon.

3. Primo piano, angolatura laterale molto dal basso, luce da destra dall'alto. © Fondazione Congdon.

4. Primissimo piano, angolatura di profilo, luce media da destra.
© Fondazione Congdon.

5. Dettaglio, angolatura laterale media, luce radente da sinistra. © Fondazione Congdon.

All'opera

REALIZZARE UNA FOTOGRAFIA CONSAPEVOLMENTE

1 Utilizzando una macchina digitale o uno smartphone o un tablet realizza una serie di immagini studiando angolatura, luce, distanza. Il soggetto può essere un compagno di classe, una gara sportiva, un paesaggio, un particolare architettonico....

2 Realizza con una macchina digitale alcune inquadrature seguendo le indicazioni del testo: il tema deve essere la valorizzazione di un oggetto o la descrizione di un gesto quotidiano.

Ritratto

〉 Il ritratto non è semplicemente una foto-tessera che serve per il riconoscimento dell'identità della persona, ma è **l'interpretazione della personalità del personaggio**, da cui il fotografo è colpito, e che **comunica** ad altri attraverso l'immagine.

〉 Prima di scattare un ritratto, i grandi fotografi riflettono a lungo sui **tempi di posa**, **sull'illuminazione del soggetto**, sugli **obiettivi** da adottare.

〉 Interessanti sono gli scatti **in posa** che i fotografi hanno realizzato a **personaggi celebri** come artisti, politici o attori, in cui emerge, attraverso le espressioni del corpo, del volto e la composizione dell'immagine, l'originalità del soggetto.

〉 Oltre ai ritratti in posa è possibile anche realizzare **ritratti in movimento**, ottenuti mentre i soggetti stanno compiendo delle azioni: ciò permette di **fermare espressioni e gesti**, e **cogliere attimi irripetibili**.

〉 Ogni fotografo, come ogni artista con le sue opere, cerca di dare agli scatti la propria impronta di stile che in molti casi è immediatamente riconoscibile.

〉 Il ritratto è importante anche **nel cinema e nella moda** per evidenziare la bellezza delle attrici o delle modelle: in questo caso il fotografo cercherà di "nascondere" tutte le possibili imperfezioni attraverso giochi di luce e in alcuni casi intervenendo nel ritocco dopo la ripresa.

Renos Xippas, *Ritratto dello scultore Takis*, 2003, fotografia in b/n.

Se si vuole ottenere un effetto particolarmente espressivo si può inquadrare il volto tagliandone la sommità o addirittura parti intere, sfruttando ad esempio l'asse di simmetria. La luce è forte e radente.

Un ritratto dell'attrice Gwyncth Paltrow. La luce soffusa evidenzia la delicatezza dei tratti e la brillantezza dello sguardo.

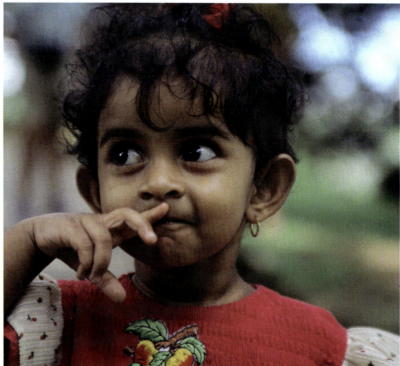

Immagine realizzata fermando un movimento che documenta un'espressione molto naturale.

Robert Doisneau, *Picasso*, 1946.

Doisneau, per indicarci la creatività esuberante e "fuori dalle righe" di Picasso, inserisce l'elemento originale dei panini disposti come mani sulla tavola.

Man Ray, *Meret Hoppenheim*, 1929, fotografia, cm. 12 x 17. Zurigo, Kunsthaus.

Maria Braun, *Ritratto di Meret*, 1929, olio su tela cm 50 x 55. Olten, Kunst Museum.

Ecco la diversa interpretazione della stessa persona ad opera di un fotografo/artista come Man Ray e di una pittrice.

> **Galleria** Ritratti in posa e in movimento

All'opera

DESCRIVERE UNA FOTOGRAFIA

1 Cerca, su riviste o in internet, alcuni ritratti fotografici e prova a "leggerli" utilizzando le conoscenze che hai sia rispetto all'inquadratura che all'uso della luce.

UTILIZZARE CONSAPEVOLMENTE LA FOTOGRAFIA

2 Utilizzando la macchina digitale o il telefonino realizza il ritratto di un compagno o di un familiare cambiando condizioni di luce per variare l'espressività, come vedi nell'esempio.
Ricordando di scegliere distanza e angolazione opportune, fai attenzione all'inquadratura: quella simmetrica (con la figura al centro) è più statica, quella asimmetrica è più dinamica.

3 Paesaggio

❯ La fotografia di paesaggio, all'apparenza semplice, richiede impegno e attenzione per non trasformare una splendida visione in una banale immagine-ricordo. Bisogna scegliere con cura **l'inquadratura, la composizione, la luce.**

❯ Occorre fare molta attenzione alla **linea d'orizzonte**: deve risultare sempre **perfettamente orizzontale**, ed è bene **posizionarla su una linea-forza** inferiore o superiore della regola dei terzi, a seconda se desideriamo dare più importanza al cielo o alla terra.

❯ Un altro aspetto fondamentale è il rapporto **vicino/lontano**: non sempre, infatti, riusciamo ad avvicinarci adeguatamente al paesaggio che vogliamo immortalare. Se il soggetto che si vuole fotografare è troppo lontano e non ci si può avvicinare, sarà opportuno **creare un centro d'interesse in primo piano**, in modo da rendere "avvincente" la foto e incuriosire lo spettatore.

❯ . È buona regola, mentre si scatta una fotografia, avere sempre il sole alle spalle. Tuttavia in alcune situazioni è possibile creare interessanti **effetti di controluce**, che rendono particolarmente espressiva la fotografia.
Il controluce si ottiene calibrando l'esposizione sul punto più luminoso dell'inquadratura.

Il primo piano della vegetazione scossa dal vento fornisce profondità al paesaggio ed evidenzia la limpidezza dell'acqua e la forza degli azzurri.

L'eliminazione della linea di orizzonte dall'inquadratura rende questa immagine curiosa. Dove è il cielo? Che cosa sono le macchie ocra? Risposta: il cielo non è inquadrato e le macchie sono delle secche!

❯ **Galleria** Il paesaggio nella fotografia

Il primo piano evidenzia la grandezza di questa chiesa, totalmente in legno, delle isole Kigi nel nord della Russia.

Luci artificiali all'imbrunire colorano in modo diverso varie parti del paesaggio rendendolo più interessante.

Un particolare riesce a darci la grandiosità della cattedrale di Chartres: i *gargoiles*–gronda, con la loro forma curiosa, dominano la città.

All'opera

UTILIZZARE CONSAPEVOLMENTE LA FOTOGRAFIA

1 Scegli un panorama che vedi da casa tua e realizza con la macchina digitale inquadrature differenti, anche con diversa luce, come vedi nell'esempio, spiegando poi la motivazione della tua scelta.

2 Lavorando in gruppo, scegliete insieme alcuni paesaggi del vostro paese o della vostra città. Poi, ognuno di voi, tenendo conto di quanto detto sopra, opterà per uno di essi del quale scatterà tre o quattro fotografie costruite in modo diverso. Dopo averle visionate, tutte, si sceglieranno le più significative che verranno poi stampate.

4 Fotografia come documento

> La fotografia permette di **fermare il tempo di un'azione** per proporcela così come ha **voluto**, o anche **potuto**, riprenderla il fotografo.

> Si può trattare di eventi **imprevedibili**, come l'attentato alle torri gemelle di New York, o **drammatici** come catastrofi o guerre, o della **ricerca di immagini** per proporci luoghi, fatti, personaggi a noi sconosciuti.

> La fotografia come **documento** può riguardare anche la cronaca, lo sport, la moda, la scienza.

> In tutti i casi comunque si tratta **sempre** di un'**interpretazione** che il fotografo ci dà attraverso la **sua tecnica e il suo stile** invitandoci a osservare più a fondo la realtà fino a scoprirne la bellezza o la drammaticità, il valore simbolico o misterioso o anche curioso.

> Le fotografie **sportive e naturalistiche** prevedono normalmente l'uso di potenti teleobiettivi che permettono di inquadrare in modo evidente il soggetto e l'azione che compie.

> Per quelle **scientifiche** si applica spesso la tecnica fotografica al microscopio andando a documentare forme invisibili a occhio nudo.

L'immagine qui riprodotta è un documento che consente all'osservatore di essere presente a un fatto tragico e assolutamente imprevedibile: l'attentato alle "Torri Gemelle" di New York nel 2001. Il fotografo è riuscito a riprendere l'evento imprevisto del secondo aereo che colpisce le Torri poiché era stato messo in allarme da quanto era successo qualche minuto prima alla Torre più a destra.

Il fotografo di guerra documenta i fatti a cui assiste coinvolgendo il lettore in avvenimenti molto lontani dal suo vivere quotidiano.

 > Galleria La fotografia come documento di moda, di sport, di cronaca

Caratteristica dell'immagine sportiva è la necessità di potenti teleobiettivi che avvicinino il soggetto, e che, allo stesso tempo, permettano di avere un tempo molto rapido di apertura dell'obiettivo in modo da poter "fermare" l'azione che si svolge.

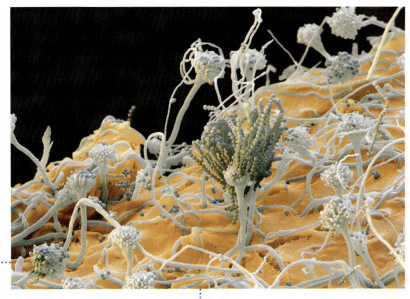

Aquila ripresa in volo nella zona di Courmayeur, in Valle d'Aosta.

L'immagine, ripresa dal microscopio elettronico, mostra le colorate spore di una muffa.

All'opera

REALIZZARE UNA FOTOGRAFIA DOCUMENTO

1 Cerca e fotografa, nelle vicinanze della scuola o di casa tua, alcuni elementi architettonici che siano testimonianza di un determinato periodo storico, ad esempio finestre, porte, lampioni... come vedi negli esempi. Realizza un tabellone accostando le immagini e indicando gli stili e i luoghi che hai fotografato.

Street Photography

5

> La fotografia permette di **fermare il tempo di un'azione** per proporla così come ha voluto, o anche spesso solo **potuto**, riprenderla il fotografo.

> Può trattarsi di **momenti imprevedibili o curiosi** per mostrare luoghi, fatti o personaggi della quotidianità o a noi sconosciuti.

> Anche **i fotografi di guerra** utilizzavano spesso questo metodo non potendo posizionarsi e prevedere ciò che accadeva. Oggi con gli strumenti a disposizione dei professionisti è più facile catturare dei momenti particolari anche utilizzando l'opzione foto continue e scegliendo poi le migliori. In questa categoria di fotografie rientrano anche quelle **di cronaca e gossip** che i cosiddetti "paparazzi" cercano di realizzare all'insaputa di personaggi noti come attori, politici, sportivi...

> Pur non possedendo gli stessi strumenti di un professionista (solitamente usano macchine reflex dotate di obiettivi molto potenti), anche noi possiamo **"fissare"** frammenti della realtà: una digitale, uno smartphone o un tablet sono oggetti sempre a portata di mano, piccoli e compatti che non danno nell'occhio, e questo può essere un vantaggio quando **non vogliamo essere notati** per non influenzare le pose e l'atteggiamento dei soggetti.

 > **Galleria** La fotografia come documento di un istante

Questa foto, i cui inconsapevoli protagonisti sono questi due giovani, è un bell'esempio esempio di street fotografy.

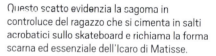 Questo scatto evidenzia la sagoma in controluce del ragazzo che si cimenta in salti acrobatici sullo skateboard e richiama la forma scarna ed essenziale dell'Icaro di Matisse.

Dmitrij Baltermanc, Attacco improvviso, Stalingrado 1941, fotografia in b/n

Fabio Rovagnati, *Reportage sulla filovia "90" a Milano.*

Il fotografo, senza farsi notare, documenta vari personaggi saliti sulla filovia a diverse fermate.

Chioggia vista da Lino Bottaro, dal volume "Terramare".

Una irriconoscibile Natalie Portman (attrice, modella e regista) colta da un fotografo (o, meglio, da un "paparazzo") mentre, vestita in modo trascurato e assai poco appariscente, fa benzina alla sua auto.

All'opera

FOTOGRAFIA CON PRECISO INTENTO COMUNICATIVO

1 Realizza una serie di fotografie che documentino fatti ed esperienze scolastiche cercando di catturare immagini spontanee o curiose.

6 Fotografia come racconto e reportage

› In una **singola immagine** vi può essere una **storia**, basta saperla leggere. Molti fotografi hanno così documentato il loro tempo, i costumi, le abitudini, la grandezza o la debolezza dell'uomo.

› Il **reportage** è una **sequenza di immagini** con cui il fotografo vuole proporre, dal **suo punto di vista**, un fatto o un luogo visitato o la vita di un personaggio. Caratteristica principale del reportage è la volontà di documentare luoghi e fatti, di dare suggestioni e di creare interesse. Spesso vi è un testo, anche se molto breve, che accompagna le immagini.
Importanti dal punto di vista sociale sono stati i reportage di guerra o su situazioni di sfruttamento o su calamità naturali che hanno saputo mobilitare l'opinione pubblica.

› Un particolare tipo di reportage è quello realizzato per **dare l'immagine** di una certa attività. Il fotografo viene quindi incaricato di **documentare positivamente** una località turistica, un'attività produttiva, la vita di una associazione, un evento sportivo...

Anche creare l'album fotografico di un matrimonio è un reportage, perché documenta fatti e momenti, scelti dal fotografo o richiesti dagli sposi.

Galleria La fotografia come racconto

Henri Cartier-Bresson, *Lunch wagon*, Uwalde, Texas, 1947.

Sono gli anni dell'immediato dopoguerra negli Stati Uniti. La Coca-Cola viene proposta dalla modella del manifesto con un sorriso invitante. L'uomo in maniche di camicia, forse dopo una giornata di lavoro, sorride in maniera non spontanea, come se la mano che sostiene il mento tenesse fermo anche il sorriso. Accanto, una delle macchinette del casinò o un flipper.

Robert Doisneau, *Il caminetto di Madame Lucienne*, 1950, fotografia in b/n.

Ecco un racconto in una sola immagine. Sul caminetto vi è uno specchio che riflette i due coniugi anziani, Madame Lucienne e suo marito. Gli occhiali di lui si vedono in primo piano accanto a un quadretto con la foto del loro matrimonio. L'orologio, simbolo del tempo che passa, è sia sul caminetto che sullo sfondo. La signora è intenta a leggere, il marito ascolta la radio. Nella stanza ci sono molti mobili antichi, forse di quando, molti anni prima, si erano sposati. Potremmo facilmente scomporre la fotografia in una sequenza di immagini.

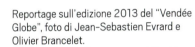

Reportage sull'edizione 2013 del "Vendée Globe", foto di Jean-Sebastien Evrard e Olivier Brancelet.
Il servizio fotografico racconta dello skipper François Gabart, il più giovane vincitore del "Vendée Globe", che ha effettuato il giro del mondo in solitaria in 78 giorni e 2 ore.

REALIZZARE UN REPORTAGE

1 Con un piccolo gruppo realizza un reportage su una visita d'istruzione, progettando con l'insegnante cosa riprendere prima di andare sul luogo. Là potrai fotografare secondo il progetto e aggiungere tutto ciò che ti ha colpito in più. Poi in classe, durante la scelta delle immagini, andranno sottolineate le scoperte e le novità. Il reportage può essere sintetizzato in poche stampe affisse in classe e può essere proposto in modo più analitico come presentazione proiettata.

Editare e condividere

7

> Prima dell'avvento del digitale, l'intervento sulle immagini fotografiche avveniva **in camera oscura,** durante la fase di sviluppo. Per compiere queste operazioni occorreva una grande maestria da parte del fotografo che, osservando le stampe della foto, decideva di modificare la luminosità, la brillantezza e il contrasto attraverso procedimenti chimici e manuali.

> Nell'era del digitale **l'editing,** ossia la **manipolazione delle immagini,** è alla portata di tutti, più rapido e intuitivo.

> Se si utilizza una **fotocamera digitale** è possibile scaricare le immagini sul computer per **migliorarle** o **modificarle** attraverso software di **fotoritocco.** Per esempio, si possono correggere gli occhi rossi, modificare i colori, variare il contrasto, ritagliare una parte, togliere o aggiungere elementi ecc.

> Con uno **smartphone** o un **tablet** è possibile scattare ed editare con lo stesso dispositivo, scaricando apposite app di fotoritocco. Oltre alle operazioni classiche (tagliare e raddrizzare, ingrandire, variare la luminosità e il contrasto) è possibile applicare alla fotografia numerosi **filtri** che alterano la saturazione, l'intensità e la tonalità dei colori, rendendo l'immagine più espressiva e originale.

> Dopo aver scattato una fotografia è possibile **stamparla, archiviarla** nel proprio computer o **condividerla** tramite i **social network** con i propri amici o con il mondo esterno.

Lo scatto originale, realizzato con un teleobiettivo a grande distanza, ha diversi difetti: il più evidente è la linea del mare non orizzontale.

Sulle immagini qui sotto sono stati realizzati alcuni interventi: raddrizzata la linea del mare, ritagliata l'immagine in modo da ingrandire il soggetto ed escludere invece le zone di sfondo, non molto significative, schirite le ombre che erano piuttosto scure nella ripresa originale. A destra un'ipotesi di taglio in verticale.

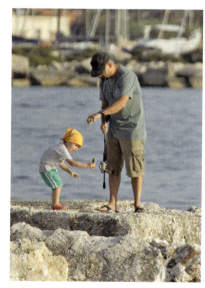

> **Galleria** Fotoritocchi

Qui a sinistra un esempio di una manipolazione un po' più complessa volta a isolare il fazzoletto giallo del bambino, creando allo stesso tempo un forte contrasto con il resto dell'immagine, trasformata ora in bianco e nero.

Attualmente il più noto social network di condivisione di immagini (attualmente conta più di 100 milioni di utenti) si chiama Instagram: permette di comunicare con tutto il mondo con il linguaggio universale delle emozioni visive.

L'app, scaricabile gratuitamente sul proprio computer o smartphone, permette di importare le immagini direttamente dal proprio "rullino-foto" dello smartphone nel programma. Prima di condividerle è possibile editarle, applicare filtri (i più famosi sono quelli con effetto "polaroid") e aggiungere didascalie e commenti.

Ogni volta che pubblicheremo una foto i nostri "seguaci" (gli altri utenti che decideranno di seguirci) visualizzeranno sulla propria timeline di Instagram le nostre immagini e potranno commentarle o dare un "like" toccando due volte sulla foto. A nostra volta potremo decidere di seguire altri utenti e tenerci costantemente aggiornati sulla loro produzione fotografica.

Il principale software per l'editing delle immagine si chiama Adobe Photoshop. L'alternativa gratuita più affidabile a Photoshop si chiama THE GIMP e permette di ritoccare, creare e modificare foto, immagini e anche presentazioni multimediali grazie all'ampio ventaglio di strumenti e filtri.

INTERVENIRE SULLE IMMAGINI

1 Partendo da un'immagine a scelta (una fotografia scattata o scaricata da internet) prova a sperimentare alcune modifiche utilizzando un software di fotoritocco sul computer o direttamente sullo smartphone. Puoi cambiare la luminosità, il contrasto e la saturazione, deformarla, sperimetare i filtri creando varianti espressive all'immagine.

Intervento sull'immagine in fase di stampa (solarizzazioni).

Un intervento di fotoritocco

Breve storia

Nel 1895 a Parigi avviene la **prima proiezione** pubblica del breve filmato "*L'arrivo del treno alla stazione*" realizzato dai **fratelli Lumière**.

La principale caratteristica del cinema è quella di proporre **immagini in movimento**.

Una cinepresa riprende su una pellicola o su di un supporto digitale un certo numero di immagini ogni secondo (16 ai tempi dei fratelli Lumière, 24 e più oggi).

La successiva proiezione del filmato, con la stessa frequenza della ripresa, riproduce **realisticamente** il movimento dando allo spettatore l'emozione di partecipare direttamente alla scena.

La tecnica cinematografica ha fatto **progressi eccezionali** passando dal muto al sonoro, dal b/n al colore, da inquadrature fisse in fase di ripresa a movimenti di macchina audaci e imprevedibili.

Oggi, dopo oltre 100 anni di storia il cinema abbandona il suo elemento base e il suo simbolo, **la pellicola**. Il film viene girato con **cineprese digitali** e poi compresso in **un file** per arrivare nelle sale (o alle emittenti televisive) ed essere proiettato ad altissima definizione. La proiezione **in 3D** crea forte senso di profondità alle immagini.

La tecnologia digitale cambia anche la **realizzazione stessa dei film** poiché è possibile intervenire tramite computer sia in fase di ripresa che di montaggio.

Il cinema di animazione è passato dalle sequenze disegnate a mano di Walt Disney alle attuali proposte realizzate tramite computer ad alta definizione.

Fratelli Lumière, *L'arrivo del treno alla stazione*, scena del primo film, 1895.

Un filmato come questo ci farebbe sorridere ma allora l'impressione di vedere un treno in movimento fu grande. Agli inizi, quando il treno si avvicinava, gli spettatori scappavano impauriti dal tendone in cui veniva proiettato, non essendo abituati alla finzione: sembrava che il treno investisse lo spettatore!

Charlie Chaplin, *Tempi moderni*, 1936. USA.

I primi film erano muti e durante la proiezione in sala un pianista accompagnava lo scorrere delle immagini con una musica adeguata.

> **Approfondimento**
> I Maestri del Cinema

Una scena del film *Giù al nord* del 2008 del regista francese Dany Boon.

L'animazione digitale, di cui fu apripista il film *Toy Story*, è ora utilizzata ampiamente. Qui un bell'esempio preso da *I croods*, storia di una famiglia preistorica.

Guerre stellari (Star Wars) di George Lucas.
George Lucas è stato il precursore degli effetti speciali digitali.

Arild Østin Ommundsen, *Twigson in trouble*, un film del 2011.

> **Video** Cosa è il cinema

Il bozzetto in matita e la versione digitale di uno dei personaggi del film in animazione digitale *UP*.

Inquadratura e ripresa

> **Approfondimento** Schema dei vari tipi di inquadratura
> **Video** Il linguaggio del cinema

> L'**inquadratura**, come nel caso della fotografia (vedi pag. 278), è alla base del linguaggio cinematografico, ma non fissa un fatto con uno scatto, bensì riprende la realtà in movimento.
Il regista ci conduce all'interno della storia che documenta o racconta attraverso precise scelte di linguaggio e di stile.
La stessa scena viene inquadrata da diversi punti di vista(campi, piani, angolature...) che si alternano durante l'azione e Il regista definisce il movimento che deve compiere la **cinepresa.**

> Oltre allo **zoom** da una postazione fissa, ha a disposizione diversi possibili movimenti di macchina. Anzitutto la carrellata che permette uno spostamento della cinepresa su un piano che corre su binari. Con la **steady-cam**, una cinepresa a mano che rimane sempre perfettamente bilanciata, l'operatore segue la scena.
Altri movimenti vengono eseguiti con mezzi mobili come camion, auto e moto fissando su di esse la cinepresa.

> Per entrare nella scena mentre questa avviene esistono le **gru** e i **dolly** che permettono movimenti rapidi di salita e discesa. Inoltre si utilizzano **piccole cineprese telecomandate** che si muovono su finissimi cavi tirati sul set.

> **La luce** assume nelle riprese cinematografiche **un'importanza fondamentale**. Il direttore della fotografia la utilizza per sostenere il livello comunicativo e l'atmosfera della storia in atto.

Due inquadrature dal film *Io non ho paura* di Gabriele Salvatores.

La carrellata permette di seguire l'azione in modo lineare senza scossoni.

Il regista, in questo caso Almódovar ,controlla su un monitor l'inquadratura della scena che si sta girando.

Sul set del film *Edi* l'utilizzo di pannelli bianchi che riflettono la luce migliora l'illuminazione della scena ripresa.

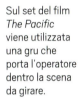

Sul set del film *The Pacific* viene utilizzata una gru che porta l'operatore dentro la scena da girare.

Stady-cam.
L'operatore segue il movimento scenico controllando le inquadrature nel monitor.

> **Video** Raccontiamo con la videocamera
> **Video** Documentare un evento

All'opera

UTILIZZARE IL LINGUAGGIO DEL CINEMA

1 Realizza delle riprese con varie angolature di un monumento della tua città o di una zona della tua scuola (es. i laboratori).

2 Armato di telecamera e di tanto spirito di osservazione prova a realizzare un filmato che sappia raccontare con efficacia un avvenimento scolastico: uscita didattica, open-day, festa della scuola, una lezione...

Sequenza

❯ La dinamica narrativa di un film è creata dall'insieme delle sequenze, ciascuna delle quali è realizzata con una serie di inquadrature. **La sequenza** è la rappresentazione di un'**azione che di svolge** all'interno di un tempo e uno spazio ben precisi.

❯ Vi sono **sequenze in tempo reale,** con azioni continue riprese per intero (ad esempio due persone che si stringono la mano) e **sequenze sintetiche** che rappresentano, con salti di immagine, un lungo periodo (ad esempio la partenza in aereo da Roma e l'arrivo a New York).

❯ Generalmente all'interno di una sequenza i passaggi da una inquadratura all'altra avvengono per semplici stacchi netti, mentre in caso di **passaggi temporali** si usa la **dissolvenza incrociata** o la **dissolvenza in nero**. Il **piano sequenza** è invece una ripresa senza stacchi da una inquadratura all'altra con movimento di macchina nello spazio scenico.

❯ Nel cartone animato con il disegno o con il computer si costruisce una serie di sequenze con le stesse caratteristiche di quelle dei film.

LESSICO

Dissolvenza incrociata: passaggio da una scena all'altra sfumando gradualmente l'immagine della prima cui si sovrappone la seconda.

Dissolvenza in nero: passaggio in cui si sfuma gradualmente l'immagine fino a giungere al nero. Poi si fa apparire l'immagine successiva.

Una sequenza del film *Gran Torino*.

1 Soggettiva del protagonista dall'interno della macchina, da cui vede la casa dei vicini.

2 Campo medio del pick up in visione frontale: sta scendendo il protagonista che non ha parcheggiato.

3 Primo piano dall'alto del protagonista che parla con i familiari del ragazzo, che sta in disparte contrito.

4 Controcampo dal basso della stessa scena.

Clint Eastwood, *Gran Torino*, 2008.

Nel film, diretto e interpretato da Clint Eastwood, un americano razzista cambia completamente idea vivendo accanto a una famiglia coreana, diventando difensore dei due ragazzi, aggrediti da una banda di teppisti. In questa scena: piano americano del protagonista che imbraccia un fucile (citazione dei classici western) per vendicare le violenze subite dalla ragazza e dal fratello.

Una scena dal film *Up* realizzato dalla Disney Pixar.
Carl con Russell alla guida della "casa" diretta verso il Sud America.

Il film è realizzato in 3D per rendere lo spettatore più partecipe del sogno che si sta avverando.

Una sequenza del film *Up*.

1 Primo piano del giovane esploratore Russell e sullo sfondo Carl Friedricksen.

2 Controcampo della figura di Russell.

3-4 Totale (della casa che vola) e con la stessa inquadratura l'ingresso del bambino che è clandestinamente salito sulla casa che Carl ha fatto decollare legando al tetto migliaia di palloncini.

5 Russell all'interno della casa, spaventato, ma finalmente dentro!

All'opera

REALIZZARE UNA SEQUENZA

1 Costruisci con schizzi una sequenza di 4 o 5 inquadrature che racconti la storia di un personaggio famoso.

2 Utilizzando la fotocopiatrice o lo scanner realizza una sequenza in cui lo stesso personaggio, disegnato o ritagliato da una foto, si venga a trovare in ambienti e situazioni diverse.

> Il **montaggio** riguarda la **parte finale** della realizzazione di un film che ha preso avvio dalla **scrittura del soggetto** e **dalla sceneggiatura** in cui ogni parte viene analizzata e descritta.

Poi si passa **alla produzione** cioè si scelgono gli attori, il direttore della fotografia, le Location... e si affidano **al regista** le riprese. Infine abbiamo la **post-produzione** con il montaggio, il doppiaggio, la colonna sonora ed infine **la proiezione** nelle sale cinematografiche e attraverso i vari circuiti di distribuzione (internet, Tv, dvd ecc.)

> Il montatore insieme al regista deve **dare ordine** alle varie sequenze, realizzate anche in tempi diversi e, se necessario, eliminare scene o momenti che potrebbero rallentare il ritmo della storia.

Per questo motivo durante il **montaggio** si decide soprattutto la **durata del film** accorciando **i tempi di proiezione** rispetto alle riprese effettuate.

> Il montaggio ha vissuto una forte **evoluzione tecnica** in questi anni grazie al supporto digitale ed ai computer. Si è passati dall'uso della **moviola tradizionale** con cui si tagliava e assemblava la pellicola **alla moviola digitale**. Il filmato viene acquisito, come un normalissimo file, da un potente computer che permette di tenere sempre presente tutto il girato tramite vari monitor; poi lo si lavora cancellando, sovrapponendo, correggendo il colore, inserendo scene realizzate totalmente a computer, creando sorprendenti **effetti speciali**...

Un grande regista, Pasolini, controlla il filmato per il montaggio.

> **Video** Il tempo nel cinema

> **Approfondimento** I vari tipi di montaggio

> **Video** La colonna sonora

Il regista James Cameron in sala montaggio durante la lavorazione su Avatar.

Passo 1

Visione comune di un esempio di trailer vero per capirne il tipo di linguaggio.

Passo 2

Dopo aver individuato i momenti salienti del racconto conviene stendere una sceneggiatura o uno story-board per poter girare le scene senza improvvisare.

Passo 3

Dalla sceneggiatura si passa alla scelta degli attori e dei luoghi in cui girare le scene.

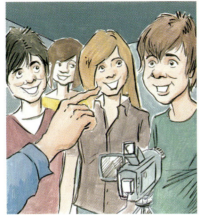

Passo 4

È utile scrivere un ordine del giorno con tutte le cose da eseguire.

Passo 5

Si effettuano le riprese nei vari luoghi scelti. Prestiamo molta attenzione all'inquadratura.

Passo 6

Una volta effettuate le riprese, conviene guardare l'intero girato e fare una previsione riguardante il montaggio: questa fase si chiama riscrittura del film.

Passo 7

Poi si passa al montaggio vero e proprio che sarà completato dai titoli e dalla musica.

Ogni computer ha installato un semplice programma di montaggio come Movie Maker che si può utilizzare con una certa facilità. Ora il trailer è pronto per essere proiettato.

›Video Trailer

›Video Clip musicale
›Video Raccontare un giallo

Passo 8

Si proietta il trailer e si discute con il pubblico per verificare il lavoro che è stato svolto.

All'opera

REALIZZARE UN TRAILER

1 In collaborazione con l'insegnante di Lettere si può creare un trailer che è una specie di riassunto, ma al tempo stesso un'anticipazione realizzata con emblematici spezzoni del film stesso. Qui accanto vedi il metodo seguito nella realizzazione di un trailer per pubblicizzare la lettura di un libro letto a scuola (in questo caso è *Un sacchetto di Biglie* di Joseph Joffo). Nel materiale digitale trovi il video creato in una classe seconda.

2 In collaborazione con l'insegnante di Educazione Musicale si può realizzare un videoclip. Trovi un esempio nel materiale digitale.

3 In collaborazione con l'insegnante di Lettere si può realizzare la sequenza di un giallo. Trovi un esempio nel materiale digitale.

> Fin dalle origini del cinema vi è stata l'esigenza di sperimentare sempre nuove tecnologie per **raccontare storie stupendo lo spettatore**. Oggi, con l'avvento del digitale, mediante l'utilizzo di potenti computer e relativi software dedicati si può realizzare in fase di post-produzione una serie di interventi che possiamo così suddividere: **immagini create al computer** (CGI, Computer Generated Image), **correzioni del colore** (Color Correction), **assemblaggio dei materiali filmati sul set con materiali creati in studio** (Compositing).

> Cambia così **il modo di fare cinema** ed anche i registi più diffidenti alle novità si sono piegati a queste nuove risorse espressive. Le infinite strade della tecnologia permettono oggi ai professionisti del settore di realizzare ogni più originale idea di registi e sceneggiatori: mondi e personaggi immaginari che possono sconvolgere le leggi della fisica nell'interazione tra reale e fantastico. Dal punto di vista concreto osserviamo come questi procedimenti abbiano ottimizzato in termini economici e di tempo la produzione cinematografica eliminando, ad esempio, le numerose comparse, che vengono sostituite da una moltiplicazione di figure e oggetti che compaiono nella scena, o dalla ricerca delle location in gran parte sostituite dai set interamente digitali.

 > **Video** Una giornata sul set dello Hobbit

Il più importante **effetto digitale visivo** viene realizzato con la tecnica del Green Screen: su uno sfondo o un ambiente totalmente verde recitano e si muovono gli attori. Nella fase di post produzione, grazie a un particolare programma, il verde viene sostituito da ambienti reali o creati interamente con la tecnica digitale e così vediamo la scena nella sua completezza.

In questa fotografia è evidente il passaggio dallo sfondo verde, alle spalle della giornalista, allo sfondo aggiunto poi digitalmente.

C'è stato un periodo in cui, anziché il green screen, si usava il blue screen, come si vede in quest'immagine tratta dal set di *Spiderwick Chronicles* (2008)

Il vero Gollum de "Il Signore degli Anelli" (qui ripreso nella stessa posizione del personaggio del film) era un attore, che indossava una tuta blu con dei sensori applicati sulla superficie, i quali registravano ogni suo movimento, che veniva poi digitalizzato per la trasformazione nel famoso Gollum.

Vita di Pi senza gli effetti, che verranno aggiunti in seguito.

All'opera

CONOSCERE UNA TECNICA VIDEO

1 Cerca in rete (e troverai facilmente) dei filmati esemplificativi di vari effetti speciali utilizzati nel cinema digitale e nei video.
Puoi inserire in un motore di ricerca alcune parole chiave come "visual F/X" per gli effetti visivi o "effetti speciali" per vederne l'evoluzione lungo la storia del cinema. Puoi digitare "green screen" per approfondire questo tipo di metodologia e "motion capture" per vedere come si passa da un attore in carne e ossa al personaggio di un film o di un videogioco.

Il fumetto

Il 1895 viene considerato ufficialmente l'anno di nascita del fumetto. In quella data, infatti, viene stampata la prima striscia a fumetti, ospitata nel giornale americano "New York World": il protagonista è **Yellow Kid**, personaggio creato dal disegnatore Outcault. Da inserto in un giornale, le storie a fumetti diventano poi veri e propri album che conquistano milioni di lettori grazie a personaggi come **Topolino, Superman, Braccio di Ferro** e poi **Linus, Spiderman**... e in Italia **Il signor Bonaventura, Cocco Bill, Tex** e poi **Diabolik, Corto Maltese, Natan Never, Dylan Dog, le Witch**...

Il termine fumetto nasce dalla forma a nuvoletta degli spazi nei quali vengono inseriti i testi dei dialoghi. La definizione "**fumetto**" è usata soprattutto in Italia, mentre negli USA si utilizza "**comics**" e in Giappone "**manga**" che significa "immagini in movimento".

Il fumetto è divenuto nel tempo una forma narrativa con diversi generi come nella letteratura e nel cinema: il comico, l'avventura, l'horror, il giallo, il western, la fantascienza...
La vicenda narrata in un fumetto comico si dipana generalmente in **storie brevi**, a volte addirittura in una sola pagina o in una sola striscia (la *comic strip*).
Per gli altri generi le forme narrative possono distinguersi in racconti che fanno parte di una serie — come Batman, Tex, Dylan Dog, per citare alcuni dei più famosi — le cui storie possono essere a episodi conclusi o a puntate.

Outcault, *Yellow Kid*, 1895.

il primo personaggio a fumetti, le cui caratteristiche grafiche sono lontane da quelle cui siamo abituati oggi.

Peanuts © United Feature Syndicate

Charles M. Schulz, *Peanuts*, dal 1950.

I personaggi disegnati da Schulz per le sue strisce a fumetti pubblicate dal 2 ottobre 1950 al 13 febbraio 2000 (giorno della morte del disegnatore) sono famosissimi in tutto il mondo. I testi sono stati tradotti in 21 lingue.

Stan Lee e Steve Ditko, *Spiderman*, Marvel Comics, pubblicato dal 1962.

© Marvel

Jacovitti, *Cocco Bill*, pubblicato dal 1957 su "Il Giorno dei ragazzi" e su altre testate.

 › **Galleria** Tavole di due maestri del fumetto

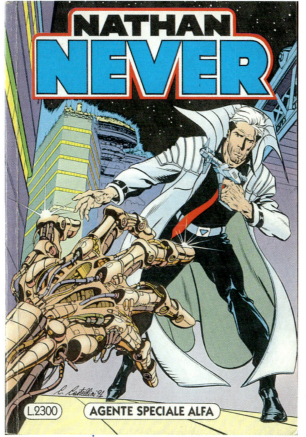

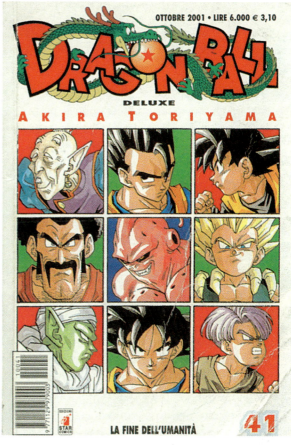

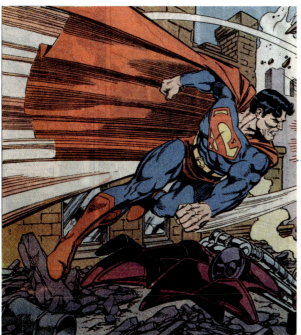

© Marvel

Copertine di
Topolino, Nathan
Never, Dragon Ball.

**Jerry Siegel e Joe
Shuster**, *Superman*.
Pubblicato
per la prima
volta nel 1938
dall'americana DC
Comics.

Christopher Reeve
nel film *Superman*
del 1987.

Spesso il cinema ha
attinto dal mondo
del fumetto,
prendendo storie e
personaggi come nel
caso di Superman,
di Batman, di
Spiderman...

› Il linguaggio del fumetto rivela una parentela molto stretta con quello cinematografico con il quale ha in comune la narrazione per immagini attraverso **sequenze** costituite da **inquadrature** che utilizzano la stessa "grammatica" rispetto **ai piani**, **ai campi**, **alle angolature**. Anche il montaggio (che nel fumetto è **l'impaginazione**) dà il ritmo al racconto come nei film e può essere di tipo sintetico o analitico, inserire ricordi, sogni, fantasie...

› Il fumetto ha avuto, dal punto di vista delle inquadrature, un'evoluzione stilistica simile a quella del cinema: **le prime vignette** (così vengono chiamate le inquadrature della pagina di un fumetto) mostravano sempre i personaggi a figura intera come se la vignetta fosse la rappresentazione di un teatrino, esattamente come accadeva per i primi film. Nel corso del tempo i due linguaggi si sono modificati divenendo più dinamici e coinvolgenti.

› **Lo specifico del linguaggio del fumetto** è costituito **dal disegno e dal testo scritto**. Ciò che nel cinema viene narrato con l'immagine in movimento e il sonoro, nel fumetto viene reso graficamente. **Movimento**, **parole**, **rumori** e anche **sentimenti** sono disegnati secondo lo **stile originale del disegnatore** che può essere realistico, essenziale, caricaturale, grottesco, artistico.

› **Galleria** Tavole celebri

Geo McManus, *Their baby*, disegnato per "The Sunday Dispatch" di Columbus nell'Ohio il 27 dicembre 1908.

Le inquadrature di questo fumetto americano (il testo è stato tradotto) mostrano le figure sempre intere.

Giancarlo Berardi, *Ken Parker*, disegni di Bruno Marraffa, sequenza finale de "La verità", Edizioni Cepim, poi Bonelli, Milano.

Inquadratura con due piani di distanza e disegno estremamente realistico sia per il personaggio che per il fucile Winchester.

© Sergio Bonelli Editore

Pk, *Agdy Days*, soggetto A. Macchetto, matita E. Urbano, china D. Zannetti, colori Litomilano, The Walt Disney Company Italia.

Le inquadrature, le linee cinetiche e i colori di questa pagina di fumetto suggeriscono un'azione veloce e concitata. 1. Campo americano dal basso. 2. Controcampo ravvicinato e cambio di tonalità di colore per rendere drammatica la scena. 3. Angolatura dall'alto e laterale con linee cinetiche e disegno del suono. 4. Primo piano dal basso.

Mark Millar (soggetto di), *Ultimates*, disegno di Bryan Hitch, china di Andrew Currie, colori di Paul Monts, Edizioni Panini Comics, Modena.

Questa pagina ha un montaggio di chiara derivazione cinematografica: inizia con una dissolvenza con angolatura centrale, cui segue un primissimo piano con angolatura laterale, poi un primo piano più allargato con angolatura centrale, quindi un campo medio di tre quarti dall'alto con una situazione imprevedibile rispetto alle inquadrature precedenti, corrispondente a una ripresa con una steady-cam.
Interessante notare come al fumetto lavori un gruppo di persone: lo sceneggiatore, il disegnatore, il grafico che realizza il disegno in b/n e il grafico che lo colora.

Angela e Luciana Giussani (ideato da), *Diabolik*, soggetto di M. Gomboli e T. Faraci, sceneggiatura di T. Faraci; disegni di E. Barison; lettering di C. Rusconi; colorazione di L. Vasco, Editrice Astorina, Milano.

Il movimento viene ottenuto con un montaggio dinamico, con linee scattanti e l'alzarsi della polvere. Protagonista di queste vignette, accanto alla mitica macchina, è il rumore disegnato che domina, con colori squillanti, la sequenza.

All'opera

DESCRIVERE LE CARATTERISTICHE DI UN FUMETTO

1 Cerca alcuni esempi di sequenze di tipo cinematografico e di tipo tradizionale e confrontale con quelle trovate dai tuoi compagni.

2 Cerca su fumetti diversi esempi di rumori disegnati, linee cinetiche, rappresentazioni del movimento e prova a riprodurre quelle che preferisci interpretandole in modo originale.

Tecnica del fumetto

> Nel fumetto, come nel cinema, c'è un momento – che precede la realizzazione dell'opera – che riguarda **la scrittura del soggetto** e, di seguito, **la sceneggiatura** scritta o realizzata come **story-board**.

> La sceneggiatura fornisce **al disegnatore** indicazioni molto precise circa la posizione e l'azione dei personaggi, il tipo di inquadratura e tutti gli elementi presenti in essa, compreso il testo dei dialoghi e delle didascalie.

> Gli strumenti che i disegnatori utilizzano maggiormente sono anzitutto **la matita**, per il disegno di partenza, poi sottili pennelli per il disegno a **china**. Se il fumetto prevede una colorazione, utilizzerà **chine colorate** o **acquerello**. Nel caso di una rappresentazione molto realistica si possono utilizzare anche **le tempere** o **gli acrilici**. Molti dei fumetti oggi prodotti sono colorati a computer con l'uso di software adeguati.

> Alcuni disegnatori realizzano personaggi umanizzando gli animali, altri si rifanno direttamente alla realtà e le storie vengono disegnate studiando i personaggi, l'ambiente reale, gli oggetti.
I manga giapponesi prediligono storie di azione rappresentate con grande dinamicità.
Esistono anche fumetti realizzati per assumere lo stesso valore di un romanzo: vengono chiamati "graphic novel".

LESSICO

Story board: sceneggiatura stesa con rapidi disegni e molte indicazioni per chi realizzerà il disegno definitivo

Angelo Stano, *Dylan Dog*, disegno a matita ed esecutivo a china della copertina per "Gli occhi del gatto".

Charles M. Schulz, *Charlie Brown*, B.C. Dalai Editore, Milano.

Al sintetico disegno a china nera è stata aggiunta una colorazione realizzata a computer.

Peanuts © United Feature Syndicate

Paula Bulling, *Im Land der Frühaufsteher*, Avant-Verlag, 2012. Tecnica: acquerello su carta e scansione al pc.

Vicente Segrelles (soggetto e disegno di), *Il mercenario*, Edizioni EPC, Roma.

Lo stile scelto da questo disegnatore può essere definito pittorico: ogni vignetta è un piccolo dipinto, nel quale si può notare come siano curati i particolari del volto: le labbra, il naso, gli occhi, le ombre create dal cappuccio...

 **Galleria** Esempi di sceneggiatura

Akira Toriyama, *Dragon Ball*, edizioni Star Comics.

In questi fumetti Manga un volo, un pugno, un'esplosione vengono esaltati da linee continue che rendono la sensazione dinamica di quel che accade coinvolgendo il lettore

C. Nizzi (testo) e P. Piffarerio (disegni), *Le avventure di Ulisse*, Edizioni Paoline.

Con i fumetti vengono anche raccontate storie come in questo caso quella di Ulisse. Lo stile scelto è estremamen semplice e nello stesso tempo realistico.

All'opera

CREARE UN PERSONAGGIO

1 Scegli uno dei personaggi Disney e prova a copiarlo a matita e a ripassarlo con il pennellino e la china. Scegli poi un altro personaggio, studia lo schema, disegnalo e ripassalo.

2 Partendo da un personaggio di fumetto qui riprodotto o da te scelto, prova a studiare un personaggio nuovo con lo stesso stile.

Realizzare un fumetto

3

⟩ Il racconto a fumetti è molto affascinante perché, proponendo, di una certa situazione, le immagini, il parlato e i rumori disegnati, coinvolge fortemente il lettore nella narrazione.

Ti proponiamo qui tutti i passaggi per realizzare l'inizio di una storia che potrai completare nel parlato e terminare seguendo questo stile o scegliendone uno a tuo piacimento.

⟩ Il soggetto

Il primo passo è trovare un'idea, un breve racconto che possa concludersi anche in una sola pagina: l'importante è che abbia un inizio e una fine. Tutto si può raccontare ma è necessario saper scegliere i momenti emblematici della storia.

⟩ La sceneggiatura

L'idea poi deve prendere forma attraverso una storia sequenziale, per cui occorre scrivere o abbozzare con un disegno sommario lo svolgimento delle azioni dei o del personaggio.

La sceneggiatura scritta funziona esattamente come la sceneggiatura costruita per un film, quindi è fondamentale scrivere che cosa deve essere mostrato in ogni inquadratura della tavola da disegnare e che cosa dicono i personaggi nel caso di un dialogo o di un pensiero, oppure che cosa è necessario inserire in una didascalia.

 ⟩ **Approfondimento** Impaginazione, sceneggiatura, passaggi completi per la realizzazione

1 Studiare i personaggi principali della storia.

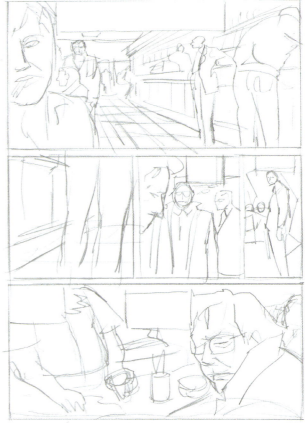

2 Dopo aver suddiviso il foglio prima in strisce e poi in vignette, disegnare a matita in modo sommario personaggi e ambiente. Lasciare lo spazio per titolo, nuvolette e/o didascalie.

3 Rifinisci con cura e fai un primo ripasso di tutti i disegni con pennellino e china nera o pennarellino nero con un segno uguale e soprattutto leggero.

6 Ripassato tutto a china, se non ci sono correzioni da fare, si possono cancellare i segni a matita.

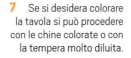

7 Se si desidera colorare la tavola si può procedere con le chine colorate o con la tempera molto diluita.

🔗 ❯ **Galleria** Opere di ragazzi

4 Indicare con la matita i vati contorni da ingrossare e gli spazi da annerire e precisare i vari contorni

5 Ripassare bene con pennellino e china nerae.

All'opera

REALIZZARE UN BREVE FUMETTO

 Dopo aver osservato l'esempio, realizza da solo o in gruppo un breve fumetto cercando un tuo stile e una tecnica a te congeniali.

La grafica

> **Breve storia**

Con il termine grafica si intende la **progettazione di immagini** e l'**impaginazione di testi** destinati a essere prodotti in più esemplari per manifesti, giornali, libri... o a essere trasmessi in video.

Lo sviluppo della grafica avviene a partire dalla fine dell'Ottocento con il **diffondersi della stampa**, e in particolare di quella litografica che permetteva di ottenere grandi immagini dai colori brillanti. Gli esempi più significativi sono i manifesti (gli *affiches*) realizzati da Toulouse-Lautrec per i locali della Parigi della Belle Époque o le pubblicità di concerti o prodotti ispirate al gusto Liberty che era preponderante in Europa agli inizi del XX secolo.

La professione del grafico non era ancora definita, per cui erano gli artisti che, oltre che dedicarsi alle loro opere pittoriche, si occupavano anche di disegnare manifesti pubblicitari. Questi manifesti sono quindi **direttamente collegabili alle correnti artistiche del tempo** come, ad esempio, il Liberty e il Futurismo.

Dopo la prima guerra mondiale si sviluppano, inizialmente negli Stati Uniti, poi in tutta Europa, le prime **agenzie di pubblicità**: nasce la professione del **grafico**, autonoma rispetto all'arte tradizionale, che segue le analisi di mercato e crea una comunicazione specifica.

> **Galleria** Manifesti d'epoca e moderni

La litografia è una stampa eseguita su un particolare tipo di pietra levigata e inchiostrata, che, tramite la pressione di un torchio manovrato a mano, lasciava l'impronta sulla carta: si utilizzavano quindi pochi colori. Questa tecnica si adattava perfettamente allo stile di Lautrec, che inventò anche un sistema per ottenere, accanto alle superfici di colore piatto, superfici puntinate realizzate spargendo a pioggia con uno spazzolino (il "crachis") del colore durante le varie fasi di stampa.

Henry de Toulouse-Lautrec, *Jardin de Paris: Jane Avril*, 1893, litografia a colori. Collezione privata.

Franz Laskoff, *Manifesto*, 1899, stampa litografica.

Fortunato Depero, *Squisito al selz*, 1926, olio su tela.

Questa tela fu acquistata da Davide Campari e trasformata in manifesto. Depero, famoso artista del Futurismo italiano, in quest'opera si ispira anche al Cubismo come si nota dalla scomposizione dei piani e dalla semplificazione delle forme.

Mario Sironi, *Manifesto per la Fiat*, 1936.

L'artista rappresenta la velocità in modo patriottico!

Nihon Buyo

UCLA
Asian Performing Arts
Institute 1981

Los Angeles
Washington, D.C.
New York

James Montgomery Flagg, *Manifesto per il reclutamento in occasione dell'intervento degli USA nella prima guerra mondiale*, inizi 1917.

Questo famosissimo manifesto con lo Zio Sam che personifica l'America puntando il dito e recitando la frase "voglio te per l'esercito degli Stati Uniti" diviene punto di ispirazione per tutta una serie di manifesti di contenuto simile in tutto il mondo.

Tanaka Ikko, *Manifesto per uno spettacolo tradizionale giapponese*, 1981.

Con il massimo rigore geometrico vengono interpretate immagini tradizionali giapponesi.

> La comunicazione visiva ha una grande importanza nel nostro mondo e fa parte ormai anche del **paesaggio** delle nostre città.

Gli studi di grafica e le agenzie pubblicitarie si occupano di progettare immagini sempre più belle e accattivanti.

> Nel campo dell'editoria il grafico, o meglio lo studio grafico, è chiamato a realizzare la **copertina di un libro** o di **una rivista** perché possa incuriosire e interessare il lettore. Si occuperà poi dell'**impaginazione** scegliendo **i caratteri** e l'impostazione delle pagine ed eventualmente realizzando **immagini** caricaturali o simboliche. Se si tratta di un libro per ragazzi realizzerà le **illustrazioni** tenendo conto dell'età dei destinatari.

Anche i cd ed i dvd, con le loro copertine e gli eventuali imballaggi, hanno bisogno del lavoro del grafico che crei un'immagine positiva e invogliante. Esiste poi tutto il settore delle carte da gioco collezionabili, delle locandine per gli spettacoli ecc.

> Importante è oggi la funzione del **Web Designer** che progetta le pagine dei siti e delle comunicazioni visive via Web.

> **Galleria** Illustrazioni grafiche moderne

Pubblicità Pirelli realizzata da un gruppo di Grafici italiani tra cui Pino Tovaglia e Bruno Munari, 1960.

Interessante come la costruzione dello slogan ricordi la forma del pneumatico e la sua dolcezza sulle asperità dell'asfalto, ma anche la velocità sul rettilineo.

iPasta, app Barilla per iPhone. Design: Kettydo 2010

L'immagine pubblicitaria fa parte del paesaggio delle nostre città. Qui vediamo il duomo di Milano, nell'omonima piazza, riflesso nelle vetrine di Mac Donalds.

Questo francobollo fa parte di una serie di immagini coordinate create per celebrare il centenario della Guzzini, leader mondiale nel design per la casa.

Copertina della rivista "WIRED" nella sua versione italiana.

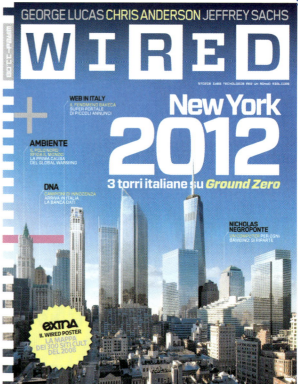

Francesca Leoneschi e Jacopo Bruno, copertina realizzata con immagini molto analitiche ispirate anche a scene di videogiochi.

Carta della serie Dragon Ball realizzata su trasparente come gli acetati del Cartone animato

Laura Zuccotti, copertina realizzata con immagini sintetiche e colori piatti.

Giova, esecutivo a tempera per l'illustrazione di una rivista del settore scolastico.

REALIZZARE LA COPERTINA DI UN LIBRO E L'IMMAGINE PER UNA LOCANDINA

1 Progetta una nuova copertina per uno dei tuoi libri di narrativa sottolineando con immagini e scritte ciò che ti ha colpito come idea centrale del testo. Puoi prendere spunto dall'esempio.

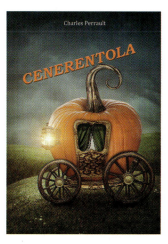

2 Scegli l'immagine di una partita di calcio o di basket, ingrandiscila e semplifica le forme inserendo tocchi di colore. Poi impagina una locandina che pubblicizzi un avvenimento sportivo.

> Un'attenzione particolare va riservata alla pubblicità. Agli inizi del Novecento era di pertinenza del grafico o dell'artista ma, dalla seconda metà del secolo scorso un grafico non è più sufficiente, perciò interviene un'agenzia in cui lavorano diverse persone con differenti competenze. L'immagine pubblicitaria, infatti, pur scaturendo dalla **creatività del grafico**, deve tener conto di una serie di **informazioni** — che vengono ricavate da **indagini di mercato** — per poter proporre un prodotto in modo efficace.

> Il messaggio pubblicitario di un manifesto, a differenza di quello di uno spot televisivo che si svolge in un tempo seppur limitato, viene riassunto in una sola immagine fissa e quindi deve avere un effetto istantaneo sul destinatario, quasi fosse uno shock visivo. Quindi deve essere: **immediato**, cioè diretto nel messaggio che intende comunicare; **semplice e sintetico**, con poche informazioni e immagini chiare; **attendibile**, cioè credibile; **originale**, ovvero non scontato.

Bruno Munari, *Manifesto 'Declinazione grafica del nome Campari'*, 1964 New York, MoMA.

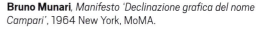

Pubblicità della "Campari" per i quotidiani degli anni Trenta e Quaranta disegnate da grafici diversi.
Molti artisti hanno lavorato dando un contributo a variare il marchio "Campari" nel corso della sua storia, mantenendone sostanzialmente la forma e quindi la riconoscibilità.

Un interessante modo di pubblicizzare un prodotto è paragonarlo a un'opera d'arte famosa che immediatamente attrae l'attenzione, come, in questo caso, la sedia di Van Gogh. La pentola è presentata come un'opera d'arte moderna rispetto alla "vecchia" sedia di paglia.

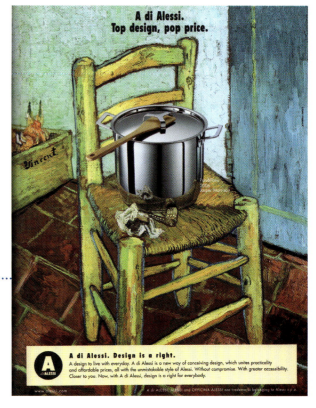

Gli elementi che solitamente costituiscono un manifesto pubblicitario sono:

 › **Galleria** Pagine pubblicitarie di ieri e di oggi

SLOGAN

(*headline*) una frase breve da associare all'immagine: dev'essere facilmente memorizzabile.

VISUAL

un'immagine che deve attirare l'attenzione del cliente. Qui vengono proposte le originali copertine degli album speciali Fabriano appoggiati su dei colori sgocciolati (ispirati al "Dripping" di Pollok) come a indicare che stimolano la creatività.

BODYCOPY

un testo informativo in corpopiù piccolo, che descrive il prodotto e le sue qualità.

MARCHIO o LOGOTIPO,

solitamente in basso a destra, è una piccola immagine sintetica che identifica l'azienda che intende promuovere il prodotto.

All'opera

DESCRIVERE/REALIZZARE UNA PAGINA PUBBLICITARIA

1 Cerca una pagina pubblicitaria e analizzane il messaggio seguendo l'esempio proposto a lato. Confronta la tua lettura con quella fatta dai compagni riguardo ad altre pubblicità.

2 Partendo da uno degli esempi di queste pagine, crea la pubblicità di un prodotto vero o immaginario rapportandolo a un'opera d'arte e motivando la scelta. Puoi realizzare il lavoro a collage o a computer.

3 Inventa, facendo prima qualche schizzo, la pubblicità di oggetti di uso comune (zaino, pallone, orologio...) o una pubblicità con valore sociale (a favore dell'ecologia, contro il razzismo...). Inserisci anche slogan e marchio.

Piero della Franpesca

Lotto propone un'immagine accattivante per il target cui è diretta. Esselunga invece, punta sull'originalità che fa sorridere.

› Ogni azienda ha un marchio, il cosiddetto marchio di fabbrica, che nella nostra società dell'immagine diviene anche **logo**, cioè **una forma e un colore facilmente riconoscibili e memorizzabili.**

Ci sono loghi creati studiando la rappresentazione grafica del nome della società o del suo fondatore. Vi sono poi loghi figurati in cui la forma di un oggetto o di un simbolo viene studiata in modo originale: possono essere ispirati a un animale, a un oggetto oppure essere forme astratte.

Questi loghi vengono riconosciuti in **un solo colpo d'occhio** perché sono stati realizzati con grande attenzione verso la forma e i colori. Partendo dal logo, le grandi società realizzano le **immagini coordinate** che segnalano prodotti e servizi in modo unitario.

› Anche nel campo informatico il simbolo grafico è elemento di semplificazione di processi e di riconoscimento di prodotti.

Il logo Ducati, una delle più note aziende italiane che produce motoveicoli. Molto attiva anche nel mondo delle corse.

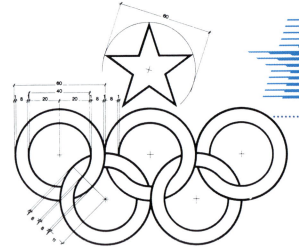

Studio del logo per le olimpiadi di Los Angeles del 1984. La stella con i colori della bandiera americana viene poi rappresentata in movimento, simbolo di velocità.

Il logo di un noto *energy drink*.

Ugo Nespolo, *immagine per la campagna promozionale "Passione del colore" realizzata dalla ditta Covema Vernici per l'anno 2008.*

Interessanti queste variazioni del logo di Google che di tanto in tanto viene modificato in occasione di festività celebrate in tutto il mondo. Questi loghi speciali, chiamati "doodle" [disegno, scarabocchio], che sono visibili generalmente per 24 ore, richiamano l'attenzione dell'utente sul marchio di questo motore di ricerca per internet.

Ntv Italo,
Progettazione
del logo .
Un leprotto che
sembra inseguire
il futuro: il
concept di Italo
prende forma e
slancio.

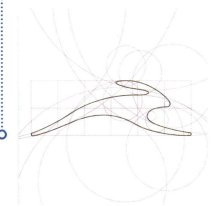

Il disegno trova infine la giusta armonia e
leggerezza: adesso è pronto per catturare la
simpatia e la fiducia dei viaggiatori.

> **Approfondimento** L'immagine coordinata

All'opera

REALIZZARE UN LOGO O UN SIMBOLO GRAFICO

1 Prova a realizzare un logo della tua famiglia o della tua scuola.

2 Partendo dall'esempio qui riportato (simboli grafici di una disciplina in due diverse olimpiadi) realizza una segnaletica per la scuola o per le gare sportive studentesche.

Computer grafica

4

> L'uso del **computer** ha modificato completamente il lavoro del **grafico** che utilizza vari programmi per disegnare, colorare, sovrapporre, modificare l'immagine. Inoltre può **impaginare** testi e costruire scritte utilizzando font (caratteri) già esistenti o variandoli secondo le necessità.

> La ricchezza di possibilità che i vari software permettono **non limita la creatività** del grafico, anzi la provoca alla ricerca di soluzioni sempre **nuove e personali**.

> Proponiamo in queste due pagine due esempi realizzati con la computer grafica.

> **Il fotomontaggio**: è possibile **estrarre un dettaglio da un'immagine ricollocandolo in un nuovo contesto**. L'esempio proposto è un **fotomontaggio di tipo realistico** realizzato utilizzando in modo semplice un software gratuito di elaborazione digitale di immagini come Gimp. Per imparare a utilizzare questo programma è fondamentale capire il concetto di "livelli" nel linguaggio informatico (assomigliano molto ai fogli di acetato sovrapposti).

> Un secondo esempio è la realizzazione di una **locandina** che pubblicizza un evento: non è altro che una composizione ben progettata di immagini e di scritte.

> **Approfondimento** Realizzazione del fotomontaggio

Vediamo i passaggi essenziali seguiti per "diventare" Capitan America! Si realizza una foto nella posizione simile all'immagine su cui si vuole lavorare, in questo caso di tre quarti. Poi, attraverso una serie di procedimenti di computer grafica, s'inserisce l'immagine nella posizione esatta. Nel materiale digitale si trova la spiegazione analitica passo per passo.

1. Progettiamo una locandina riguardante un'uscita didattica. Una volta scelta la meta (in questo caso Barcellona) e i temi principali della visita, cerchiamo, con l'aiuto dell'insegnante, le informazioni principali sulla destinazione e proviamo a reperire delle immagini da internet (attenzione a scegliere immagini in alta risoluzione), dépliant e testi.

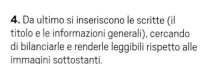

Galleria Esempi di fotomontaggi

2. Partiamo da qualche **bozzetto** per visualizzare le idee che ci vengono in mente. Oltre alle immagini è importante inserire un "titolo" (se si vuole anche un sottotitolo) e alcune indicazioni fondamentali: i giorni dell'uscita e il nome della scuola.

3. Una volta scelte le foto che comporranno la locandina è importante ritagliarle e assemblarle, in questo caso, per creare un'immagine unica.
Quest'operazione si può realizzare attraverso un programma adeguato di fotomontaggio (vedi a lato) oppure manualmente tramite un preciso ritaglio.

4. Da ultimo si inseriscono le scritte (il titolo e le informazioni generali), cercando di bilanciarle e renderle leggibili rispetto alle immagini sottostanti.
La locandina, se realizzata a computer, può essere direttamente stampata.
Se realizzata a collage può essere passata a scanner e stampata o fotocopiata a colori.

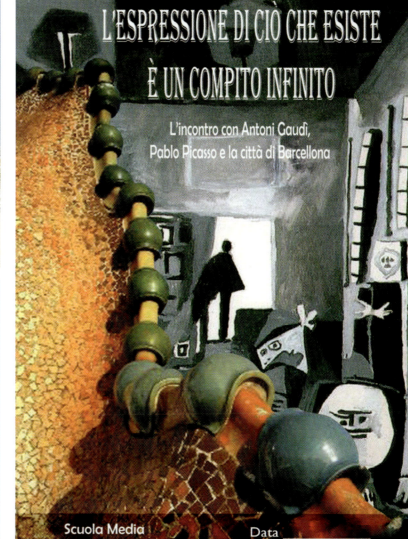

Glossario

Accordo cromatico: accostamento di colori che può privilegiare la forza o la delicatezza dei toni.

Acetato: foglio trasparente utilizzato nella realizzazione tradizionale dei cartoni animati.

Adobe Fotoshop: programma informatico che permette di rielaborare le fotografie.

Affresco: pittura murale realizzata su intonaco fresco.

Antefissa: elemento decorativo in cotto utilizzato dagli Etruschi per proteggere la parte terminale delle travi.

Arabesco: intreccio decorativo astratto molto complesso. La parola deriva dalle decorazioni tipiche arabe.

Armonia: equilibrio e proporzione tra le parti

Auto Cad: programma informatico che permette di realizzare disegni a tre dimensioni.

Bozzetto: immagine/progetto creata come modello per realizzare un'opera più grande o fatta con diverso materiale.

Chiaroscuro: rappresentazione dell'ombra attraverso lo "scurimento" di una parte della forma ottenuto con il tratteggio o la sfumatura.

Computer-grafica: settore della grafica relativo all'immagine digitale.

Controluce: effetto reso da un'illuminazione particolare, in cui il soggetto copre la fonte luminosa apparendo come una sagoma scura.

Copia dal vero: rappresentazione di un soggetto a partire dall'osservazione del modello reale per coglierne le caratteristiche formali e riprodurle.

Disegno di pura linea/di puro contorno: immagine costituita unicamente da linee che riproducono i contorni interni ed esterni del soggetto rappresentato.

Dissolvenza: effetto cinematografico o di computer-grafica che, gradualmente, fa apparire o svanire un'immagine.

Ecoline: inchiostri colorati molto trasparenti.

Fiamminghi: pittori delle Fiandre, una regione storicamente facente parte sia del Belgio sia dell'Olanda attuali, molto attenti alla definizione dei dettagli.

Fregio: decorazione astratta o figurativa che si prolunga come bordo o cornice.

Funzionale: efficiente, utile, necessario:

Griglia di riferimento: costruzione geometrica che serve a dare punti di riferimento, sovrapposta a un'immagine da copiare e riprodotta con le stesse proporzioni sulla superficie su cui verrà realizzata la copia.

Icone: pitture su tavola che rappresentano immagini sacre rispettando precise regole. Appartengono alla tradizione cristiana ortodossa.

Indagini di mercato: ricerche per conoscere il gradimento di una certa immagine o di un prodotto.

Inquadratura: forma della superficie su cui è rappresentato un soggetto. Stabilisce dei confini alla porzione di spazio in cui esso è collocato e può variarne la visuale in base alla distanza, all'angolazione e all'impaginazione.

Lettering: parte scritta di un'immagine grafica da progettare in modo creativo.

Linee cinetiche: nel fumetto linee che circondano, seguono o precedono il disegno di una figura indicandone un movimento.

Linee-forza: linee immaginarie, suggerite dalla sequenza di colori o forme o da contorni di forme particolarmente evidenti, che rendono espressiva una composizione.

Linee prospettiche: linee che convergono verso il punto di fuga e che sottolineano l'effetto della profondità.

Longilineo: alto, snello, con arti inferiori lunghi rispetto al tronco.

Lunghezza d'onda: distanza che un'onda percorre mentre compie un ciclo completo. Ogni colore ha un'onda diversa dall'altro.

Monocromia: immagine realizzata utilizzando varie tonalità di uno stesso colore.

Mosaico: immagine ottenuta accostando tessere colorate che possono essere di vetro, pietra, ceramica...

Murale: forma d'arte popolare contemporanea nata in Sud America, costituita da pittura murale realizzata sulle pareti esterne degli edifici o su muri perimetrali.

Natura morta: opera che ha come soggetto protagonista un gruppo di oggetti o vivande.

Ombra propria/ombra portata: l'ombra propria è la zona scura del volume colpito dalla luce; l'ombra portata è la zona scura di un piano o di un volume vicino ad un altro volume che proietta la sua ombra su di esso.

Pigmento: materia prima (naturale o artificiale) per la fabbricazione dei colori.

Pittura tonale: volume o profondità ottenuti con il cambiamento di intensità dei colori.

Proporzioni: rapporto tra le misure delle diverse parti di un oggetto, di un volto o di una figura o degli elementi di una composizione.

Prospettiva: nel linguaggio normale indica la visione di uno spazio da un certo punto di vista. Nel linguaggio specifico dell'arte indica la rappresentazione della profondità attraverso diversi metodi, in particolare la costruzione geometrica sviluppata nel '400.

Prospettiva aerea: effetto dato dall'aria che si frappone tra l'osservatore e oggetti molto lontani, che appaiono schiariti e azzurri.

Prospettiva a volo d'uccello: paesaggio visto da un punto di vista molto alto.

Punto di fuga: punto all'orizzonte verso cui sembrano convergere linee in realtà parallele. Nella rappresentazione è parte della costruzione dello spazio in prospettiva.

Quadricromia: metodo di stampa che utilizza quattro passaggi di colore diverso.

Schizzo: disegno veloce che rappresenta in modo sintetico un soggetto. È utilizzato sia per gli studi dal vero che per visualizzare idee e progetti.

Scorcio: visione molto angolata che fa apparire l'oggetto più corto

Scultura a tutto tondo: scultura che si può guardare da ogni lato, statua.

Soggetto/Sfondo: il soggetto è la figura/oggetto, o il gruppo di figure/oggetti protagonista dell'immagine; lo sfondo è l'ambientazione o la superficie che sta dietro essa.

Stile: è il modo con cui l'artista sceglie di rappresentare un soggetto, privilegiando ora un aspetto ora un altro della forma. Si parla di stile anche quando ci si riferisce ad un modo di rappresentare la realtà o di costruire edifici o di decorare superfici tipico di un periodo.

Story board: sceneggiatura stesa con rapidi disegni e molte indicazioni per chi realizzerà il disegno definitivo

Tarchiato: di corporatura solida e massiccia

Tattile: intuibile grazie al tatto.

Texture: caratterizzazione di una superficie costituita da segni simili e ripetuti per tutta l'area. Può essere naturale o realizzata dall'uomo.

Tonalità: variazione di intensità del colore.

Tratto: segno lineare lasciato da strumenti come matita, pennarello, penna, carboncino.

Veduta: rappresentazione di un paesaggio, in genere cittadino, in cui si vede un elemento caratteristico osservato da una certa distanza e inquadrato da elementi in primo piano. Molto in voga nel '700, ha quasi la funzione di souvenir.

Vela: superficie muraria di forma triangolare posta tra due archi.

Velatura: strato di colore, più o meno trasparente e steso col pennello, che va a sovrapporsi a un altro strato.